WINKLER
WELTLITERATUR
WERKDRUCK
AUSGABE

Nathaniel Hawthorne

# Des Pfarrers schwarzer Schleier

Unheimliche Geschichten

Winkler Verlag München

Aus dem Amerikanischen übertragen von Vera Pagin
(Der ehrsüchtige Gast, Das dreifache Geschick, Der Geist
des Doktor Harris), Siegfried Schmitz (Das Brandopfer
der Erde, Rappaccinis Tochter, Ethan Brand), alle
anderen von Hannelore Neves. Mit einem
Vorwort von Renate Hof.

**CIP-Titelaufnahme der Deutschen Bibliothek**
*Hawthorne, Nathaniel:* Des Pfarrers schwarzer Schleier : unheiml.
Geschichten / Nathaniel Hawthorne. [Aus d. Amerikan. übertr.
von Vera Pagin . . .]. – München : Winkler, 1985.
(Winkler-Weltliteratur-Werkdruckausgabe)
ISBN 3-538-06584-5

 Gesamtherstellung: Pustet, Regensburg
Printed in Germany

# Vorwort

So ermutigte ich mich zu einem kühnen Versuch; ich beschloß, den Traum festzuhalten und sein Geheimnis zu erfahren
*Gérard de Nerval*

„Was hältst du davon, wenn ich Schriftsteller würde und darauf vertraute, mir meinen Lebensunterhalt mit meiner Feder zu verdienen", schreibt Nathaniel Hawthorne am 13. März 1821 in einem Brief an seine Mutter. „Wie stolz du wärst über das Lob meiner Kritiker." Doch dieser Wunsch des damals siebzehnjährigen Collegestudenten, der Wunsch nach Anerkennung eines Talents, das er in sich spürte und dem er, vielen Widerständen zum Trotz, sein Leben widmete, sollte nicht so bald in Erfüllung gehen. Es dauerte Jahre, beinahe zwei Jahrzehnte, bis das zeitgenössische Publikum in Amerika bereit war, die Bedeutung eines Mannes zu würdigen, der mittlerweile neben Herman Melville und Edgar Allan Poe zu den großen Schriftstellern der amerikanischen Romantik zählt. Rückblickend erscheint es einfach, die Gründe für den fehlenden Anfangserfolg in einen größeren Zusammenhang zu stellen und in ihrer Vielschichtigkeit zu erkennen. Zunächst waren die Aussichten für einen amerikanischen Autor in der ersten Hälfte des 19. Jahrhunderts nicht sehr erfolgversprechend. Schon Charles Brockden Brown, dem ersten Berufsschriftsteller in Amerika, der bereits eine gewisse Popularität und Anerkennung erreicht hatte, war es kaum gelungen, sich durch den Ertrag seiner Bücher zu ernähren. Das noch fehlende Copyright ermöglichte es den Verlagen, vorhandene und bekannte Texte aus England unentgeltlich zu verbreiten. Einen unbekannten amerikanischen Autor zu fördern, bedeutete dagegen ein Risiko, vor dem viele zurückschreckten, obwohl der Wunsch nach einer eigenständigen nationalen Literatur immer stärker aufkam. Zudem galt die Form der kurzen Erzählung, eine Form, mit der Hawthorne seine schriftstellerische Laufbahn begann, als eher minderwertig gegenüber dem anerkannten und mittlerweile schon traditionsreichen europäischen Roman. Der zu Selbstzweifeln und Selbstkritik neigende junge Schriftsteller jedoch war eher bereit, das fehlende Echo der Öffentlichkeit auf eigenes künstlerisches Versagen zurückzuführen. So wurde ein großer Teil der zunächst in verschiedenen Zeitschriften anonym veröffentlichten ersten Erzählungen von ihm selbst vernichtet. „Hier bin ich in meinem Zimmer, von dem ich den Eindruck habe, als sei ich immer darin gewesen. Hier habe ich viele Erzählungen abgeschlossen, viele, die ich später verbrannt habe, viele, die dieses Flammenschicksal zweifellos verdient haben. Es ist dies ein verhexter Raum, weil Tausende und Abertausende von Visionen seinen Umkreis bevölkert haben, von denen einige unterdessen der Welt sichtbar geworden sind." Das Gefühl der Einsamkeit, das in diesen Sätzen von 1840 zum Ausdruck kommt, zugleich das Bewußtsein, sich sein Publikum erst schaffen zu müssen, begegnen uns in vielfältigen Variationen in Hawthornes Briefen und Tagebüchern. Auch von seinen Biographen wird diese Einsamkeit, die Zurückgezogenheit seines Lebenswandels, seine Verschlossenheit immer wieder betont. Sie charakterisierten damit nicht zuletzt ihre eigene Schwierigkeit, über ein Leben berichten zu wollen, das allem Anschein nach monoton und eintönig verlaufen ist, ohne spektakuläre äußere Ereignisse, die den provinziellen Alltag Neuenglands hätten beleben können. „Weder Oxford noch Eton", so bedauerte schon Henry James in seiner Hawthorne-Biographie mit einem, zumindest für den heutigen Leser, kaum überhörbaren Anklang von Ironie, „weder Ascot noch Epsom" waren vorhanden, um die Erfahrungswelt seines berühmten Vorgängers mit der Fülle des kulturellen und gesellschaftlichen Lebens zu bereichern, aus der die Schriftsteller der Alten Welt ihr Material schöpften.

Nathaniel Hawthorne wurde im Jahr 1804 in Salem geboren. Er hat seine Heimat Neuengland im Grunde nie wirklich verlassen. Auch als Konsul in Liverpool – eine Position, die er seinem Studienfreund, dem späteren Präsidenten Franklin Pierce, verdankte – blieb dieser Teil Amerikas für ihn das Zentrum seiner Erfahrung. Daran änderte auch eine zweijährige Italienreise nichts, die er im Anschluß an den von 1853 bis 1857 währenden Englandaufenthalt unternahm. Er blieb – im Gegensatz zu Henry James, für den die Begegnung mit Europa zu einem für sein literarisches Schaffen wesentlichen Erlebnis wurde – ein durch und durch amerikanischer Schriftsteller. Seine Tagebücher sind voll von detaillierten, ‚realistischen', oft trivialen Begebenheiten, die das alltägliche Leben in Neuengland skizzieren. Gleichermaßen wichtig und ebenfalls in vielfältigen Aufzeichnungen dokumentiert war für ihn die Auseinandersetzung mit der Geschichte seines Landes, mit seinen puritanischen Vorfahren, die hier gelebt und das Leben der Kolonie geprägt hatten. Diese Geschichte interessierte ihn nicht nur als eine Ansammlung von Fakten, als Überlieferung von Daten und Ereignissen, die für die Kenntnis eben dieser Geschichte wichtig sind. Seine Art, sich mit der Vergangenheit auseinanderzusetzen, war eine sehr persönliche. Er konnte und wollte dem vergangenen Geschehen gegenüber keine Distanz empfinden. Auch vergangenes Unrecht – einer von Hawthornes Vorfahren etwa war als Richter an den Salemer Hexenprozessen beteiligt – konnte somit seiner Überzeugung nach nicht von einer überlegenen, ‚fortgeschrittenen' Position aus betrachtet werden. Selbst diesen negativen Aspekt der Vergangenheit sah er als Teil seiner eigenen, persönlichen Erfahrung, die er in seinen Romanen und Erzählungen immer wieder gestaltete.

Nach seiner Studienzeit verbrachte Hawthorne weitere zwölf Jahre in seiner Geburtsstadt Salem. Sein Leben glich dem eines Einsiedlers, zurückgezogen in den „verhexten Raum“, in dem er seine Zeit mit Lesen und Schreiben verbrachte. 1837 erschien der erste von ihm selbst zusammengestellte Band seiner Kurzgeschichten, die „Zweimal-Erzählten Geschichten“. Er fand einen Verleger, da einer seiner Freunde heimlich Geld für eine Veröffentlichung bereitgestellt hatte. Hawthorne wurde mit diesem Band ein gewisses Maß an Würdigung und Anerkennung zuteil, zumindest von seiten des intellektuellen Publikums seiner Zeit, darunter auch von Herman Melville und Edgar Allan Poe. Den eigentlichen Erfolg aber brachte erst das Erscheinen seines Romans *Der scharlachrote Buchstabe*, den Hawthorne 1850, im Alter von 46 Jahren, veröffentlichte.

Hawthornes Lebenswerk umfaßt vier Romane und eine große Zahl von Kurzgeschichten. Von seinen Büchern zu leben, ist ihm zeit seines Lebens nicht möglich gewesen. Er arbeitete als Zollinspektor in der Hafenstadt Boston, als Konsul in England, oder er übernahm Auftragsarbeiten – etwa die Biographie, die er über seinen Freund Franklin Pierce für dessen Wahlkampagne im Jahr 1852 veröffentlichte. Vor allem aber lebte er in seiner eigenen Phantasiewelt, in der Welt seiner Geschichten, die so wenig realistisch zu sein, kein ‚wirkliches‘ Bild des zeitgenössischen Lebens widerzuspiegeln scheinen. Hawthorne selbst hat in seinen programmatischen Vorworten und in seinen Briefen diese eigentümliche persönliche Versponnenheit immer wieder beklagt. Der heutige Leser wird diese Klagen kaum mehr ganz ernst nehmen können. Gerade in dem scheinbar fehlenden Realitätsgehalt dieser Werke liegen die Aktualität und der Reiz seiner Geschichten. „Phantasiespiele dieser Art“, schreibt der argentinische Schriftsteller Jorge Luis Borges 1949 in einem Essay über Hawthorne, „bei denen die imaginäre und die reale Welt, das heißt die Welt, die wir im Laufe der Lektüre für die reale halten, spontan ineinander aufgehen, sind oder erscheinen uns modern.“

Die in dem vorliegenden Band zusammengefaßten Erzählungen wollen *einen* Aspekt dieser ‚Phantasiespiele' in den Vordergrund stellen: das Gefühl des Unheimlichen, das sich aus dem für Hawthornes Werke spezifischen Ineinander von Wirklichkeit und Traum, von Realem und Irrealem ergibt. Hierbei bedarf der Begriff des Unheimlichen zunächst generell einer Klärung. Zu den wesentlichen theoretischen Äußerungen, die sich mit dieser Thematik beschäftigt haben, zählt Tzvetan Todorovs *Einführung in die fantastische Literatur*. Den Ausgangspunkt bildet auch hier Freuds bekannte kurze Abhandlung über das Unheimliche, in der Freud, u. a. aufgrund der Etymologie der Worte ‚heimlich' und ‚unheimlich', zu dem Schluß kommt, daß das Unheimliche „das Heimlich-Heimische sei, das eine Verdrängung erfahren hat und aus ihr wiedergekehrt ist".

Eine erste Bestimmung des Unheimlichen als das Eindringen eines zunächst Fremden, Ungewohnten in unsere vertraute Erfahrungswelt ist naheliegend und einleuchtend. Bietet doch erst der Rückgriff auf bekannte, normale oder auch ‚natürliche' Erfahrungsweisen und Reaktionen eine Art Maßstab, der es uns erlaubt, ein Ereignis, mit dem wir konfrontiert sind, als unheimlich zu bezeichnen. Todorov versucht darüber hinaus, die Kategorie des Unheimlichen gegenüber dem Phantastischen und dem Wunderbaren abzugrenzen. Er nennt ein Ereignis wunderbar, wenn es mit den uns bekannten Naturgesetzen und Regeln nicht zu erklären ist, wenn es dem Bereich des Übernatürlichen angehört. Unheimlich dagegen sei eine ungewöhnliche, zunächst unbegreifliche Begebenheit, die die Grenzen dessen, was als real und natürlich angesehen wird, nicht vollständig verläßt, sondern nur zeitweilig aufhebt. Das Phantastische sieht Todorov in einem Zwischenfeld angesiedelt, das durch das Moment der Ungewißheit bestimmt ist, durch die Unsicherheit, sich für den einen oder anderen Bereich, für die Anerkennung des Wunderbaren oder für das Unheimliche, entscheiden zu können.

Schon die Lektüre von einigen der hier ausgewählten Erzählungen kann deutlich machen, daß diese Überlegungen – so überzeugend sie auch auf den ersten Blick als Abgrenzungskriterien erscheinen mögen – für die Auseinandersetzung mit Hawthornes Geschichten wenig hilfreich sind. Wird durch den Geist des Doktor Harris in der gleichnamigen kurzen Erzählung die durch die Natur gesetzte Grenze des Möglichen gesprengt? Für uns als Leser erscheint die Antwort auf diese Frage eindeutig zu sein. Diese Erscheinung, die dem Bereich des Übernatürlichen entspringt, ist ein wunderbares, kein unheimliches Ereignis. Nicht so für den Erzähler dieser Geschichte, der vor allem die Realität seiner Erlebnisse immer wieder betont. Dagegen scheint der Erzähler, der von der seltsamen nächtlichen Reise des jungen Nachbarn Brown berichtet, sich über den Realitätsstatus der Erfahrungen seines Protagonisten nicht im klaren zu sein. Die Möglichkeit, daß es sich um Halluzinationen und Sinnestäuschungen handeln könnte, wird angedeutet. „War Nachbar Brown im Wald eingeschlafen und hatte einen wilden Traum vom Hexensabbat geträumt?“ fragt er selbst am Ende seiner Geschichte, um gleich darauf – wie so oft in Hawthornes Romanen und Erzählungen – dem Leser die Entscheidung anheimzustellen: „Sei's so, wenn Ihr wollt!“ Das Moment der Ungewißheit, das Todorov als Merkmal des Phantastischen herausgestellt hat, wäre damit erfüllt. Es wird jedoch gleichzeitig deutlich – und die Reihe der Beispiele ließe sich mühelos erweitern und fortführen –, daß diese Art der Klassifikation das Unheimliche nicht zu erfassen vermag. Was nicht genügend berücksichtigt wird, ist das bewußte Spiel der Verfremdung, das Unheimliche der Fiktion. Gerade die Erfahrung des Seltsamen und Merkwürdigen kann durchaus auch eine komische Wirkung mit sich bringen, eine Wirkung, die uns zum Lachen reizt. Es wird somit jeweils zu fragen sein, warum bei der Verwendung von gleichen Motiven und Darstellungselementen sich die unheimliche Wirkung einmal einstellt, das andere Mal ausbleibt – je nachdem, aus welcher Haltung und besonderen Perspektive davon erzählt wird. Um noch einmal an die Überlegungen von Freud anzuknüpfen: „Sogar ein ‚wirkliches' Gespenst wie das in O. Wildes Erzählung *Der Geist von Canterville* muß all seiner Ansprüche, wenigstens Grauen zu erregen, verlustig werden, wenn der Dichter sich den Scherz macht, es zu ironisieren und hänseln zu lassen." Das Phantastische als etwas, das die uns umgebende Realität verfremdet, *kann* eine unheimliche Wirkung mit sich bringen, die sich wohl immer dann einstellt, wenn wir uns einer Gefahr ausgesetzt fühlen, die wir nicht erklären können, wobei es gleichgültig ist, ob diese Gefahr einer ‚natürlichen' oder einer ‚übernatürlichen' Ordnung entspringt.

Was das Verhältnis zwischen dem ‚Heimlichen' und dem ‚Unheimlichen' angeht, so stellt sich, gerade im Hinblick auf Hawthornes Erzählungen, die Frage, inwieweit diese Geschichten für den heutigen Leser überhaupt noch ein Gefühl des Unheimlichen bewirken können. Sie gestalten Erfahrungen, die uns mittlerweile – vor allem durch die Erkenntnisse der Psychoanalyse – vertraut erscheinen, die gleichermaßen dadurch ‚gezähmt' sind, daß wir die Ursachen und Motive für bestimmte Verhaltensweisen zu kennen glauben. Kennen wir sie wirklich? Können wir das Beunruhigende, das von Wakefields Verhalten ausgeht, erklären? Das Gefühl der Besessenheit, das Aylmer, den Protagonisten der Erzählung *Das Muttermal*, zu seinen Handlungen zwingt? Die Gefahr, vor der Giovanni Guasconti, eine der Hauptfiguren in *Rappaccinis Tochter*, zurückschreckt, ist entweder eine wirkliche Bedrohung oder das Produkt seiner Einbildungskraft. Oder ist sie vielleicht gerade deshalb bedrohlich – und unheimlich – weil wir diese Frage nicht beantworten können? Die Beharrlichkeit, mit der der Pfarrer sich weigert, den selbstauferlegten schwarzen Schleier von seinem Gesicht zu entfernen, könnte dazu dienen, ihn als einen absonderlichen, damit harmlosen, weil nicht repräsentativen ‚Fall' abzutun. Die Möglichkeit einer solchen Interpretation wird in der Geschichte selbst erörtert. Einige der Figuren reagieren mit Schaudern auf das Verhalten des Pfarrers, auf sein Sündenbewußtsein, das ihn zugleich, statt ihn mit seinen Mitmenschen zu verbinden, in die Isolation treibt. Sie verspüren eine „instinktive Angst", durch die die Begegnung mit dem schwarzen Schleier, hinter dem sich eine namenlose, nicht bestimmte Schuld verbirgt, für sie zu einem unheimlichen Ereignis wird. Andere jedoch, „die sich über die Vorurteile des Volkes erhaben dünkten, hielten das Ganze einfach für eine ausgefallene Marotte." Das Entsetzen, das das verhüllte Antlitz hervorzurufen vermag, läßt sich bannen, wenn man den schwarzen Schleier als „Anzeichen einer geistigen Erkrankung" versteht. „Sei's so, wenn Ihr wollt!" Die Entscheidung ist dem Leser überlassen.

Das Unheimliche der Lebenswelt und das Unheimliche der Fiktion sind nicht gleichzusetzen. Sie sind getrennt durch die Kategorie des ‚Als-Ob', die es der Fiktion von jeher erlaubte, von unmittelbaren Handlungszwängen und Wirklichkeitszusammenhängen zu abstrahieren, die ihr die Möglichkeit bot, schaurige, beklemmende, angsterregende und gefährliche Situationen so darzustellen, *als ob* sie beruhigend, heiter oder gar komisch seien. Die es ihr zugleich erlaubt, alltägliche und vertraute Dinge und Ereignisse zu verfremden, so daß der bedrohliche Charakter des Bekannten sichtbar wird. Die für die Bestimmung des Unheimlichen notwendige Opposition zwischen dem Fremden und dem Vertrauten kann deshalb nicht nur aus dem Vergleich zwischen der Welt des Textes und der jeweiligen Erfahrungswelt des Lesers gewonnen werden. Sie muß sich auf das stützen, was von den Geschichten selbst als das ‚Heimlich-Heimische' herausgestellt wird, vor dem das Unheimliche, das dem entgegensteht, faßbar wird.

Für die Auseinandersetzung mit den hier vorliegenden

Erzählungen von Nathaniel Hawthorne bedeutet das vor allem eine erhöhte Sensibilisierung und Aufmerksamkeit gegenüber den Perspektiven und Sehweisen, mit deren Hilfe die dargestellte Welt vor uns aufgebaut wird. Der Leser wird sich jeweils fragen müssen, aus welchem Blickwinkel heraus erzählt wird, ob sich der Erzähler etwa als ‚Überlieferer' einer ‚wahren' Begebenheit versteht – wie in der Erzählung *Die Mulde unter den drei Hügeln* –, als ‚Chronist', dessen Bericht von historisch verifizierbaren Fakten ausgeht – wenn auch „im Mondlicht der Romantik" betrachtet wie in *Roger Malvins Bestattung*, oder ob er seine Geschichte als eine selbsterlebte Erfahrung präsentiert, für deren ‚Wahrheit' er sich persönlich verbürgt – so im Fall des Ich-Erzählers, der uns von dem *Geist des Doktor Harris* berichtet. Erst vor diesem Hintergrund, der zugleich eine, auch durch literarische Konventionen bestimmte Form der Authentizität bedingt, kann ein Ereignis, das den Rahmen des Bekannten, Geglaubten, des für möglich, wahrscheinlich oder unwahrscheinlich Gehaltenen überschreitet, bewertet werden. Wobei zunächst die Reaktionen der ‚betroffenen' Personen zu beachten sind. Unsere eigene Reaktion als Leser wird davon mitgeprägt. Hier wird die schon erwähnte Spannung deutlich, die sich aus der unterschiedlichen Haltung von Erzähler und Figuren gegenüber einem geheimnisvollen Ereignis ergibt.

Gerade diese Spannung ist es, die die für Hawthornes Erzählungen spezifische unheimliche Wirkung hervorruft. Sie unterscheidet sich von der alptraumhaften, erdrückenden Erfahrung, die viele von E. A. Poes Werken erkennen lassen. Sie unterscheidet sich gleichermaßen von den Schauergeschichten eines Henry James, die vor allem dadurch beängstigen, daß den Figuren, die mit einem fremden und bedrohlichen Ereignis konfrontiert sind, meist kein Erzähler zur Seite steht, der diese Erfahrung für den Leser relativiert – etwa indem er sich spielerisch von diesen Erlebnissen distanziert. Diese Distanzierung in Hawthornes Geschichten jedoch entspringt nicht der Haltung eines Erzählers, der von einem gesicherten Standort aus berichtet, aus einer Position, die eine intellektuelle oder moralische Überlegenheit gewährleisten könnte. Sie bietet *eine* mögliche Sehweise, die – wie etwa das Beispiel von „Wakefield" zeigt – auch als Versuch gesehen werden muß, sich einem bestimmten Ereignis, einem Thema erzählerisch zu nähern, sich selbst durch das Erzählen Klarheit zu verschaffen über das Unbegreifliche, von dem es zu berichten gilt.

Oft ist das Geheimnisvolle und Rätselhafte dieser Geschichten nur atmosphärisch faßbar. Hier erweist sich Hawthorne als ein Meister der bildhaften Gestaltung, der Andeutungen, die ein Geschehen umspielen, ihm die Schärfe verleihen, mit denen unsere Traumbilder für uns lebendig sind, es gleichzeitig mit der für den Traum charakteristischen zeitlichen und räumlichen Unbestimmtheit umgeben. „Mit wortloser Ruhe und gleichmütiger Neugier folgten sie weiter unverwandt dem Traum (wenn es ein Traum war), wie er seine wunderlichen, bunten Bilder vor ihnen aufrollte ..." erfahren wir in der *Erzählung einer alten Frau.* Über die Entdeckung am Ende der Geschichte erfahren wir nichts, ebensowenig wie sich Reubens Schicksal in *Roger Malvins Bestattung* rational erklären ließe – jener seltsame Impuls, „der ihn so weit von der geplanten Richtung weg und so tief ins Herz der Wildnis gelenkt hatte". Träume konstituieren sich aus Bildern. Sie stellen dar, ohne einen Gegenstand abstrakt oder konkret zu erfassen. Das erklärt die auffallend räumliche Gestaltung vieler Szenen, in die die Umwelt und die Natur funktional miteinbezogen sind. Alles scheint verdichtet und konzentriert auf wenige Augenblicke. Als eine Art indirekter Kommentar unterstützen die vielen Bilder, die uns in Hawthornes Werken immer wieder begegnen, die Handlungen des Erzählers und der Figuren untereinander. Sie sind zugleich Ausdruck der Fähigkeit des Menschen, *intuitiv* den Wert und die Bedeutung von Dingen, Erfahrungen und Ereignissen erfassen zu können. In diesem Sinn sind sie „prophetische Bilder", die – wie in der gleichnamigen Erzählung sichtbar – vor allem als Sinnbild der Kreativität des Künstlers gelten können. Doch auch die Gefahren der Intuition, der menschlichen Vorstellungskraft, werden hier deutlich. Die Bilder können täuschen. Sie können – auch das zeigen *Die prophetischen Bilder* – zerstören, da sie etwas ins Leben rufen, was bedrohlich ist: eine Art Spiegelbild, in dem sich die Figuren selbst entdecken, ohne sich zu kennen oder wiederzuerkennen, ein Bild, das fremd und vertraut zugleich erscheint, das eine angsterregende, unheimliche Wirkung hervorruft.

Anders als seine Zeitgenossen Dickens, Thackeray und Trollope, für die die gesellschaftliche Erfahrung des Menschen im Vordergrund stand, sah Hawthorne seine Aufgabe darin, ein Bild des einzelnen Menschen zu zeichnen, ein Bild der menschlichen Natur, die, wie er glaubte, der gesellschaftlichen Prägung vorausging. Die literarische Tradition des Schauerromans mit ihren Motiven des Übernatürlichen, des Gespensterhaften und Abgründigen lieferte ihm die Darstellungsmittel, die er für seine eigenen Ziele erzählerisch umgestaltete. Für sein Ziel, dem Leser die Motivationen und Beweggründe menschlichen Handelns erkennbar zu machen, eine Wahrheit zu ergründen – die „Wahrheit des menschlichen Herzens", von der er in seinem Vorwort zu *Das Haus der Sieben Giebel* spricht. Diese Wahrheit versucht er aufzudecken, auch wenn die engen Grenzen des Alltäglichen und Wahrscheinlichen bei dieser Suche überschritten werden.

In seinem Bestreben, das hinter den Erscheinungen verborgene Wesen der Dinge sichtbar zu machen, ist Hawthorne ganz der Romantik verhaftet, neben Herman Melville und Edgar Allan Poe einer der großen Dichter dieser literarischen Epoche in Amerika. Er ist Romantiker in seinem Glauben an die Würde der Kunst, an ihre Möglichkeit, die faktische Realität zu transzendieren. Doch den Optimismus seines berühmten Zeitgenossen, des Philosophen Ralph Waldo Emerson, hat er nicht geteilt. Zwar ging auch er, wie die Philosophie des Transzendentalismus, für die Emersons 1836 erschienener Essay *Nature* die gedankliche Grundlage bot, von dem Glauben an eine universale Harmonie aus, die dem Erscheinungsbild zugrunde liegt. Auch für ihn ist damit die Kraft des Sehens eines der wesentlichen Mittel der Wahrnehmung. Nicht das normale, empirische Sehen, das das 18. Jahrhundert in den Vordergrund gestellt hatte, sondern ein Sehen, das die wahrgenommenen Bilder durch einen Akt des Bewußtseins umgestaltet, das das Visuelle durch die Imagination in Visionen verwandelt, in Sinnbilder, die das Göttliche, das die Erscheinungen fundiert, erkennen lassen. Das Vertrauen jedoch, das diesem Glauben an die Erkenntnismöglichkeiten einer göttlichen Ordnung, die sich vor allem auch in dem Gewissen des Menschen widerspiegelt, zugrunde liegt, schwindet für Hawthorne in dem Maße, wie ein Blick in das Innere des Menschen die nicht bewußten, oft unverständlichen Regungen, durch die menschliches Handeln mitbestimmt wird, enthüllt. Auch die Bedeutung, die der Macht der Vergangenheit in Hawthornes Werken immer wieder zukommt, muß in diesem Zusammenhang gesehen werden. Der „Aberglaube des Volkes“, der – etwa in der Erzählung *Roger Malvins Bestattung* – für die Figuren durchaus lebendig ist, kann nicht nur als ein formales Element zur Spannungserzeugung gesehen werden. Hier zeigt sich die Präsenz des Vergangenen, Überlieferten, Ererbten. Zugleich die Abhängigkeit des Menschen von dem, was in der christlichen Tradition als das Verhängnis der Erbsünde bekannt ist. Sowohl diese Abhängigkeit als auch das Wirken von unbewußten, rational nicht faßbaren Kräften sind die wiederkehrenden Themen in Hawthornes Erzählungen.

Vor diesem Hintergrund erhält das Postulat der „Wahrheit des menschlichen Herzens“, zumindest für den heutigen Leser, eine seltsame Ambivalenz. Angesichts der Besessenheit, die viele der Protagonisten in Hawthornes Geschichten zu ihrem Handeln zwingt, ihrer Verfallenheit an eine Idee, der sie ihr Tun unterordnen, muß diese Wahrheit, der Glaube an das Gute im Menschen, fragwürdig erscheinen. Nicht zuletzt die Erzählung *Das Muttermal* zeigt die Gefahren einer solchen Besessenheit, die alles, was sich ihr in den Weg stellt, vernichtet, gerade dadurch zu einer Perversion der Liebe wird und das Teuflische, Zerstörerische und Selbstzerstörerische sichtbar werden läßt. Ein von subjektiver Willkür unabhängiger Maßstab für menschliches Handeln läßt sich hieraus schwerlich ableiten.

Man hat Hawthorne zu Recht als einen Vorläufer des ‚psychologischen Romans' bezeichnet, als einen Schriftsteller, der, lange bevor Freuds Gedanken über das Unbewußte die theoretische Grundlage für eine wissenschaftliche Auseinandersetzung mit dieser Thematik schufen, diese Themen erzählerisch gestaltete. Doch eine solche Überlegung gilt ganz allgemein für die Dichter der Romantik, die mit ihrer besonderen Art der Hinwendung zu den Problemen der menschlichen Psyche zugleich auch eine davon nicht zu trennende Reflexion über die Möglichkeiten der Imagination und der Kunst eröffneten. Vor diesem Hintergrund muß die Leistung dieses Künstlers betrachtet werden. Im Blick auf die ‚optimistische' Seite des amerikanischen Transzendentalismus mag Hawthorne als der düstere, pessimistische Autor erscheinen, der stets von neuem bemüht war, die Abgründe der menschlichen Seele zu erforschen. Gerade die hier zusammengefaßten ‚unheimlichen Geschichten' aber – denen sich zweifellos eine Reihe anderer Erzählungen hinzufügen ließe – können deutlich machen, daß eine solche Interpretation dem Reiz dieser Geschichten nicht gerecht wird. Diese Erzählungen sind unheimlich, weil sie uns in einer spezifischen Weise mit geheimnisvollen, bedrohlichen Erlebnissen konfrontieren. Doch sie sind gleichzeitig Spiele, Phantasiespiele, die sich als solche zu erkennen geben, die ihren fiktionalen Charakter nicht verleugnen, keinen Anspruch auf ‚realistische' Glaubwürdigkeit erheben. In dem Oszillieren zwischen Wachen und Träumen kann selbst das Furchterregende, das durch das Labyrinth des Unbewußten hervorgerufen wird, den Charakter des Notwendigen, des Unabänderlichen verlieren. Auch das Gegenteil des Grauens wird sichtbar – wenn auch nicht weniger geheimnisvoll –, die Kraft der Phantasie, für die die angsterregende Erfahrung vielleicht nur als ein kurzer, vergänglicher Traum in Erscheinung tritt.

Nathaniel Hawthorne starb am 8. Mai 1864 auf einer Reise durch Neuengland. „Sein Tod war ruhig und geheimnisvoll, denn er ereilte ihn im Schlaf. Nichts verbietet uns, der Vorstellung nachzuhängen, daß er träumend starb", schreibt Jorge Luis Borges in seinem Essay. „Ja, wir können sogar die Geschichte erfinden, die er träumte – die letzte einer unendlichen Reihe – und die der Tod krönte oder auslöschte." So sind Hawthornes Erzählungen lebendig, auch wenn, oder gerade weil wir das Geheimnis dieser Träume nicht gelöst haben.

Renate Hof

# Die Mulde unter den drei Hügeln

In jenen merkwürdigen alten Zeiten, als phantastische Träume und die Einbildungskraft des Wahns im wirklichen Leben noch Gestalt annahmen, trafen einander zwei Personen zu vereinbarter Stunde am vereinbarten Ort. Die eine war eine Dame von anmutiger Gestalt und lieblichem Gesicht, jedoch in der Blüte der Jahre von vorzeitigem Verfall betroffen; die andere ein altes Weib in schäbigen Gewändern, von häßlichem, gemeinem Aussehen, die so verwelkt, verschrumpelt und klapprig war, daß selbst die Zeit ihres Verfalls viel länger gedauert haben mußte als ein gewöhnliches Menschenleben. An dem Ort, wo die beiden einander trafen, konnte keine Menschenseele sie beobachten. Drei kleine Hügel standen nahe beieinander, und zwischen ihnen war ein hohles Becken in die Erde eingesenkt, beinahe kreisrund, mit einem Durchmesser von zwei- oder dreihundert Fuß, und so tief, daß eine stattliche Zeder gerade noch über seinen Rand geragt hätte. – Zahlreiche Zwergfichten wuchsen auf den Hügeln, einige von ihnen drängten sich am äußeren Saum einer dazwischenliegenden Senke; innen drin war nichts als das braune Oktobergras, hier und dort ein Baum, oder ein Stamm, der vor langer Zeit umgesunken war und jetzt modernd dalag, ohne daß neues Grün aus seinen Wurzeln aufstieg. Einer dieser Riesen aus faulendem Holz, der früher eine majestätische Eiche gewesen war, lag jetzt ganz nahe an einem Teich mit grünem, reglosem Wasser am Grund der Mulde. In solcher Umgebung (so will es wenigstens die graue Überlieferung) hielt sich einst der Fürst der Finsternis mit seinen verlorenen Seelen gerne auf; und hier, so hieß es, standen sie oft gegen Mitternacht, oder beim dämmrigen Anbruch des Abends, rund um den überwachsenen Teich und trübten sein stinkendes Wasser durch die Vollziehung ihrer gottlosen Taufzeremonien. Die frostige Schönheit eines herbstlichen Sonnenuntergangs vergoldete jetzt die Spitzen der drei Hügel, und ein blasser Abglanz stahl sich die Hänge herab in die Mulde.

„Hier also soll unsere Plauderstunde stattfinden“, sagte das alte Weib, „ganz so, wie du es gewünscht hast. Sag schnell, was du von mir willst, denn wir dürfen uns nur eine kurze Stunde hier aufhalten.“

Während das alte, verwelkte Weib redete, glitt ein Lächeln über sein Gesicht, wie das Licht der Lampe über die Wände einer Gruft. Die Dame zitterte und blickte empor zum Rand der Mulde, als überlege sie, ob sie nicht besser unverrichteterdinge umkehren solle. Doch das Schicksal wollte es anders.

„Wie Ihr wißt, bin ich eine Fremde in diesem Land“, sagte sie endlich. „Nicht wichtig ist, woher ich komme; doch habe ich Menschen zurückgelassen, mit denen mein Geschick eng verbunden ist, von denen ich jetzt aber für immer getrennt bin. Auf meiner Brust liegt eine schwere Last, von der ich mich nicht befreien kann; ich bin gekommen, um mich nach deren Wohlergehen zu erkundigen.“

„Wer ist denn hier an diesem grünen Teich, der dir Nachricht vom anderen Ende der Welt bringen kann?“ rief die Alte und starrte der Dame ins Gesicht. „Nicht von meinen Lippen wirst du die Nachricht hören; doch wenn du kühn bist – dann soll das Licht des Tages nicht von jener Hügelspitze weichen, bevor dein Wunsch dir erfüllt ist.“

„Und wenn's mein Tod ist, ich will tun, was Ihr verlangt“, erwiderte die Dame verzweifelt.

Das alte Weib setzte sich auf den Stamm des gestürzten Baumes, warf die Kapuze zurück, die ihre grauen Strähnen verhüllt hatte, und winkte ihrer Gefährtin, näher zu kommen. „Knie nieder“, sagte sie, „und leg deine Stirn auf meine Knie.“

Diese zögerte einen Augenblick, doch die Angst, die seit langem in ihr schwelte, loderte wieder heftig empor. Beim

Niederknien tauchte sie den Saum ihres Gewandes in den Teich und legte die Stirn auf die Knie der Alten, während diese einen Mantel über ihr Gesicht breitete, so daß sie jetzt im Dunkeln war. Dann hörte sie die gemurmelten Worte eines Gebets, die sie plötzlich so erschreckten, daß sie schon aufstehen wollte. „Laßt mich fliehen – laßt mich fliehen und mich verbergen, damit sie mich nicht sehen!" rief sie. Doch sogleich faßte sie sich wieder, verstummte und blieb von da an totenstill. Denn nun kam ihr vor, als mischten sich Stimmen in das Gebet, vertraut seit ihrer Kindheit, unvergessen auf den vielen Wanderungen und in den Wechselfällen ihres Glücks und ihres Herzens. Zuerst waren die Worte undeutlich und schwach, nicht etwa wegen der zu großen Entfernung, sondern eher wie die nur trüb erhellten Seiten eines Buches, das wir in einem spärlichen, doch langsam stärker werdenden Lichtschein lesen möchten. Während das Gebet weiterging, wurden auch die Stimmen immer stärker, bis endlich die Beschwörung zu Ende war und den Ohren der Dame, wie sie da kniete, eine Unterhaltung zwischen einem alten Mann und einer alten Frau klar verständlich wurde. Doch diese Fremden schienen nicht in der tiefen Mulde zwischen den drei Hügeln zu stehen; ihre Stimmen klangen, als würden sie von den Wänden einer Kammer eingeschlossen und zurückgeworfen, deren Fenster im Winde klapperten; das regelmäßige Ticken einer Uhr, das Knistern eines Feuers, das leise Zischen der Funken, wie sie in die Asche fielen, das alles ließ die Szene so lebhaft vor dem Auge aufsteigen, als wäre sie gemalt. An einem melancholischen Herdfeuer saßen diese beiden alten Leute, der Mann ruhig und niedergeschlagen, die Frau weinerlich quengelnd, und ihre Worte waren voll Betrübnis. Sie sprachen von einer Tochter, die sich herumtrieb, sie wußten nicht wo, die Unehre mit sich trug und Leid und Schande zurückgelassen hatte, die ihre grauen Häupter ins Grab bringen würden. Auch auf anderes, jüngeres Leid spielten sie an, doch mitten in ihrer Unterhaltung schienen ihre Stimmen mit dem

Geräusch des Windes zu verschmelzen, der klagend durch die herbstlichen Blätter fegte; und als die Dame die Augen hob, kniete sie wieder in der Mulde unter den drei Hügeln.

„Eine öde und einsame Zeit hat das alte Paar dort", bemerkte das alte Weib und grinste der Dame ins Gesicht.

„So habt Ihr sie denn auch gehört!" rief sie, und ein Gefühl unerträglicher Demütigung triumphierte über Verzweiflung und Furcht.

„Wohl, wohl; und wir bekommen noch mehr zu hören", erwiderte die Alte. „Mach schnell, deck dein Gesicht wieder zu." Und wieder stieß die alte Vettel monotone Worte eines Gebetes aus, das nicht für den Himmel bestimmt war; und bald verdichteten sich, in den Pausen ihres Atemholens, seltsam gemurmelte Laute, die immer stärker wurden, bis sie den Zauber, aus dem sie aufstiegen, endlich erstickt und überwältigt hatten. Schreie drangen durch die unklaren Geräusche, abgelöst vom süßen Gesang einer weiblichen Stimme, der seinerseits wieder einem wild aufbrüllenden Gelächter wich, in das plötzlich Stöhnen und Seufzen brach – eine wahrlich greuliche Mischung von Entsetzen, Trauer und Heiterkeit. Ketten rasselten, schrille, strenge Stimmen stießen Drohungen aus, und eine Peitsche schnalzte nach ihrem Befehl.

Alle diese Geräusche vertieften sich in den Ohren der Lauscherin, wurden deutlicher und bestimmter, bis sie jedes einzelne Wort eines träumerischen Liebesliedes verstehen konnte, das ohne ersichtlichen Grund in einen Grabgesang überging. Ihr schauderte vor der plötzlichen Wut, die jäh wie eine Flamme in die Höhe fuhr, und ihr wurde übel von der fürchterlichen Ausgelassenheit, die erbärmlich um sie raste. Mitten in diese wüste Szene hinein, wo die entfesselten Leidenschaften in ihrem trunkenen Lauf wild gegeneinanderstießen, ertönte die feierliche Stimme eines Mannes, die einst wohl eine männliche, klangvolle Stimme gewesen sein mußte. Der Mann ging unaufhörlich auf und ab, seine Füße tappten hörbar über den Boden, und in jedem Mitglied dieser tollen Gesellschaft, deren eigene, brennende Gedanken schon längst zu ihrer ausschließlichen Welt geworden waren, suchte er einen Zuhörer für die Geschichte seines eigenen Unglücks, und in ihrem Lachen und ihrem Weinen erblickte er seinen Lohn an Spott und Mitleid. Er sprach von der Untreue des Weibes, von einer Frau, die ihren heiligsten Schwur gebrochen hatte, von einem verlassenen Heim und einem verlassenen Herzen. Und während er noch redete, mischten sich Schreien, Lachen, Heulen, Seufzen zu einem einzigen Laut, bis sie in das hohle, stoßweise auf- und abschwellende Rauschen des Windes übergingen, der an den Fichten auf den drei einsamen Hügeln zerrte. Die Dame blickte auf, und wieder war da die Alte und grinste ihr ins Gesicht.

„Hättest du gedacht, daß es in einem Irrenhaus so lustig zugeht?“ fragte sie.

„Wahr, wahr“, sagte die Dame zu sich selber; „drinnen geht es lustig zu, aber draußen ist Elend, furchtbares Elend.“

„Möchtest du noch mehr hören?“ fragte die Alte.

„Eine Stimme gibt es, die ich noch einmal hören möchte“, erwiderte die Dame schwach.

„Dann leg schnell den Kopf auf meine Knie, damit du wieder von hier fort kannst, bevor die Stunde um ist.“

Der goldene Saum des Tages lag noch über den Hügeln, aber tiefe Schatten hüllten Mulde und Teich in Dunkelheit, als ob von hier aus die finstere Nacht aufstiege, um sich über die Erde zu breiten. Wieder begann das böse Weib, seinen Zauber zu weben. Lange ließ die Antwort auf sich warten, bis sich endlich in die Zwischenräume ihrer Worte das Läuten einer Glocke drängte, wie ein ferner Klang, der weit über Tal und Hügel gewandert war und eben daran war, in der Luft zu sterben. Die Dame erbebte auf den Knien ihrer Gefährtin, als sie diesen unheilschwangeren Ton vernahm. Stärker tönte es jetzt, trauriger, wurde zum Ton einer Totenglokke, von einem efeuüberwachsenen Turm herunter klagend, die Kunde von Sterblichkeit und Weh in die Hütte tragend, ins Schloß und ans Ohr des einsamen Wanderers, auf daß alle das Los beweinten, das jedem von ihnen bestimmt war. Dann ließ sich gemessener Schritt vernehmen, der langsam, sehr langsam dahinzog, als gingen Trauernde hinter einem Sarg, mit Gewändern, die über die Erde fegten, so daß das Ohr die Länge ihres melancholischen Zuges abschätzen konnte. Vor ihnen schritt der Priester und las die Totenmesse, während die Seiten seines Buchs im Winde raschelten. Und obwohl keine andere Stimme als die seine laut zu hören war, gab es dennoch, geflüstert nur, doch klar verständlich, Flüche und Schmähungen, ausgestoßen von männlichen wie auch weiblichen Kehlen, gegen die Tochter, die das Herz der alten Eltern gebrochen – gegen das Weib, das die vertrauende Liebe ihres Gemahls verraten – und gegen die Mutter, die gegen die natürlichen Bande der Liebe gesündigt, ihr Kind verlassen und dem Tod ausgeliefert hatte. Das fegende Geräusch des Leichenzuges erstarb wie dünner Dunst, und der Wind, der eben noch am Sargtuch gezogen, heulte jetzt schmerzlich rund um die Hänge der Mulde zwischen den drei Hügeln. Doch als die Alte die kniende Dame anstieß, hob diese nicht ihren Kopf. „Das war eine recht vergnügliche Stunde!“ sagte die verwelkte Vettel und kicherte in sich hinein.

# Erzählung einer alten Frau

In meinem Geburtshaus gab es eine alte Frau, die den ganzen Tag vor dem Herdfeuer kauerte, die Ellbogen auf den Knien, die Füße in der Asche. – Von Zeit zu Zeit drehte sie am Bratspieß, und nie sah man sie ohne einen Strickstrumpf aus grober Wolle in ihrem Schoß, der Fuß ungefähr halb fertig; der Strumpf nahm ab zugleich mit ihrem eigenen Leben, und an dem Tag, an dem sie die Zehe abkettelte, starb sie. Ihr ernsthaftes Geschäft wie auch ihr einziges Vergnügen war es, mir von morgens bis abends mit einer brummig zahnlosen Stimme Geschichten zu erzählen, während ich auf einem großen Holzscheit saß und mich mit beiden Händen an ihre karierte Schürze klammerte. Ihre eigenen Erinnerungen umschlossen beinahe ein volles Jahrhundert, außerdem hatten sich die Erinnerungen vieler alter Leute, die gestorben waren, als sie noch jung war, in ihrem Gedächtnis mit den ihren unentwirrbar vermischt; so daß man glauben konnte, sie hätte zur Zeit von Elisabeth I. gelebt, oder John Rogers in der Fibel. In den Windungen und Falten meines Gehirns sitzen wohl an die tausend Geschichten aus ihrem Mund, einige noch wunderbarer als die, die ich jetzt erzählen will, einige weniger, an einigen ist überhaupt nichts Wunderbares dran, aber ich würde sie alle gern erzählen, wäre ich nur so glücklich wie sie, einen Zuhörer zu haben. Allerdings bin ich bescheiden genug, zuzugeben, daß mir ein Zuhörer nicht halb so gebührt wie diesem alten, zahnlosen Weib, dessen Erzählungen eine Großartigkeit hatten, die weder aus ihm selbst kam noch von irgendeinem anderen Menschen. Das Handlungsgerüst ihrer Erzählungen, die sich selten genug innerhalb der weitesten Grenzen der Wahrscheinlichkeit bewegten, wurde mit altbekannten, natürlichen Vorfällen gefüllt, die sich in langen Jahren langsam angehäuft hatten, so daß die Erfindung ihre groteske Übertriebenheit in die Tracht der Wahrheit hüllte, wie der Teufel (ein passender Vergleich, denn er wird von dem alten Weib selbst geliefert), der sich, samt Pferdefuß und allem Zubehör, ins Gewand eines Sterblichen kleidet. Ihre Erzählungen spielten meistens in ihrem Geburtsort, einem Dorf im Tal des Connecticut-Flusses, das sie mit lebendigen Farben in mein Gemüt malte. Die Häuser in diesem Landstrich entlang einer wilden und gefährlichen Grenze waren mit starken Mauern versehen, damit man sie verteidigen konnte, so daß viele von ihnen sich bis in unsere Zeit erhalten haben, und ich kann gar nicht beschreiben, mit welchem Vergnügen ich vor zwei Sommern durch die kleine Stadt geritten bin, von der wir hier sprechen; Häuser und Landschaft stiegen vor meinem Auge auf wie alte Bekannte, eins nach dem andern, wie in einem Traum, der Wirklichkeit wird. Unter vielen anderen – und ebenso wahrscheinlichen – Behauptungen, die sie über die Einwohner dieser Stadt aufstellte, war auch die, daß sie (in bestimmten Abständen, allerdings ob nach fünfundzwanzig, fünfzig oder gar hundert Jahren, blieb ungewiß) alle gleichzeitig in einen tiefen Schlaf fielen, der eine Stunde dauerte. Wenn der geheimnisvolle Zeitpunkt da war, fing der Pfarrer über der halbfertigen Predigt zu schnarchen an, obwohl es vielleicht Samstagabend und er für den nächsten Morgen nicht gerüstet war; der Mutter fielen die Augen zu, während sie sich über den Säugling beugte, und kein kindliches Gejammer konnte sie wieder aufwecken; wer an einem Totenbett wachte, fiel auf dem Kissen des Sterbenden in Schlaf, während dieser selbst den ewigen Schlaf durch diesen einstündigen vorwegnahm, der ebenso tief und traumlos war. Um mich emphatisch auszudrükken: über das ganze Dorf legte sich eine einschläfernde Atmosphäre, die stärker wirkte, als würde jeder Mutter Sohn und jeder Mutter Tochter eine langweilige Geschichte lesen; nichtsdestoweniger behauptete das alte Weib, den Inhalt der folgenden Geschichte von Leuten zu haben, die selber, und zwar an vorderster Stelle, eine Rolle darin gespielt hatten.

In einer mondhellen Sommernacht saßen ein junger Mann und ein Mädchen im Freien beisammen. Sie waren entfernt miteinander verwandt, stammten aus einer ehemals reichen Familie, die jetzt aber so verarmt war, daß David nicht einmal die Hochzeitsgebühr zahlen konnte, falls Esther ihn doch noch heiraten wollte. Der Platz, den sie sich zum Sitzen ausgesucht hatten, lag in einem offenen Wäldchen von Ulmen und Nußbäumen, das im rechten Winkel von der Straße abbog; gerade neben ihnen sprudelte ein diamantener Quell ans Mondlicht hervor und verlor sich dann, auf der Suche nach dem nächstgelegenen Mühlwasser, mit leisem Klagen in hohem Gras und Gebüsch. Das Haus, das ihnen zunächst stand (in etwa zwanzig Yards Entfernung, Wohnsitz ihres Urgroßvaters zu seinen Lebzeiten), war ein ehrwürdiges altes Gemäuer, mit vielen hohen, schmalen Zinnen gekrönt, ganz überwachsen von unzähligen Kletterpflanzen, die sich um das Dach drehten und schlängelten wie eine lustige junge Perükke um das Haupt eines gesetzten älteren Herrn. Gegenüber stand ein Wirtshaus, davor ein Brunnen und eine Pferdeschwemme, links neben der Tür war eine niedrige grüne Bank. Von hier führte die Straße in kaum merkbaren Windungen weiter ins Dorf hinein, in der Mitte einen schmalen Streifen Gras, zu beiden Seiten, jeweils zweimal in der eigenen Breite, wiederum von grünem Gras gesäumt. Die Häuser sahen alle miteinander recht seltsam aus. Hier versuchten die Mondstrahlen eben einen Blick auf eines von ihnen zu erhaschen, einen wüsten alten Haufen großmächtiger Balken, die sich, voll Scham darüber, so heruntergekommen zu sein, hinter einem dichtbelaubten, großen Baum verbargen; das Erdgeschoß des nächsten Gemäuers war im Boden eingesunken, als hätte das arme kleine Haus bereits genug von dieser Welt und zöge sich in die Abgeschlossenheit seines eigenen Kellers zurück; weiter weg an der Straße stand eines dieser neueren Gebäude, das bemalte Gesicht aufdringlich der Straße zugewandt, offensichtlich überzeugt, hier die Schönste zu sein. Etwa halbwegs mitten im Dorf stand eine Getreidemühle, teilweise verdeckt durch den Abfall zu jenem Bach hin, der ihre Räder drehte. Am südlichen Ende, schon so weit weg, daß der Glanz der Fensterscheiben ineinander überging, erhob sich das Andachtshaus, ein schäbiges altes Gemäuer, das an eine Scheune erinnerte, mit einem ungeheuren, außer jedem Verhältnis stehenden Glockenturm, der hoch in den Himmel aufragte wie der Turm von Babel und seinerzeit beinahe ebensoviel Verwirrung gestiftet hatte. Dieser Glockenturm, muß man wissen, war eine Nachgeburt gewesen, dem Hauptgebäude erst angefügt, als dieses schon am Verfallen war, und sein Bau hatte vor etwa fünfzig Jahren in der Gemeinde einen heftigen Streit, beinahe ein Schisma, hervorgerufen. Nun schlängelte sich die Straße einen Hügel hinunter und war nicht mehr zu sehen; der weiteste Gegenstand am Horizont war das Tor zum Friedhof, hinter dem Andachtshaus. Das jugendliche Paar saß Hand in Hand unter den Bäumen; sie hatten eine Zeitlang nicht geredet, denn der Wind dämpfte seinen Hauch, kaum raunte mehr das Bächlein, die Blätter hatten zu rascheln aufgehört, alles lag still und reglos, als schicke sich die Natur selbst zum Schlafen an.

„Was für eine herrliche Nacht, Esther“, sagte David, recht schläfrig.

„Wirklich herrlich“, antwortete das Mädchen im gleichen Ton.

„Aber so still!“ fuhr David fort.

„Ach, zu still!“ sagte Esther mit einem leichten Schauer, wie ein bescheidenes Blatt, das vom Wind geküßt wird.

Vielleicht schliefen sie miteinander ein, und vielleicht, da ihre Seelen durch ein zartes und enges Band miteinander vereint waren, nahm auch der gleiche seltsame Traum sie beide in seinen schattigen Arm. Sie aber vermeinten jedenfalls, wachend neben dem murmelnden Quell zu sitzen und auf das Dorf hinunterzublicken, die mondhelle Straße entlang, auf die merkwürdigen alten Häuser und auf die Bäume, die ihre großen, knorrigen Äste beinahe in die Fenster hineinstießen. Etwas wie Nebel zog sich durch ihre Köpfe, wie die rauchige Luft an einem späten Nachmittag im Herbst. Auf einmal fiel ihnen auf, ohne daß sie sich groß darüber gewundert hätten, daß eine Menge Leute eben das Dorf betraten oder schon die Dorfstraße entlangwanderten, aber ob diese Leute aus dem Andachtshause kamen, oder von dem Ort gleich hinter dem Andachtshause, oder wo zum Teufel sie sonst herkamen – das war mehr, als sich beantworten ließ. Jedenfalls waren sehr viele Leute da, Männer, Frauen und Kinder, die alle gähnten, sich die Augen rieben, die Glieder streckten und von einer Seite der Straße auf die andere torkelten, als wären sie aus tiefem Schlummer erst halb erwacht. Manchmal blieben sie stocksteif stehen, die Hände über die Brauen gelegt, wie um ihre Augen vor dem Mondlicht zu schützen. Als sie näherkamen, schienen die meisten Gestalten Esther und David bekannt, sie hatten die vertrauten Züge von Familien aus dem Dorf, jene allgemeine Familienähnlichkeit, an der man den eigenen Dorfgenossen oder Landsmann noch im abgelegensten Erdenwinkel wiedererkennt. Aber obwohl sie die Menge, im ganzen, für Nachbarn oder Bekannte halten mochten, war doch niemand darunter, den sie auch persönlich wiedererkannten. Bemerkenswert war übrigens auch der Umstand, daß das modernste Gewand, das an diesen Leuten zu sehen war, vielleicht zur Zeit der Urgroßeltern der heutigen Generation in Mode gewesen war. Hinter der großen Menge war eine einzelne Gestalt zurückgeblieben, die noch nicht nahe genug heran war, als daß sich ihre Züge deutlich erkennen ließen.

„Von wo auf der Welt kommen denn all diese merkwürdigen Leute her, David?“ sagte Esther, so müde, daß sie beinahe lachen mußte.

„Von nirgends auf der Welt, Esther“, antwortete David, ohne recht zu wissen, was er da sagte.

Als David und Esther zu reden anfingen, zeigten die fremden Gestalten plötzlich Zeichen von Unruhe und blickten einen Augenblick lang zur Quelle hin, wandten sich jedoch offensichtlich gleich wieder ihren eigenen Gedanken und Geschäften zu. Der Haufe löste sich jetzt auf, und jeder ging auf einen anderen Winkel des Dorfes zu, mit einer Sicherheit, die große Ortskenntnis vermuten ließ; erwähnt werden sollte vielleicht auch, daß, obwohl diese Gestalten sich miteinander angeregt zu unterhalten schienen, kein Geräusch, weder ihrer Schritte noch ihrer Stimmen, die Ohren der Zuschauer erreichte. Wo immer ein ehrwürdiges Haus stand, von fünfzig oder mehr Jahren, umgeben von Ulmen oder Nußbäumen, mit dunkler, verwitterter Scheune, mit Brunnen, Obstgärten und Steinmauern, alles alt und rundherum in gutem Zustand, da versammelte sich eine Gruppe dieser Leute, zumeist bestehend aus einem älteren Mann, einer bejahrten Frau und den jüngeren Mitgliedern der Familie; ihre Gesichter waren von einer Freude erfüllt, so tief, daß sie schon die Farbe der Trauer annahm; einer zeigte dem andern selbst noch die geringsten unter den Dingen des Vaterhauses, Dinge, deren Bilder sie in ihrem Herzen trugen und jetzt mit den Originalen verglichen. Aber wo immer tiefe Gruben neben der Straße – grasüberwachsen und uneben, aus deren Mitte schiefe Rauchfänge verfallen aufragten – von einem eingestürzten Haus, von einem längst erkalteten Herdfeuer berichteten, da saßen auch wieder einige von den fremden Leuten auf den modernden Balken und dem gelblichen Moos, das die steinerne Schwelle überwucherte. In sprachloser Trauer kreuzten die Männer die Arme, die Frauen rangen die Hände mit einem lebhafteren Ausdruck des Schmerzes, und die kleinen Kinder rutschten auf den Knien weg von diesem offenen Grab häuslicher Liebe. Und wo etwa ein neues Haus seine weiße, grelle Front auf den Mauern eines alten Hauses erhob, da konnte man einen Graubart sehen, wie er seinen Stock zornig dagegen schüttelte, während sein getreues Weib und ihre Nachkommenschaft in den Fluch einzustimmen schienen, ein gar greuliches Bild im gespenstischen Mondlicht. Während diese verschiedenen Szenen sich abspielten, kam die Gestalt, die hinter den anderen dahergezogen war, die Senke gegen die Mühle herab, und Davids und Esthers Augen wurden von dort zu einem Paar gezogen, mit dem sie die größte Anteilnahme empfanden: das waren ein junger Mann in einem Matrosenanzug und ein bleiches, schlankes Mädchen, die einander mitten auf der Straße in die Arme fielen.

„Wie lange ist es wohl her, daß sie einander zum letzten Mal sahen“, sagte David.

„Fünfzig Jahre mindestens“, sagte Esther.

Mit wortloser Ruhe und gleichmütiger Neugier folgten sie weiter unverwandt dem Traum (wenn es ein Traum war), wie er seine wunderlichen, bunten Bilder vor ihnen aufrollte, und bemerkten jetzt mehrere kleine Gruppen von Leuten, die sich offenbar angeregt unterhielten. Eine von denen, die sich am ersten gebildet hatte und sich besonders hervorhob, war eine Gruppe neben dem Wirtshaus, deren Mitglieder sich auf die niedrige grüne Bank an der linken Seite der Haustür gesetzt hatten. Unter ihnen fiel vor allem die gesetzte, beleibte Gestalt eines älteren Herrn in Hemdsärmeln und flammenfarbigen Hosen auf, über dem vorgewölbten Leib, unter dem er die Hände verborgen hielt, einen fleckigen weißen Schurz, mit dem er sich von Zeit zu Zeit das gerötete Gesicht wischte. Die stattliche Hinfälligkeit eines seiner Genossen, die Narbe von einem indianischen Tomahawk in der Stirn, vor allem aber das abgetragene Lederkoller waren untrügliche Zeichen dafür, daß es sich hier um den Veteranen einer alten Provinz-Garnison handelte, die keinem Appell mehr Folge leistete. Die Gestalt daneben, deren verwittertes Gesicht unter einem schmierigen Hut hervorlugte, trug ein Paar recht weiter Hosen, ein alter Matrose vielleicht, der seine Jugend auf dem Meere schlingernd verbracht und jetzt erst, altersgrau und sturmgegerbt, in sein Festlandheim zurückgekehrt war. –

Dann stand dort auch ein dünner, junger Mann, nachlässig gekleidet, der immer wieder traurige Blicke auf jenes bleiche Mädchen warf, das wir zuvor erwähnten. Auch ein Jäger saß dabei, und noch ein oder zwei andere, zu denen sich bald ein Müller gesellte, der von der staubigen Mühle heraufkam, den Mantel so weiß; als wäre er mit pulverisiertem Sternenlicht besprenkelt. Alle diese Leute wurden (durch Witze, die wahrscheinlich uralt, wenn auch seit langem nicht mehr gehört worden waren) sehr bald ungemein lustig, und es war recht seltsam zu sehen, wie sie, während sie sich vor herzhaftem Gelächter die Seiten hielten, wie eine Gruppe von Schatten erschienen, die im Mondlicht flackernd hin- und herzuckten. Vor dem stattlichen Haus mit der Perücke aus Kletterpflanzen standen vier Personen, die sich von der ersten Gruppe deutlich unterschieden. Die eine war eine kleine, ältliche Gestalt, ein Mann von Bedeutung, wie man am himmelblauen Übermantel, dem Gold auf seinem Dreispitz und nicht zuletzt an dem Wappensiegel, das von seiner großen goldenen Uhrkette baumelte, erkennen konnte; Haltung und Benehmen standen einem Friedensrichter und Grafschaftsvorsteher wohl an; der gesamte Vorrat an Stolz und Großspurigkeit, den man auf dieser Welt auftreiben konnte, steckte in den fünf Fuß dieses zierlichen Gentleman. Ihm zunächst an Bedeutung kam ein ernsthafter Mann von etwa sechzig oder siebzig Jahren, dessen schwarzer Anzug und Halskragen eindeutig seinen Stand verrieten, nicht weniger als die spiegelblanke Glatze, deren Glanz durchaus eines berühmten Predigers würdig war, der vor einem halben Jahrhundert in diesem Dorf gelebt und daselbst von der Kanzel herunter die Perücken verdammt hatte. Zwei weitere Gestalten, eine wie die andere in dunkles Grau gekleidet, zeigten die besonnene Gelassenheit von Diakonen; einer war lächerlich lang und dünn, wie ein Mann von normaler Größe ins Unendliche reproduziert, wie die Mathematiker sagen; während sein Kollege, kurz und breit, wie eine komprimierte Version desselben Mannes erschien. – Diese vier nun unterhielten sich mit großer Ernsthaftigkeit, und aus ihren Gesten konnte man ablesen, daß sie den uralten Streit um den Turm des Andachtshauses wieder einmal aufgewärmt hatten. Der feierliche Schwarze sprach mit gesetzter Würde, als richte er seine Worte an eine Synode; der kurze Diakon grunzte ein paar Sätze, die nicht länger waren als er selber; sein langer Bruder spann den endlosen Faden seines Räsonnements durch die ganze Unterhaltung, und (wenn wir dem Analogieschlusse vertrauen) seine Stimme war zweifellos von einer leise quietschenden Art. Aber der Kleine mit den Goldtressen war offenbar von seiner eigenen feurigen Beredsamkeit enflammt: Er hüpfte von einem zum andern, schüttelte seinen Stock gegen den Turm, gegen die beiden Diakone, ja selbst dem Pfarrer beinahe ins Gesicht, dann wieder stampfte er mit dem Fuß auf die Erde, daß er leicht hineinfahren hätte können; aber dennoch konnte man nicht behaupten, daß sich auch nur das Gras unter seinem Tritt gekrümmt hätte. Die Gestalt, die hinter den anderen hergezogen war, hatte nun den Aufstieg zur Mühle bewältigt und entpuppte sich als eine ältere Dame, die irgend etwas in ihrer Hand hielt.

„Warum geht sie so langsam?" fragte David.

„Siehst du nicht, daß sie lahm ist?" sagte Esther.

Diese vornehme Dame, deren Gebrechen ihre Ankunft so sehr verzögert hatte, humpelte jetzt näher, glitt unbemerkt an der disputierenden Gruppe vorbei und hielt schließlich neben der Quelle an, nur einige wenige Fuß von unseren beiden Zuschauern entfernt. Sie war eine prächtige alte Dame. Ihre Flitterschuhe und golddurchwirkten Strümpfe glänzten unter dem geräumigen Rund eines roten Reifunterrocks, der derart aufgeblasen war, daß man meinte, er müsse jeden Augenblick platzen. Die Stickerei, die ihn über und über bedeckte, sah an einigen Stellen allerdings nicht mehr ganz neu aus. Über dem Unterrock, wenn auch vorne weit geöffnet, damit man diesen noch bewundern konnte, trug die Dame einen gemusterten Rock aus blauem Damast. Ihren Hals umschloß eine breite, steife Krause, während eine Haube aus feinstem Musselin, wenn auch schon etwas abgegriffen, das Haupt bedeckte; auf der Nase saß ihr eine goldgerahmte Brille mit riesengroßen Gläsern. Doch das Gesicht der alten Dame war verkniffen, scharf und fahl, mit einem knickrigen, geizigen Ausdruck, der in einem merkwürdigen Gegensatz zur Pracht ihres Aufzugs stand – genauso übrigens wie das Gerät, das sie in der Hand hielt, eine Art Eisenschaufel (in der Art eines Schüreisens etwa), wie man sie beim Reinigen von Öfen verwendet; mit diesem Gerät nun unternahm die gute Dame, nachdem sie einen bestimmten Platz zwischen der Quelle und einem Nußbaum dafür ausgewählt hatte, den ernsthaften Versuch zu graben. Der weiche Rasen erwies sich jedoch als unnachgiebig, widerstand ihren Bemühungen wie ein Steinbruch aus härtestem Granit. Sie geriet außer Atem, warf die Schaufel zu Boden und schien offenbar das eigene Geschick höchst jammervoll zu beklagen, dabei mit den Zähnen knirschend (mit den wenigen, die ihr noch geblieben waren) und die gelben Hände ringend. Dann, wie von neuer Hoffnung beflügelt, nahm sie ihre Arbeit wieder auf, doch mit dem gleichen Ergebnis – was David und Esther um so weniger überraschte, als sie von Zeit zu Zeit das Mondlicht durch die alte Dame hindurchschimmern und in der Quelle hinter ihr tanzen sahen. Der Kleine mit den Goldtressen hatte die alte Dame jetzt erspäht und näherte sich ihr auf Zehenspitzen.

„Wie sich die alte Dame abrackert“, bemerkte David.

„Geh und hilf ihr, David“, sagte Esther voll Mitleid.

Als sie ihre schläfrigen Stimmen erklingen ließen, hoben die alte Dame wie auch der protzige Kleine hinter ihr die Augen und sahen die beiden, den Jüngling und das Mädchen, einen Augenblick mit einem Gesichtsausdruck an, der von Zärtlichkeit und Zuneigung zu sprechen schien; aber alles war trüb und unsicher, und im nächsten Augenblick schon wieder verschwunden. Die alte Dame wandte sich wieder der Schaufel zu, zuckte jedoch zusammen, als eine Hand sich plötzlich auf ihre Schulter legte; schreckerfüllt fuhr sie herum und ent te den würdigen Kleinen in seinem blauen Mantel; darau len die beiden einander derart zärtlich in die Arme, daß man angesichts der nicht zu leugnenden Respektabilität der Beteiligten keine losere Verbindung als eine eheliche zwischen ihnen annehmen durfte. Sodann deutete der Herr auf die Schaufel – es schien, als erkundige er sich nach Sinn und Zweck von dero Bemühungen; die Dame verstand es jedoch offenbar geschickt, seine Fragen zu parieren und dabei eine gekränkte und gleichzeitig heiligmäßige Miene zu bewahren, wie sich das für jede ehrbare Frau in ähnlicher Situation schickt. Aber sie konnte es dennoch nicht lassen, hinter ihren Brillen hervor ein wenig zur Seite zu schielen, auf jene hartnäckige Rasenstelle. Dabei sahen die ganze Zeit über ihre Gestalten so merkwürdig aus, als hätte irgendein besonders geschickter Juwelenmacher ihre goldenen Verzierungen aus jenen Strahlen der sinkenden Sonne geschmiedet, die das kräftigste Gelb zeigten, und als stamme das Blau ihrer Gewänder aus dem Himmelsdunkel in der Nachbarschaft des Mondes, und als sei die seidene Weste des Herrn nichts anderes als die leuchtende Unterseite einer feurigen Wolke, und als sei der scharlachfarbene Unterrock der Dame nichts als ein Rest des Morgenrots – als seien beide überhaupt nichts anderes als zwei Schemen aus farbiger Luft. Doch jetzt zuckte eine plötzliche Bewegung durch die Menge. Der Squire zog eine Uhr heraus, so groß wie das Zifferblatt auf dem berühmten Glockenturm, warf einen Blick auf die warnenden Zeiger und hob sich hinweg, und auch seine Dame durfte nicht mehr verweilen; die Gruppe vor der Wirtshaustür machte sich auf die Beine, angeführt von dem Dicken in den flammenfarbenen Hosen; der lange Diakon stelzte ungesäumt von dannen, der kurze Diakon watschelte hinter ihm drein, das Yard zu vier Schritten, die Mütter riefen ihre Kinder zusammen und machten sich auf den Weg, nicht ohne noch manch sanften und traurigen Blick zurückzuwerfen. Wie wolkenhafte Phantasiegebilde, die ein unsichtbarer Anstoß vom Himmel jagt, waren sie bald alle verschwunden, und der Wind erhob sich und folgte ihnen mit seltsamen Klagen durch die verlassene Dorfstraße. Wohin diese Leute alle verschwanden, das vermag kein Mensch zu sagen; nur David und Esther meinten, den schattenhaften Glanz der alten Dame zu erkennen, wie sie im Mondschein am Friedhofstor stehenblieb und zurück nach der Quelle blickte.

„Oh, Esther! Was habe ich für einen Traum gehabt!" rief David, sprang auf die Beine und rieb sich die Augen.

„Und ich erst!" antwortete Esther und riß den Mund so weit auf, daß ihre süßen roten Lippen einen Kreis bildeten.

„Von einer alten Dame mit goldgeränderten Brillengläsern", fuhr David fort.

„Und einem scharlachroten Reifunterrock", fügte Esther hinzu.

Verwundert und fast ein wenig erschrocken starrten sie einander in die Augen. Nach einigem Nachdenken holte David tief Atem und richtete sich auf.

„Wenn ich morgen in der Frühe noch lebe", sagte er, „dann sehe ich nach, was zwischen dem Baum hier und der Quelle vergraben ist."

„Und warum nicht heute nacht, David?" fragte Esther; denn sie war ein vernünftiges kleines Mädchen und überlegte, daß sich derartiges ebensogut im geheimen ausführen ließ.

David fühlte, daß ihre Bemerkung durchaus angebracht war, und sah sich daher nach einem Werkzeug um, mit dem er ihrem Rate folgen wollte. Hell beleuchtete der Mond etwas, das an der Mauer des alten Hauses lehnte und sich bei näherer Untersuchung als eiserne Schaufel herausstellte, die der im Traum gesehenen recht auffällig ähnelte. Er gebrauchte sie mit besserem Erfolg als die alte Dame, der Boden gab seinen Anstrengungen sogleich nach, so daß er bald ein Loch gegraben hatte, so groß wie das Becken der Quelle. Plötzlich fuhr er mit dem Kopf bis an den Grund der Grube hinunter.

„Oho! – Was haben wir denn da!" rief David.

# Die Frauen der Toten

Die folgende Geschichte, deren einfache häusliche Begebenheiten vielleicht kaum des Erzählens wert befunden werden, besonders nach so langer Zeit, erweckte immerhin vor etwa hundert Jahren im wichtigsten Seehafen der Bay Province einige Aufmerksamkeit. Das regnerische Zwielicht eines Herbsttages; die Wohnstube im zweiten Stockwerk eines kleinen Hauses, einfach eingerichtet, wie es den bescheidenen Lebensumständen seiner Bewohner entsprach, geschmückt durch kleine Kuriositäten von jenseits des Meeres und ein paar kunstreiche Gegenstände indianischer Arbeit – dies sind die einzigen Details, die wir in bezug auf Kulisse und Jahreszeit vorausschicken wollen. Zwei junge und anmutige Frauen saßen am Kamin beisammen und vertieften sich jede in den eigenen Kummer und zugleich auch in den der anderen. Sie waren die jungvermählten Frauen zweier Brüder, eines Seefahrers und eines Landbewohners, und zwei aufeinanderfolgende Tage hatten die Nachricht vom Tode beider gebracht, der eine hatte sein Leben durch die Wechselfälle des Krieges in Kanada, der andere im stürmischen Atlantik verloren. Ein allgemeines Mitgefühl, das dieser schmerzliche Verlust hervorrief, hatte zahlreiche ihr Beileid ausdrückende Gäste in das Heim der verwitweten Schwestern geführt. Einige, unter ihnen auch der Pfarrer, waren bis zum Anbruch des Abends bei ihnen geblieben; bis sie schließlich einer nach dem anderen, trostreiche Stellen aus der Schrift flüsternd, denen ein noch reichlicherer Fluß der Tränen antwortete, Abschied nahmen und in ihre eigenen, glücklicheren Häuser heimkehrten. Die Trauernden, wenn auch nicht unempfänglich gegenüber der Güte ihrer Freunde, hatten sich dennoch danach gesehnt, wieder allein zu sein. Vereint, wie sie durch die Verwandtschaft der Lebenden gewesen, und jetzt noch mehr durch die der Toten, fühlte jede, daß Trost im Unglück nur im Busen der Schwester zu finden war. Sie verbanden ihre Herzen und weinten still zusammen. Doch nach einer Stunde des Sich-Gehenlassens begann die eine der Schwestern, deren Gefühle von ihrem milden, ruhigen, wenn auch nicht schwachen Charakter geformt wurden, sich jener Anleitungen zu Geduld und Ergebung zu erinnern, die die Frömmigkeit sie gelehrt hatte, als sie nicht daran dachte, daß sie sie je brauchen würde. Ihr Unglück, das zuerst bekanntgeworden, sollte daher auch als erstes aufhören, die regelmäßige Verrichtung ihrer Pflichten zu stören. Nachdem sie in diesem Sinne einen Tisch vor den Ofen gestellt und ein einfaches Mahl zubereitet hatte, nahm sie die Hand ihrer Gefährtin.

„Komm, teuerste Schwester; du hast heute noch keinen Bissen gegessen“, sagte sie, „steh auf, ich bitte dich, und laß uns um Segen bitten für das, was uns beschert ist.“

Ihre Schwägerin hatte ein lebhaftes und reizbares Temperament, und der erste quälende Schmerz hatte sich bei ihr in Schreien und leidenschaftlichen Klagen Luft gemacht. Jetzt fuhr sie vor Marys Worten zurück wie ein Verwundeter vor der Hand, die das Pochen des Schmerzes aufs neue entfacht.

„Für mich gibt es keinen Segen mehr, und ich werde auch nicht darum bitten“, rief Margaret mit einem neuen Tränenausbruch. „Wäre es nur sein Wille, daß ich nie wieder vom Essen kosten müßte!“

Doch kaum waren ihr diese aufrührerischen Worte entschlüpft, da schrak sie auch schon vor ihnen zurück, und nach und nach gelang es Mary, die Gemütsverfassung ihrer Schwester ihrer eigenen anzunähern.

Die Zeit verging, die gewöhnliche Stunde der Ruhe rückte näher. Die Brüder und ihre Gattinnen, mit jenen spärlichen Mitteln in den Stand der Ehe getreten, die man damals gerade noch für ausreichend hielt, hatten einen gemeinsamen

Haushalt gegründet, mit gleichen Rechten auf die Wohnstube, jedoch mit getrennten Ansprüchen auf zwei Schlafräume, die sich an die Wohnstube anschlossen. Dorthin zogen sich die Verwitweten zurück, nachdem sie Asche auf die sterbende Glut ihres Feuers gehäuft und eine brennende Lampe auf den Herd gestellt hatten. Die Türen beider Kammern blieben offenstehen, so daß jede von ihnen einen Blick ins Zimmer der anderen und auf die Betten mit ihren zurückgeschobenen Vorhängen werfen konnte. Der Schlaf stahl sich nicht gleichzeitig in die Augen der beiden Schwestern. Auf Mary wirkte der ruhig ertragene Schmerz, wie das oft geschieht, dergestalt, daß sie bald in vorübergehendes Vergessen sank, während Margaret um so unruhiger und fiebriger wurde, je weiter die Nacht mit ihren tiefsten und stillsten Stunden fortschritt. Sie lag da und lauschte den Regentropfen, die in monotoner Folge niederfielen, von keinem Windhauch verweht; und ein nervöser Antrieb ließ sie immer wieder den Kopf vom Kissen heben und in Marys Kammer und den dazwischenliegenden Raum schauen. Das kalte Licht der Lampe warf die Schatten der Möbel gegen die Wände und drückte sie ihnen unverrückbar auf, außer wenn ein plötzliches Flackern der Lampe sie erschütterte. Zwei leere Lehnstühle hatten ihren gewohnten Platz an den gegenüberliegenden Seiten des Herdes, wo die Brüder gern in jugendlich lachender Würde gesessen hatten, als Oberhäupter ihrer Familien; zwei bescheidenere Stühle standen daneben, die wahren Thronsessel dieses kleinen Reiches, wo Mary und sie selber in Liebe eine Herrschaft ausgeübt hatten, die die Liebe ihnen geschenkt. Die heitere Glut des Feuers hatte über dem glücklichen Kreis geschienen, das verlöschende Glimmen der Lampen hätte jetzt gut zu ihrer Wiedervereinigung gepaßt. Während Margaret in ihrem Leid aufstöhnte, hörte sie ein Pochen an der Haustür. „Wie wäre mein Herz noch gestern bei diesem Ton gehüpft!“, dachte sie, sich der Unruhe erinnernd, mit der sie so lange auf Nachrichten von ihrem Manne gewartet hatte. „Aber jetzt geht es mich nichts mehr an; sollen sie nur fortgehen, denn ich werde nicht aufstehen."

Doch noch während sie in einer Art kindischer Gereiztheit diesen Entschluß faßte, ging ihr Atem stoßweise, und sie strengte ihre Ohren an, um zu hören, ob sich das Zeichen nicht wiederhole. Es ist nicht leicht, an den Tod eines Menschen zu glauben, der für uns ein zweites Ich war. Das Pochen fing nun wieder an, in langsamen, regelmäßigen Schlägen, wie mit der weichen Seite einer geballten Faust, begleitet von Worten, die durch mehrere dicke Mauern hindurch nur schwach zu hören waren. Margaret blickte in die Kammer der Schwester und sah sie noch immer in tiefem Schlafe liegen. Sie stand auf, setzte einen Fuß auf den Boden, kleidete sich notdürftig an und zitterte dabei in einer Mischung von Furcht und Ungeduld.

„Der Himmel steh mir bei!" seufzte sie. „Ich habe nichts mehr zu fürchten, und doch scheint mir, als sei ich noch zehnmal ängstlicher als sonst."

Die Lampe vom Herde hebend, eilte sie zu jenem Fenster, das auf die Haustür hinaus blickte. Es war ein Gitterfenster, das sich in seinen Angeln drehte; nachdem sie es aufgestoßen hatte, streckte sie den Kopf ein wenig in die feuchte Luft hinaus. Eine Laterne tauchte die Front des Hauses in rotes Licht, das in den umliegenden Pfützen schmolz, während die Flut der Finsternis jeden anderen Gegenstand überschwemmte. Als das Fenster in den Angeln knirschte, trat ein Mann in breitkrempigem Hut und Flanellmantel aus dem Schutz des vorstehenden oberen Stockwerks hervor und blickte hinauf, um zu sehen, wen sein Anruf geweckt hatte. Margaret erkannte in ihm einen freundlichen Wirt aus der Stadt.

„Was ist gefällig, Nachbar Parker?" rief die Witwe.

„Ach, seid Ihr es, Frau Margaret?" antwortete der Wirt. „Ich fürchtete schon, es wäre Eure Schwester Mary; denn ich mag es gar nicht, eine junge Frau in Bedrängnis zu sehen, wenn ich ihr nicht ein Wort des Trostes zuflüstern kann."

„Um Gottes willen, was bringt Ihr mir für Nachricht?“ schrie Margaret.

„Ja, vor einer halben Stunde ist ein Expreß-Kurier durch die Stadt gekommen“, sagte Nachbar Parker, „ein Reisender aus dem östlichen Bezirk, mit Briefen vom Gouverneur und Rat. Er stieg in meinem Hause ab, um sich mit einem Bissen und einem Schluck zu erfrischen, und ich fragte ihn nach Neuigkeiten von der Grenze. Er berichtete mir, daß wir das Scharmützel, von dem Ihr ja wißt, schließlich doch noch gewonnen haben und daß dreizehn Männer, die zunächst für tot gegolten, wohlauf seien, Euer Mann unter ihnen. Außerdem soll er zur Eskorte gehören, die die Gefangenen, Franzmänner und Indianer, nach Haus ins Provinzgefängnis geleitet. Ich dachte mir, Ihr würdet nichts dagegen haben, aus dem Schlaf geweckt zu werden, so kam ich, um die Nachricht zu bringen. Gute Nacht.“

Mit diesen Worten brach der ehrliche Mann wieder auf; seine Laterne leuchtete durch die Straße, undeutliche Umrisse von Gegenständen ins Licht ziehend, Teilstücke einer Welt, eine durchs Chaos schimmernde Ordnung, oder Erinnerungen, die durch die Vergangenheit streifen. Doch Margaret blieb nicht am Fenster, um diese malerischen Effekte zu beobachten. Freude strömte durch ihr Herz und erhellte es, und mit beflügelten Schritten eilte sie ans Bett ihrer Schwester. Jäh durchzuckt von einem schmerzlichen Gedanken, blieb sie jedoch an der Kammertür stehen.

„Arme Mary!“ sagte sie zu sich selber. „Soll ich sie wecken, damit ihre Trauer durch mein Glück noch vertieft wird? Nein; ich werde es bis zum Morgen in meinem Busen bewahren.“

Sie näherte sich dem Bett und sah, daß Marys Schlaf friedlich war. Die eine Hälfte des Gesichts war ins Kissen gedrückt, damit sie im Verborgenen weinen konnte; jetzt aber lag ein Ausdruck regloser Zufriedenheit darauf, als wäre ihr Herz gleich einem tiefen See ruhig geworden, weil der Tote schon so tief hinabgesunken war. Es ist eine glückliche und zugleich seltsame Fügung, daß die leichteren Schmerzen es sind, aus denen die meisten unserer Träume sich weben. Margaret schrak davor zurück, ihre Schwägerin zu wecken, denn sie hatte die Empfindung, als hätte ihr eigenes größeres Glück sie gegen ihren Willen treulos werden lassen, als müßte eine veränderte, eine verringerte Zuneigung die Folge der Entdekkung sein, die sie zu machen hatte. Mit einem schnellen Schritt wandte sie sich ab. Aber die Freude ließ sich nicht lange unterdrücken, auch nicht durch Umstände, die in anderer Lage heftigen Schmerz hervorgerufen hätten. Ihr Geist füllte sich mit einer wirren Menge köstlicher Vorstellungen, bis der Schlaf sie übermannte und in Visionen hüllte, herrlicher und wilder als der Hauch des Winters (doch was für ein kalter Vergleich!), der phantastisches Flechtwerk auf ein Fenster malt.

Als die Nacht schon weit vorgeschritten war, fuhr Mary plötzlich aus dem Schlafe hoch. Ein lebhafter Traum hatte sie zuletzt in seinem unwirklichen Leben gefangen gehalten, von dem sie jedoch nichts mehr wußte als dies, daß etwas in ihn eingebrochen war, als es gerade am spannendsten wurde. Eine Weile noch hing der Schlummer um ihren Kopf wie morgendlicher Nebel und hinderte sie daran, die Konturen ihrer Lage klar zu erkennen. Nur mit halbem Bewußtsein nahm sie zwei oder drei Salven eines schnellen und ungeduldigen Pochens auf; zuerst kam ihr der Lärm als etwas ganz Selbstverständliches vor, wie der Atem, den sie einsog und wieder ausstieß; dann erschien er ihr als etwas, das sie nichts anging; endlich wurde ihr bewußt, daß dies ein Anruf war, dem sie Folge zu leisten hatte. Im gleichen Augenblick schoß ihr der Schmerz der Erinnerung in die Seele; die Hülle des Schlafes fiel vom Antlitz der Trauer; das trübe Licht der Kammer und die Gegenstände, die daraus hervortraten, hatten alle ihre zeitweilig aufgehobenen Gedanken aufbewahrt und stellten sie sofort wieder her, sobald sie ihre Augen öffnete. Wieder das laute Klopfen am Haustor. Besorgt, daß ihre Schwester vielleicht auch aufwachen möchte, wickelte Mary sich in einen Umhang mit Kapuze, nahm die Lampe vom Herd und eilte zum Fenster. Durch einen Zufall war es unverschlossen und gab dem Druck ihrer Hand leicht nach.

„Wer ist das?“ fragte Mary und blickte zitternd hinunter.

Der Sturm war jetzt vorbei, der Mond aufgegangen; er leuchtete über Wolkenfetzen am Himmel und über Häuser, schwarz von Nässe auf der Erde, und über kleine Seen aus Regenwasser, die sich im lebhaften Zauberhauch einer Brise zu Silber kräuselten. Ein junger Mann in Matrosenkleidung, so naß, als wäre er den Tiefen des Meeres entstiegen, stand allein unter dem Fenster. Mary erkannte ihn als einen, der sein Brot mit kurzen Reisen entlang der Küste verdiente; und sie hatte nicht vergessen, daß er vor ihrer Hochzeit erfolglos um sie geworben hatte.

„Was willst du hier, Stephen?“ sagte sie.

„Freu dich, Mary, denn ich will dir Trost bringen“, sagte der abgewiesene Liebhaber. „Du mußt wissen, es ist keine zehn Minuten her, daß ich nach Hause kam, und das erste, was meine gute Mutter mir sagte, war die Nachricht von deinem Mann. Ohne der alten Frau ein Wort zu sagen, setzte ich meinen Hut auf und rannte aus dem Haus. Ich hätte kein Auge zutun können, ohne mit dir zu sprechen, Mary, um alter Zeiten willen.“

„Stephen, ich hätte Besseres von dir gedacht!“ rief die Witwe, in Tränen ausbrechend, und machte sich daran, das Fenster zu schließen; sie war nicht im geringsten geneigt, dem Beispiel der ersten Frau von Zadig zu folgen.

„Bleib doch, und höre mich zu Ende“, rief der junge Matrose. „Wir redeten gestern nachmittag mit einer Brigg, die aus England einlief. Und was glaubst du, wen ich an Deck stehen sah, wohlauf und munter, nur ein bißchen dünner als vor fünf Monaten?“

Mary beugte sich aus dem Fenster, brachte aber kein Wort hervor.

„Jawohl, es war dein Mann selber", fuhr der hochherzige Seemann fort. „Er und drei andere retteten sich auf einen Mast, als die Blessing den Kiel nach oben drehte. Bei diesem Wind wird die Brigg schon bei Tagesanbruch in die Bucht einfahren, und du wirst ihn morgen hier sehen. Das ist der Trost, den ich dir bringe, Mary, und nun gute Nacht."

Er eilte hinweg, während Mary ihm mit einem Zweifel an der Wirklichkeit nachblickte, der stärker und dann wieder schwächer wurde, je nachdem, ob der Matrose gerade in den Schatten eines Hauses tauchte oder in die breiten Streifen des Mondlichts trat. Nach und nach aber schwoll die selige Flut der Gewißheit in ihrem Herzen an, mächtig genug, um sie zu überwältigen, wäre ihr Impuls ein noch plötzlicherer gewesen. Ihr erster Gedanke war, die Schwägerin zu wecken und die neugeborene Freude mit ihr zu teilen. Sie öffnete die Kammertür, die im Lauf der Nacht geschlossen worden war, wenn auch nicht verriegelt, ging zum Bett und wollte eben ihre Hand auf die Schulter der Schlafenden legen. Doch dann fiel ihr ein, daß Margaret zu Gedanken an Tod und Schmerz erwachen würde, nicht versüßt durch den Gegensatz zu ihrem eigenen Glück. Sie ließ die Strahlen der Lampe auf die bewußtlose Gestalt der Verlassenen fallen. Margaret lag in unruhigem Schlaf, die Bettücher rund um sie waren verschoben; ihre junge Wange war rosig, die Lippen in einem lebhaften Lächeln halb geöffnet; ein Ausdruck von Freude, den die versiegelten Lider noch verbargen, stieg drängend wie Weihrauch aus dem ganzen Gesicht zu ihr empor.

„Meine arme Schwester! Zu bald wirst du aus diesem glücklichen Traum erwachen", dachte Mary.

Bevor sie sich zurückzog, stellte sie die Lampe nieder und bemühte sich, die Bettücher zu richten, damit die kühle Nachtluft der fiebrig Schlummernden nicht schade. Doch ihre Hand zitterte gegen Margarets Hals, auch eine Träne fiel auf ihre Wange, und plötzlich erwachte sie.

# Roger Malvins Bestattung

Eine der wenigen Episoden aus dem Krieg mit den Indianern, die sich im Mondlicht der Romantik betrachten lassen, war jene Expedition, die im Jahre 1725 zur Verteidigung der Grenzen unternommen wurde und in jenem Scharmützel gipfelte, das unter dem Namen „Lovells Kampf" weithin bekannt wurde. Wenn man gewisse Umstände weise in den Schatten rückt, dann wird es der Vorstellung leicht gelingen, das Heldentum dieser kleinen Schar zu bewundern, die gegen eine doppelte Übermacht im Herzen des feindlichen Gebiets zu Felde zog. Die offensichtliche Tapferkeit, die beide Seiten an den Tag legten, entsprach der zivilisierten Auffassung von Mut, und die Ritterlichkeit selbst brauchte sich nicht zu schämen, die Taten des einen oder anderen festzuhalten. Das Treffen, obwohl tödlich für die, die es ausfochten, war in seinen Folgen für das Land nicht unglücklich; denn es brach die Kraft eines Stammes und führte zu einem Frieden, der durch mehrere Jahre hindurch erhalten blieb. Geschichte und Überlieferung sind in ihren Aufzeichnungen dieses Ereignisses ungewöhnlich genau; und der Hauptmann einer Kundschaftertruppe der Grenzbewohner hat soviel Ruhm gewonnen wie mancher siegreiche Anführer von Tausenden. Ungeachtet der Tatsache, daß die wirklichen Namen durch erfundene ersetzt wurden, werden manche, die von den Lippen alter Männer über das Schicksal jener wenigen Kämpfer gehört haben, die sich nach „Lovells Kampf" retten konnten, auf den folgenden Seiten einige Ereignisse wiedererkennen.

Die Strahlen der Morgensonne schwebten heiter über den Baumwipfeln, unter denen am Abend zuvor zwei abgekämpfte, verwundete Männer ihre müden Glieder ausgestreckt hatten. Ihr Lager aus welken Eichenblättern war auf einer kleinen, ebenen Stelle am Fuße eines Felsens ausgebreitet, unweit des Gipfels einer jener sanften Anhöhen, die an dieser Stelle Abwechslung in die Landschaft bringen. Die Masse aus Granit, die ihre glatte, ebene Oberfläche fünfzehn oder zwanzig Fuß über ihren Köpfen aufsteigen ließ, war einem gigantischen Grabstein nicht unähnlich, auf dem die Adern eine Inschrift in einem vergessenen Alphabet zu bilden schienen. Auf einer Fläche von mehreren Morgen rund um diesen Felsen waren Eichen und andere Hartholzbäume an die Stelle der sonst in dieser Gegend üblichen Fichten getreten; und ein junger, kräftiger Baum wuchs unmittelbar neben den beiden Wanderern aus dem Boden.

Die schwere Verwundung des älteren der beiden hatte ihm wahrscheinlich den Schlaf geraubt; denn sobald der erste Sonnenstrahl den Wipfel des höchsten Baumes traf, richtete er sich mühsam aus seiner zurückgelehnten Haltung auf und saß aufrecht da. Die tiefen Furchen in seinem Gesicht und die grauen Strähnen in seinem Haar ließen in ihm einen Mann erkennen, der über die mittleren Jahre des Lebens hinaus war; doch seine muskulöse Gestalt hätte, ohne die Auswirkung seiner Wunde, den Anstrengungen noch ebensogut standgehalten wie in der frühen Kraft des Lebens. Doch jetzt sahen Kraftlosigkeit und Erschöpfung aus seinen abgezehrten Zügen, und der verzweifelte Blick, den er in die Tiefe des Waldes hinein sandte, sprach deutlich für seine Überzeugung, daß seine irdische Wanderschaft nun zu Ende ging. Darauf wandte er seine Augen dem Gefährten zu, der an seiner Seite ruhte. Der Jüngling, der noch kaum die Jahre des Mannesalters erreicht hatte, lag, den Kopf auf seinen Arm gelegt, in einem unruhigen Schlaf da, den eine Welle des Schmerzes aus seinen Wunden jeden Augenblick durchbrechen konnte. Seine rechte Hand hielt eine Muskete umspannt, und nach der heftigen Bewegung auf seinen Zügen zu urteilen, schien sein Schlummer ihm ein Bild des Kampfes zurückzubringen, in dem er einer der wenigen Überlebenden war. Ein Schrei – tief und laut in der Vorstellung seines Traumes – fand als halbes Gemurmel den Weg zu seinen Lippen, und aus Schreck über den leisen Laut seiner eigenen Stimme wachte er mit einem Ruck auf. Die erste Handlung des sich wieder zum Leben sammelnden Geistes war, sich ängstlich nach dem Zustand seines verwundeten Gefährten zu erkundigen. Dieser schüttelte seinen Kopf.

„Reuben, mein Junge", sagte er, „dieser Felsen, unter dem wir sitzen, wird einem alten Jäger als Grabstein dienen. Vor uns liegt noch Meile auf Meile brüllender Wildnis; auch würde es mir kaum noch nützen, stiege der Rauch aus meinem eigenen Schornstein von der anderen Seite des Hügels auf. Die indianische Kugel war gefährlicher, als ich dachte."

„Du bist erschöpft von drei Tagen Wanderung", erwiderte der Jüngling, „und wenn wir noch etwas länger rasten, wirst du dich erholen. Bleib hier sitzen, während ich im Wald nach Wurzeln und Kräutern suche, die uns nähren müssen; und wenn wir gegessen haben, wirst du dich auf mich stützen, und wir werden uns auf den Heimweg machen. Ich zweifle nicht daran, daß du mit meiner Hilfe einen der Grenzposten erreichen kannst."

„In mir sind keine zwei Tage Leben mehr, Reuben", sagte der andere ruhig, „und ich will dir nicht länger mit meinem unnützen Körper zur Last fallen. Deine Wunden sind tief, und deine Kraft wird bald am Ende sein; doch wenn du allein weitergehst, wirst du vielleicht gerettet. Für mich ist keine Hoffnung mehr; und ich will den Tod hier erwarten."

„Wenn es so sein muß, dann bleibe ich bei dir und halte Wache", sagte Reuben mit Festigkeit.

„Nein, mein Sohn, nein", hielt ihm sein Gefährte entgegen. „Laß dir den Wunsch eines Sterbenden etwas gelten; reich mir deine Hand, und dann begib dich weg von hier. Meinst du, meine letzten Augenblicke wird der Gedanke erleichtern, daß ich dich hier zurücklasse, damit du eines noch qualvolleren Todes stirbst? Ich habe dich wie ein Vater geliebt, Reuben, und in einer Stunde wie dieser solltest du mir auch wie einem Vater gehorchen. Ich sage dir, du sollst gehen, damit ich in Frieden sterben kann."

„Und weil du mir ein Vater warst, soll ich dich deshalb hier umkommen und unbegraben in der Wildnis liegen lassen?" rief der Jüngling. „Nein; wenn dein Ende wirklich nahe ist, dann will ich bei dir bleiben und deine letzten Worte empfangen. Hier bei diesem Felsen will ich ein Grab schaufeln, in dem wir, sollte die Schwäche auch mich überwältigen, zusammen ruhen werden; oder wenn der Himmel mir Kraft gibt, so werde ich dann meinen Heimweg suchen."

„In den Städten, und wo sonst Menschen wohnen", erwiderte der andere, „begraben sie ihre Toten in der Erde; sie verbergen sie vor dem Angesicht der Lebenden; aber hier, wo vielleicht hundert Jahre lang kein Wanderer vorüberkommt, warum soll ich da nicht unter freiem Himmel ruhen, zugedeckt nur von den Eichenblättern, wenn der Herbstwind sie von den Bäumen bläst? Und als Grabstein dient mir dieser graue Fels, in den meine sterbende Hand den Namen von Roger Malvin schneiden wird; und der Wanderer, der einmal hier vorübergeht, wird wissen, daß hier ein Jäger und Kriegsmann schläft. Daher zögere nicht um einer solchen Torheit willen, sondern mach dich eilig auf deinen Weg, wenn schon nicht um deinetwillen, so um ihretwillen, die sonst ganz verlassen ist."

Malvin hatte diese letzten Worte mit versagender Stimme gesprochen, und ihre Wirkung auf seinen Gefährten stand diesem deutlich ins Gesicht geschrieben. Sie erinnerten ihn daran, daß er noch andere, weniger unsichere Pflichten hatte, als das Schicksal eines Mannes zu teilen, dem sein Tod nichts nützen konnte. Auch läßt sich nicht behaupten, daß keinerlei selbstsüchtiges Gefühl Reubens Herz beschlichen hätte, obwohl gerade das Bewußtsein davon ihn den Bitten seines Gefährten noch stärkeren Widerstand entgegensetzen ließ.

„Wie furchtbar, das langsame Nahen des Todes in solcher

Einsamkeit zu erwarten!“ rief er. „Ein tapferer Mann schreckt im Kampfe nicht vorm Tod zurück, und wenn Freunde das Bett umstehen, mögen sogar Frauen mit Fassung sterben; aber hier –“

„Ich werde mich nicht fürchten, auch hier nicht, Reuben Bourne“, unterbrach ihn Malvin, „ich bin kein Mann mit einem zagen Herzen; und selbst wenn ich das wäre, so gibt es doch eine sicherere Stütze als die von irdischen Freunden. Du bist jung, und das Leben ist dir teuer. In deinen letzten Stunden wirst du Trost viel mehr brauchen als ich; und wenn du mich in die Erde gelegt hast und allein bist, und die Nacht über dem Walde hereinbricht, dann wirst du die ganze Bitterkeit des Todes fühlen, der du jetzt entgehen kannst. Aber ich will deiner großmütigen Natur kein eigennütziges Motiv aufdrängen. Verlaß mich um meinetwillen; auf daß ich, nach einem Gebet für deine Sicherheit, Ruhe habe, um ungestört von irdischen Sorgen meine Rechnung mit dieser Welt abzuschließen.“

„Und deine Tochter! Wie soll ich ihr je wieder unter die Augen treten?“ rief Reuben. „Sie wird mich nach dem Schicksal ihres Vaters fragen, dessen Leben ich mit meinem eigenen zu verteidigen schwur. Muß ich ihr sagen, daß er drei Tage mit mir zusammen vom Schlachtfeld wanderte, und daß ich ihn dann allein in der Wildnis umkommen ließ? Wäre es nicht besser, mich hier neben dich zu legen und neben dir zu sterben, als lebend heimzukehren und Dorcas solches zu berichten?“

„Sag meiner Tochter“, antwortete Roger Malvin, „daß du, obwohl selber verwundet, schwach und erschöpft, meine stolpernden Schritte viele Meilen lang gestützt und mich nur auf meine dringendsten Bitten hin verlassen hast, weil ich nicht dein Blut auf meiner Seele haben wollte. Sag ihr, daß du in Schmerz und Gefahr treu geblieben bist und daß du, wenn dein Herzblut mich hätte retten können, selbst den letzten Tropfen nicht gespart hättest. Und sag ihr, daß du ihr mehr sein wirst als ein Vater, und daß mein Segen auf euch beiden liegt, und daß meine sterbenden Augen einen langen und frohen Pfad sehen, den ihr zusammen wandern werdet."

Bei diesen Worten hatte Malvin sich fast vom Boden erhoben, und die Kraft seiner letzten Worte schien den wilden, verlassenen Wald mit einer Vision des Glücks zu füllen. Doch als er erschöpft auf sein Bett aus Eichenblättern zurücksank, verlosch das Licht, das in Reubens Auge aufgeglommen war. Er hatte das Gefühl, als sei es Torheit und Sünde zugleich, in einem solchen Augenblick an Glück zu denken. Sein Gefährte beobachtete den Wechsel im Ausdruck seines Gesichts und überlegte, wie er ihn mit selbstloser Kunst zum eigenen Besten überlisten konnte.

„Vielleicht täusche ich mich selber über die Zeit, die ich noch zu leben habe", fuhr er fort. „Wenn bald Hilfe kommt, könnte ich mich von meiner Verwundung vielleicht erholen. Die ersten Flüchtigen müßten noch vor uns die Nachricht von unserem verhängnisvollen Kampf bis an die Grenzen getragen haben, und sicher werden schon Suchtrupps ausgesandt, um die zu retten, die in ähnlicher Lage sind wie wir selber. Wenn du auf einen von diesen stößt und sie zu mir führst – wer vermöchte zu sagen, ob ich nicht bald wieder an meinem eigenen Kaminfeuer sitze?"

Ein schmerzliches Lächeln stahl sich über die Züge des Sterbenden, als er diese unbegründete Hoffnung vortäuschte; die auf Reuben allerdings nicht ohne Wirkung blieb. Kein rein selbstsüchtiger Beweggrund und auch nicht Dorcas' Verlassenheit hätten ihn dazu bringen können, seinen Gefährten in einem solchen Augenblick allein zu lassen. Doch seine Wünsche klammerten sich an den Gedanken, daß Malvins Leben vielleicht doch gerettet werden könnte, und seine zuversichtliche Natur erhöhte die geringe Wahrscheinlichkeit, menschliche Hilfe herbeizuschaffen, fast zur Gewißheit.

„Sicher gibt es Gründe, gute Gründe, anzunehmen, daß Freunde nicht mehr weit sind," sagte er halblaut. „Gleich zu

Beginn des Kampfes ist ein Feigling unverwundet geflohen, und wahrscheinlich ist er gut vorangekommen. Und jeder aufrechte Mann an der Grenze wird bei dieser Nachricht seine Muskete schultern; und wenn auch kein Suchtrupp sich so tief hinein in den Wald verirrt, so werde ich vielleicht schon nach einem Tagesmarsch auf Leute stoßen. Sag mir aufrichtig und ehrlich", fuhr er, zu Malvin gewandt, fort, seinen eigenen Motiven mißtrauend, „wärest du in meiner Lage, würdest du mich wirklich lebend hier zurücklassen?"

„Es ist nun zwanzig Jahre her", antwortete Roger Malvin, jedoch seufzend, da er bei sich den großen Unterschied zwischen den beiden Fällen zugeben mußte, „– es ist nun zwanzig Jahre her, da flüchtete ich mit einem teuren Freund zusammen aus indianischer Gefangenschaft in der Nähe von Montreal. Viele Tage lang wanderten wir durch die Wälder, bis endlich, von Hunger und Müdigkeit überwältigt, mein Freund sich hinlegte und mich anflehte, ihn allein zu lassen; denn er wußte, daß wir beide umkommen würden, wenn auch ich bei ihm bliebe. Und mit nur geringer Hoffnung auf Hilfe schichtete ich unter seinem Kopf ein Kissen aus trockenen Blättern auf und eilte weiter."

„Und bist du zur rechten Zeit zurückgekehrt, um ihn zu retten?" fragte Reuben, an Malvins Worten hängend, als würden sie ihm prophetisch seinen eigenen Erfolg verkünden.

„Ja, das bin ich", antwortete der andere. „Noch vor Sonnenuntergang desselben Tages stieß ich auf das Lager einer Jagdgesellschaft. Ich führte sie an den Ort, wo mein Kamerad auf den Tod wartete; heute ist er ein rüstiger, gesunder Mann auf seiner eigenen Farm, weit hinter den Grenzen, während ich hier in tiefster Wildnis verwundet am Boden liege."

Dieses Beispiel, das starken Einfluß auf Reubens Entscheidung gewann, war, ihm selber unbewußt, noch gestützt von der heimlichen Kraft verschiedener anderer Motive. Roger Malvin sah, daß der Sieg schon fast errungen war.

„Jetzt geh, mein Sohn, und möge der Himmel dir Erfolg

schenken“, sagte er. „Kehre nicht mit unseren Freunden zurück, wenn du auf sie triffst, damit nicht deine Wunden und deine Erschöpfung dich überwältigen; sondern sende zwei oder drei andere, die man nicht braucht, damit sie nach mir suchen. Und glaub mir, Reuben, mein Herz wird leichter mit jedem Schritt, den deine Füße heimwärts machen.“ Doch bei diesen Worten ging vielleicht eine kleine Veränderung in Gesicht und Stimme mit ihm vor; denn es war am Ende ein entsetzliches Schicksal, in der Wildnis allein den Tod zu erwarten.

Reuben Bourne, nur halb überzeugt, daß er richtig handle, erhob sich endlich vom Boden und bereitete seinen Aufbruch vor. Als erstes, und entgegen Malvins Wünschen, sammelte er einen Vorrat von Wurzeln und Kräutern, von denen sie in den letzten beiden Tagen gelebt hatten. Diese unnötige Nahrung häufte er in Reichweite des Sterbenden auf, für den er auch noch ein frisches Bett aus trockenen Eichenblättern zusammenfegte. Darauf stieg er zum Gipfel des Felsens, der auf einer Seite rauh und aufgerissen war, beugte den jungen Eichbaum nieder und knüpfte sein Taschentuch an dessen obersten Ast. Diese Maßnahme war notwendig, um jenen, die etwa auf der Suche nach Malvin sein sollten, die Richtung anzuzeigen; denn außer der breiten, glatten Vorderseite war vom Felsen schon aus kurzer Entfernung wegen des dichten Unterholzes in diesem Wald nichts mehr zu sehen. Mit dem Taschentuch hatte Reuben eine Wunde an seinem Arm verbunden; und als er es an den Baum knüpfte, schwor er beim Blut, das es befleckte, daß er zurückkehren würde – sei es, um das Leben seines Gefährten zu retten, sei es, um seinen Leichnam ins Grab zu betten. Dann stieg er wieder herab und stand mit niedergeschlagenen Augen vor Roger Malvin, um dessen Abschiedsworte zu empfangen.

Der letztere gab ihm aus Erfahrung viele und genaue Ratschläge, die sich auf den Gang des Jünglings durch den weglosen Wald bezogen. Über diesen Gegenstand sprach er mit ruhigem Ernst, so, als würde er Reuben in den Kampf oder auf die Jagd schicken, während er im sicheren Haus auf ihn wartete; und nicht, als wäre die menschliche Gestalt, die ihn bald verlassen sollte, die letzte, die er auf Erden sehen würde. Doch bevor er noch zu Ende sprach, wurde seine Festigkeit erschüttert.

„Überbringe Dorcas meinen Segen und sage ihr, daß mein letztes Gebet ihr und dir gelten soll. Sag ihr, daß sie es dir nicht nachtragen soll, daß du mich hiergelassen hast" – Reuben gab es einen Stich ins Herz –, „sag ihr, daß dein Leben dir nichts bedeutet hätte, hätte sein Opfer mir genützt. Sie wird dich heiraten, wenn sie eine Weile um ihren Vater getrauert hat; und der Himmel schenke euch lange und glückliche Tage! und mögen deine Kinder einst dein Totenbett umstehen! Und, Reuben", fügte er hinzu, als die Schwachheit der Sterblichkeit doch endlich durchbrach, „kehre zurück, wenn deine Wunden geheilt und deine Müdigkeit gewichen ist, kehre zu diesem verlassenen Felsen zurück, lege meine Gebeine in ein Grab und sprich ein Gebet über ihnen."

Vielleicht von den Sitten der Indianer herrührend, die nicht nur mit den Lebenden, sondern auch mit den Toten Krieg führten, legten die Bewohner des Grenzlandes den Begräbnisbräuchen eine beinahe abergläubische Bedeutung bei; und es gibt viele Beispiele davon, daß jemand beim Versuch, jene zu begraben, die durch das ‚Schwert der Wildnis' umgekommen waren, selber den Tod fand. Reuben spürte daher die volle Bedeutung seines feierlichen Versprechens, zurückzukehren und Roger Malvin würdig zu beerdigen. Es war immerhin auffallend, daß der letztere, sein ganzes Herz in seine Abschiedsworte legend, jetzt nicht mehr versuchte, den Jüngling davon zu überzeugen, daß schnelle Hilfe sein Leben doch noch retten könnte. Und Reuben war innerlich davon überzeugt, daß er Malvin nicht mehr lebend sehen würde. Seine großherzige Natur hätte ihn wohl um jeden Preis zurückgehalten, bis die Todesszene vorbei war; aber sein Wille zum Leben und die Hoffnung auf Glück waren mächtig in seinem Herzen erwacht, und er war nicht fähig, ihnen Widerstand zu leisten.

„Es ist genug“, sagte Roger Malvin, nachdem er Reubens Versprechen angehört hatte. „Geh, und möge Gott deine Schritte lenken!“

Der Jüngling drückte schweigend seine Hand, wandte sich ab und wollte gehen. Seine langsamen, stolpernden Schritte hatten ihn jedoch noch nicht weit getragen, da rief Malvins Stimme ihn wieder zurück.

„Reuben, Reuben“, sagte er schwach; und Reuben ging zu ihm und kniete neben dem sterbenden Mann nieder.

„Richte mich auf, und laß mich an den Felsen lehnen“, war seine letzte Bitte. „So wird mein Gesicht heimwärts blikken, und ich werde dich einen Augenblick länger sehen, wie du zwischen den Stämmen verschwindest.“

Nachdem Reuben die Stellung seines Gefährten so geändert hatte, wie dieser es wünschte, nahm er seine einsame Wanderung wieder auf. Zuerst hastete er schneller vorwärts, als seine Kraft ihm gestattete; denn eine Art von Schuldgefühl, das die Menschen manchmal selbst bei Handlungen quält, die völlig gerechtfertigt erscheinen, drängte ihn dazu, Malvin möglichst schnell aus den Augen zu kommen. Doch nachdem er schon weit über die raschelnden Blätter des Waldes geschritten war, schlich er zurück, von wilder, schmerzlicher Neugier getrieben, und blickte hinter den mit Erde überkrusteten Wurzeln eines ausgerissenen Baumes hervor ernst auf den verlassenen, einsamen Mann. Wolkenlos stand die Morgensonne am Himmel, und Bäume und Büsche saugten die süße Maienluft ein; und doch lag ein trüber Schleier über dem Antlitz der Natur, als fühlte sie mit diesem tödlichen Schmerz und Leid. Roger Malvins Hände waren in inbrünstigem Gebet erhoben, und einige seiner Worte, die durch das Schweigen des Waldes drangen und sich in Reubens Herz stahlen, erfüllten ihn mit einer unbeschreiblichen Gewissensqual. Was er hörte, waren abgerissene Worte aus einem Gebet um sein und Dorcas' Glück; und während der Jüngling lauschte, drang sein Gewissen, oder etwas, das ihm ähnlich war, heftig in ihn, zurückzukehren und sich wieder am Felsen niederzulegen. Er empfand, wie bitter das Los dieses gütigen, großherzigen Wesens war, das er hier in seiner äußersten Not verlassen hatte. Der Tod würde zu ihm kommen wie ein sich langsam nahender Leichnam, der sich durch den Wald auf ihn zustahl, mit grauenhaften, reglosen Zügen hinter einem nahen Baum hervorblickend, dann hinter einem noch näheren. Doch das wäre Reubens eigenes Los gewesen, hätte er nur bis Sonnenuntergang gezögert; und wer möchte ihn deshalb schuldig sprechen, daß er vor einem sinnlosen Opfer zurückscheute? Als er Malvin scheidend anblickte, brachte eine leichte Brise das kleine Banner auf dem Eichenschößling zum Wehen und erinnerte Reuben an seinen Schwur.

Viele Umstände trugen dazu bei, den verwundeten Wanderer auf seinem Weg zur Grenze aufzuhalten. Am zweiten Tag nahmen ihm die Wolken, die sich am Himmel ballten, jede Möglichkeit, seine Richtung nach dem Stand der Sonne zu bestimmen, und er konnte nicht wissen, ob ihn nicht jede Anstrengung seiner erschöpften Kraft nur noch weiter von der Heimat, die er suchte, entfernte. Beeren und was sonst wild im Wald wuchs war seine kärgliche Nahrung. Zwar sprangen manchmal Rotwildherden an ihm vorbei, und Rebhühner schwirrten vor seinen Füßen auf; aber seine Munition hatte er in der Schlacht verbraucht, und er hatte jetzt kein Mittel mehr, um sie zu erlegen. Seine Wunden, durch die dauernde Anstrengung, in der doch seine einzige Hoffnung auf Überleben lag, entzündet, zehrten seine Kraft auf und verwirrten in Abständen seinen Geist. Doch selbst während sein Geist sich trübte, klammerte sich Reubens junges Herz fest ans Leben, und erst, als ihm jede Bewegung unmöglich geworden war, sank er unter einem Baum zusammen, um dort den Tod zu erwarten. In dieser Lage wurde er von einem Suchtrupp entdeckt, den man auf die erste Nachricht vom Kampf hin losgeschickt hatte, um den Überlebenden beizustehen. Sie brachten ihn zur nächsten Siedlung, die zufällig seine eigene war.

Dorcas, in der Schlichtheit der alten Zeiten, wachte am Bett ihres verwundeten Geliebten und ließ ihm alle jene Sorge und Zärtlichkeit angedeihen, wie nur Herz und Hand einer Frau sie geben können. Mehrere Tage lang irrte Reubens Erinnerung schläfrig unter den Gefahren und Strapazen herum, die er erlitten hatte, und er war nicht imstande, klare Antworten auf die Fragen zu geben, mit denen ihn viele eifrig bestürmten. Zuverlässige Einzelheiten über den Verlauf der Schlacht waren bis jetzt nicht bekannt geworden; Mütter, Frauen und Kinder wußten nicht, ob ihre Liebsten in der Gefangenschaft oder von der stärkeren Kette des Todes festgehalten wurden. Schweigend nährte Dorcas bittere Ahnungen in ihrer Brust, bis eines Nachmittags Reuben, aus einem unruhigen Schlaf erwachend, sie deutlicher zu erkennen schien als irgendwann vorher. Sie sah, daß sein Geist sich gefaßt hatte, und konnte ihre kindliche Besorgnis daher nicht länger beherrschen.

„Mein Vater, Reuben?“ begann sie; aber die Veränderung auf dem Gesicht des Geliebten ließ sie stocken.

Der Jüngling schrak wie in bitterem Schmerz zusammen, und das Blut schoß ihm lebhaft in die blassen, hohlen Wangen. Sein erster Antrieb war, sein Gesicht zu verbergen; doch dann richtete er sich halb auf, was ihn offenbar die größte Anstrengung kostete, und begann erregt zu sprechen, sich gegen eine eingebildete Anschuldigung verteidigend.

„Dein Vater, Dorcas, wurde in dem Kampf schwer verwundet, und er wollte nicht, daß ich mich mit ihm belastete; ich sollte ihn nur zum Ufer des Sees führen, damit er dort seinen Durst löschen und dann sterben könnte. Aber ich wollte den alten Mann in seiner Not nicht verlassen, und obwohl ich selber blutete, stützte ich ihn; ihm meine halbe

Kraft leihend, führte ich ihn mit mir fort. Drei Tage lang wanderten wir miteinander, und dein Vater hielt länger aus, als ich zu hoffen gewagt hatte; doch als ich am vierten Tag bei Sonnenaufgang erwachte, fand ich ihn schwach und erschöpft – er konnte nicht mehr weiter – seine Kräfte schwanden schnell – und –"

„Er starb!" rief Dorcas schwach.

Es war Reuben unmöglich, zuzugeben, daß seine selbstsüchtige Liebe zum Leben ihn fortgetrieben hatte, bevor das Schicksal ihres Vaters sich erfüllt hatte. Er sagte nichts; er senkte nur den Kopf; und hin- und hergerissen zwischen Scham und Erschöpfung, verbarg er das Gesicht in seinem Kissen. Dorcas weinte, da sie ihre Befüchtungen nun bestätigt sah; doch da sie diesen Schlag lange vorausgeahnt hatte, traf er sie weniger heftig.

„Du hast meinem armen Vater in der Wildnis ein Grab gegraben, Reuben?" lautete die Frage, in der ihre kindliche Achtung und Liebe sich ausdrückten.

„Meine Hände waren schwach, aber ich tat, was ich konnte", erwiderte der Jüngling mit erstickter Stimme. „Ein stattlicher Grabstein steht an seinem Haupt; gäbe der Himmel, daß auch ich so fest schliefe wie er!"

Dorcas hörte die wilde Bitterkeit in seinen letzten Worten, fragte aber diesmal nicht weiter; doch ihr Herz fand Trost in dem Gedanken, daß Roger Malvin, soweit das eben möglich gewesen war, ein anständiges Begräbnis bekommen hatte. Der Bericht von Reubens Tapferkeit und Treue verlor nichts in Dorcas' Wiedergabe an ihre Freunde; und der arme Jüngling, der aus seinem Krankenzimmer wankte, um die sonnige Luft einzuatmen, erfuhr aus jedem Mund die schmerzliche und demütigende Qual unverdienten Lobes. Alle waren sich darin einig, daß er das Recht hatte, um die Hand des schönen Mädchens anzuhalten, dessen Vater er ‚treu bis in den Tod' gewesen war; und da meine Geschichte nicht von Liebe handelt, genügt es, wenn ich berichte, daß Reuben innerhalb von zwei Jahren Dorcas' Gemahl wurde. Bei der Hochzeit war das Gesicht der Braut von Röte überzogen, das des Bräutigams jedoch bleich.

In Reuben Bournes Brust war jetzt ein Gedanke, den er niemandem mitteilen konnte; etwas, das er vor allem vor der verbergen mußte, der seine ganze Liebe und sein ganzes Vertrauen galten. Tief und bitter bereute er jetzt die moralische Feigheit, die ihn am Sprechen gehindert hatte, als er Dorcas die Wahrheit gestehen wollte; aber Stolz, die Angst, ihre Neigung zu verlieren, und die Furcht vor allgemeiner Verachtung hinderten ihn daran, seine Lüge zu berichtigen. Roger Malvin verlassen zu haben, dafür, so fühlte er, verdiente er keinen Tadel. Seine Gegenwart, das vergebliche Opfer seines eigenen Lebens hätten die letzten Augenblicke eines Sterbenden nur noch mit neuer, sinnloser Qual belastet. Erst die Verheimlichung hatte einer durchaus zu rechtfertigenden Tat den Charakter einer geheimen Schuld gegeben; und während die Vernunft ihm sagte, daß er recht gehandelt habe, erfuhr Reuben dennoch in nicht geringem Maße die seelischen Qualen, die den verfolgen, dessen Verbrechen nicht entdeckt wird. Eine bestimmte Verbindung von Ideen bewirkte, daß er sich manchmal beinahe als Mörder sah. Und durch Jahre hindurch drängte sich ihm immer wieder eine Vorstellung auf, die er zwar durchaus als töricht und unsinnig erkannte, ohne daß er jedoch die Kraft gehabt hätte, sie aus seinem Geist zu verbannen; es war die quälende, unabweisbare Einbildung, daß sein Schwiegervater noch immer am Fuß des Felsens auf den welken Blättern saß, lebend und auf seinen versprochenen Beistand wartend. Diese Wahnvorstellungen kamen und gingen, ohne daß er sie jemals für Wirklichkeit gehalten hätte; doch in den ruhigsten und klarsten Augenblicken seines Geistes war er sich dessen bewußt, daß er ein Gelöbnis nicht eingelöst hatte und daß ein unbestatteter Leichnam aus der Wildnis nach ihm rief. Doch seine Unaufrichtigkeit hatte es ihm unmöglich gemacht, diesem Ruf Folge zu leisten. Jetzt war es zu spät, um Roger Malvins Freunde zu bitten, ihm bei diesem lang hinausgeschobenen Begräbnis zu helfen; und die abergläubische Furcht, für die niemand anfälliger war als die Bewohner dieser vorgeschobenen Grenzsiedlungen, verbot Reuben, allein zu gehen. Außerdem wußte er nicht, wo in dem unendlichen, pfadlosen Wald er nach dem glatten, beschrifteten Felsen suchen sollte, an dessen Fuß der Leichnam lag; seine Erinnerung an die einzelnen Abschnitte seines Rückweges war nur undeutlich, und der letzte Teil hatte sich seinem Geist überhaupt nicht mehr eingeprägt. Dennoch fühlte er einen ständigen inneren Antrieb, eine Stimme, die, nur ihm verständlich, ihm befahl, hinzugehen und sein Gelöbnis einzulösen; und er hatte das seltsame Gefühl, daß er, sollte er den Versuch machen, geradewegs zu Malvins Gebeinen geführt würde. Doch Jahr für Jahr wurde die Ladung, die er nicht hörte, aber fühlte, nicht befolgt. Sein einziger heimlicher Gedanke wurde wie eine Kette, die seinen Geist festband, und wie eine Schlange, die sich in sein Herz fraß; und er verwandelte sich langsam in einen niedergeschlagenen und reizbaren Menschen.

Im Lauf einiger Jahre nach der Hochzeit wurden in den äußeren Umständen von Reuben und Dorcas gewisse Veränderungen sichtbar. Der einzige Besitz des ersteren waren sein mutiges Herz und sein starker Arm gewesen; während die letztere, die einzige Erbin ihres Vaters, ihren Gatten zum Herrn über seine Farm gemacht hatte, die länger bebaut, größer und besser ausgestattet war als die meisten in den Grenzsiedlungen. Doch Reuben Bourne war ein nachlässiger Landmann; und während die Äcker der anderen Siedler von Jahr zu Jahr fruchtbarer wurden, verfielen die seinen in gleichem Maße. Die Schwierigkeiten der Landwirtschaft waren seit der Beendigung des Krieges mit den Indianern, als die Männer den Pflug in der einen Hand und die Muskete in der anderen hielten, weit geringer geworden; damals durften sie glücklich sein, wenn die Früchte ihrer gefahrvollen Mühen nicht auf dem Feld oder in der Scheune von dem unbarmherzigen Feind zerstört wurden. Doch Reuben zog aus der veränderten Lage des Landes keinen Gewinn; auch läßt sich nicht leugnen, daß seine – unregelmäßige – Hinwendung an seinen Besitz nur von geringem Erfolg belohnt wurde. Die Reizbarkeit, die ihn in letzter Zeit auszeichnete, war eine weitere Ursache für seinen abnehmenden Wohlstand, da sie bei dem unvermeidlichen Umgang mit benachbarten Siedlern zu häufigen Streitereien führte. Daraus ergaben sich zahlreiche Prozesse; denn in diesem anfänglichen ungeordneten Zustand ihres Landes wählten die Bewohner Neu-Englands, wann immer möglich, den gesetzlichen Weg zur Schlichtung ihrer Differenzen. Kurz, Reuben kam mit der Welt nicht gut zu Rande, und schließlich, wenn auch erst viele Jahre nach seiner Hochzeit, war er ein ruinierter Mann, dem nur mehr ein Mittel blieb gegen das Unglück, das ihn verfolgt hatte. Er sollte Sonnenlicht in einen der dunkelsten Winkel des Waldes werfen und sich dabei vom jungfräulichen Busen der Wildnis ernähren.

Dorcas' und Reubens einziges Kind war ein Sohn, jetzt fünfzehn Jahre alt, ein schöner Junge, der ein bedeutender Mann zu werden versprach. Er war besonders begabt mit den kriegerischen Tugenden des Grenzlebens und begann schon jetzt, sich darin auszuzeichnen. Sein Fuß war schnell, sein Ziel sicher, seine Auffassung rasch, sein Herz froh und hochgesinnt; und alle, die mit einem neuerlichen Aufflammen der Kämpfe mit den Indianern rechneten, redeten von Cyrus Bourne als von einem zukünftigen Anführer dieses Landes. Der Vater liebte den Sohn mit einer tiefen, schweigenden Kraft, als wäre alles, was an seinem eigenen Wesen gut und glücklich war, auf dieses Kind übertragen worden, und seine Neigung mit dazu. Selbst Dorcas, die ihn liebte und von ihm geliebt wurde, war ihm lange nicht so teuer; denn Reubens geheime Gedanken und einsame Gefühle hatten ihn nach und nach in einen eigensüchtigen Mann verwandelt; und er konnte nur mehr dort wirklich lieben, wo er eine Spiegelung oder Ähnlichkeit mit seinem eigenen Geist sah oder zu sehen glaubte. In Cyrus erkannte er sich selber, wie er früher gewesen war; und mitunter schien der Geist des Jungen ihn anzustecken, ihn mit einem frischen, glücklichen Leben zu erfüllen. Reuben nahm seinen Sohn zu jener Expedition mit, auf der sie ein Stück Land auswählten und Holz fällten und verbrannten, was notwendigerweise der Verlegung der Hausgötter vorausgehen mußte. Damit verbrachten sie zwei Herbstmonate; dann kehrten Reuben Bourne und sein junger Jäger zurück, um ihren letzten Winter in der Siedlung zu verbringen.

Es war zu Anfang des Monats Mai, als die kleine Familie alle Ranken der Zuneigung, die sich an leblose Gegenstände geklammert hatten, ausriß und jenen wenigen, die sich auch noch im Gifthauch des Schicksals ihre Freunde genannt hatten, Lebewohl sagte. Jeder der drei Pilger tröstete sich jedoch in der Trauer des Abschieds auf seine Weise. Reuben, ein launischer Mann, unglücklich und daher ein Menschenfeind, schritt mit gewohntem finsteren Gesicht und niedergeschlagenen Augen voraus, nur wenig Bedauern fühlend und keinesfalls bereit, auch nur eine Spur davon zuzugeben. Dorcas vergoß wohl viele Tränen über die zerrissenen Bande, die ihr einfaches und zärtliches Gemüt an alles geknüpft hatte, aber sie spürte doch, daß die, die ihr innerstes Herz bewohnten, mit ihr fortgingen, und alles andere würde sich von selbst einstellen, wohin sie auch käme. Und der Knabe wischte sich eine Träne aus dem Auge und dachte an die abenteuerlichen Freuden des weglosen Waldes. Oh! Wer hätte sich in der Begeisterung eines Tagtraums nicht schon gewünscht, in die sommerliche Wildnis hinauszuwandern, ein schönes, sanftes Wesen leicht an seinem Arm hängend? Der freie, kühne Schritt des Jünglings würde keine Grenzen kennen als den rollenden

Ozean oder die schneebedeckten Berge; das ruhigere Mannesalter würde einen Ort zur Heimat wählen, im Tal eines klaren Flusses etwa, den die Natur mit üppigem Reichtum gesegnet hat; und wenn, nach langen, langen Jahren eines reinen Lebens, das graue Alter sich ihm näherte, es würde den Vater eines Geschlechtes finden, den Patriarchen eines ganzen Volkes, den Gründer einer mächtigen zukünftigen Nation. Wenn dann der Tod über ihn kommt, wie der süße Schlaf, den wir nach einem Tag voller Glück willkommen heißen, dann würden Kinder und Kindeskinder über den verehrten Staub trauern. Von der Überlieferung mit geheimnisvollen Eigenschaften begabt, würden die Männer der zukünftigen Generationen ihn gottähnlich nennen; und die ferne Nachwelt noch sieht ihn in verschwommener Glorie, hoch oben im Tal der vergangenen Jahrhunderte!

Der verschlungene, düstere Wald, durch den die Gestalten meiner Erzählung wanderten, war vom Land der Phantasie dieses Träumers sehr verschieden; und doch war etwas in ihrer Art zu leben, die die Natur zu ihrer eigenen erklärte; und die nagenden Sorgen, die sie aus der Welt mitgebracht hatten, waren jetzt das einzige, was ihr Glück störte. Ein kräftiger, zottiger Gaul, der ihren ganzen Reichtum trug, machte sich nichts aus Dorcas' zusätzlichem Gewicht; obwohl ein hartes Leben sie genügend gekräftigt hatte, daß sie den größten Teil eines Tagemarsches an der Seite ihres Gatten zurücklegte. Reuben und sein Sohn schritten rüstig aus, die Musketen auf den Schultern, die Axt auf den Rücken gebunden, und hielten mit dem Blick des Jägers nach Wild Ausschau, das ihre Nahrung war. Wenn der Hunger sich meldete, machten sie halt und bereiteten ihre Mahlzeit am Ufer eines reinen Waldquells, der sanfte Abwehr murmelte, wenn sie sich mit durstigen Lippen zum Trinken über ihn beugten, wie ein Mädchen beim ersten Kuß der Liebe. Sie schliefen in einer Laubhütte und erwachten im ersten Licht des Tages, erfrischt für die Mühen eines weiteren. Dorcas und der Knabe schritten freudig dahin, und sogar Reubens Gemüt leuchtete manchmal in sichtlicher Freude; doch innen war ein kaltes, kaltes Leid, das er mit den Schneewehen verglich, die in den Klammen und Flußniederungen lagen, während oben die grünen Blätter glänzten.

Cyrus Bourne war als Waldläufer bereits geübt genug, um zu erkennen, daß sein Vater sich nicht an jene Richtung hielt, die sie auf ihrer Expedition im vergangenen Herbst eingeschlagen hatten. Sie nahmen ihren Weg diesmal weiter nördlich, in größerem Abstand von den Siedlungen und in ein Gebiet, das bisher nur von wilden Tieren und wilden Menschen bewohnt war. Manchmal deutete der Knabe an, was seine Meinung darüber war, und Reuben hörte aufmerksam zu, und ein- oder zweimal änderte er auch, dem Rat seines Sohnes folgend, die Marschrichtung. Doch danach schien er sich unbehaglich zu fühlen. Er schickte schnelle, unstete Blicke voraus, so, als suche er nach Feinden, die hinter den Bäumen lauerten; und wenn er dort nichts fand, blickte er hastig hinter sich, wie in Furcht vor irgendeinem Verfolger. Cyrus, der sehr wohl bemerkte, daß sein Vater bald wieder die alte Richtung einschlug, mischte sich nicht mehr ein; und wenn auch ein Gewicht sich langsam in sein Herz senkte, so verbot ihm doch seine abenteuerlustige Natur, darüber zu klagen, daß der Weg immer länger und geheimnisvoller wurde.

Am Nachmittag des fünften Tages hielten sie beinahe eine Stunde vor Sonnenuntergang an und schlugen ihr einfaches Lager auf. Während der letzten Meilen hatte sich das Gesicht der Landschaft verändert, durch Anhöhen, die riesigen Wellen eines versteinerten Meeres glichen; und in einem dieser Wellentäler, einem wilden und romantischen Platz, hatte die Familie ihre Hütte gebaut und ihr Feuer angezündet. Es liegt etwas Tödlich-Kaltes und Herzerwärmendes zugleich in der Vorstellung, daß diese Drei, von einem starken Band der Liebe vereint waren, doch abgeschnitten von allem anderen Lebenden. Die dunklen, düsteren Fichten blickten auf sie herab, und wenn der Wind durch ihre Wipfel fuhr, ging ein klagender Ton durch den Wald; oder stöhnten diese alten Bäume aus Furcht, daß endlich Männer gekommen seien, um die Axt an ihre Wurzeln zu legen? Während Dorcas die Mahlzeit vorbereitete, wollten Reuben und sein Sohn nach Wild Ausschau halten, da der heutige Tagesmarsch nichts gebracht hatte. Der Knabe versprach, sich nicht aus der nächsten Umgebung des Lagers zu entfernen, und sprang davon, leicht und elastisch wie das Reh, das er zu töten hoffte; während sein Vater, der, ihm nachblickend, von einem flüchtigen Glücksgefühl erfüllt wurde, sich anschickte, in die entgegengesetzte Richtung zu gehen. Dorcas hatte sich inzwischen neben das Feuer aus Reisern auf den bemoosten, morschen Stumpf eines Baumes gesetzt, der vor vielen Jahren entwurzelt worden war, und beschäftigte sich damit, den Massachusetts Almanach für das laufende Jahr durchzublättern, der neben einer alten Bibel in Frakturschrift den ganzen literarischen Besitz der Familie ausmachte; dazwischen warf sie hin und wieder einen Blick auf den Topf, der jetzt über dem Feuer zu brodeln begann. Niemand schenkt einer willkürlichen Einteilung der Zeit größere Beachtung als jene, die von der menschlichen Gesellschaft ausgeschlossen sind; und Dorcas erwähnte, als ob diese Nachricht von Wichtigkeit wäre, daß heute der zwölfte Mai sei. Ihr Mann schrak zusammen.

„Der zwölfte Mai! Daran sollte ich mich wohl erinnern", murmelte er, während ein Ansturm von Gedanken ihn einen Augenblick lang verwirrte. „Wo bin ich? Wohin gehe ich? Wo habe ich ihn verlassen?"

Dorcas, zu sehr an die eigensinnigen Launen ihres Mannes gewöhnt, als daß ihr etwas Besonderes aufgefallen wäre, legte jetzt den Almanach beiseite und redete ihn in dem bekümmerten Tonfall an, in dem gefühlvolle Menschen über einen Schmerz sprechen, der seit langem kalt und tot ist.

„Es war vor achtzehn Jahren um diese Zeit des Monats,

daß mein armer Vater diese Welt für eine bessere verließ. In seinen letzten Augenblicken stützte ihn ein lieber Arm, und eine liebe Stimme sprach ihm Trost zu, Reuben; und der Gedanke an deine treue Fürsorge hat mich seither oft gestärkt. Oh! wie schrecklich wäre der Tod an einem so wilden Ort wie diesem für einen einsamen Mann gewesen!"

„Bete zum Himmel, Dorcas", sagte Reuben mit gebrochener Stimme, „bete zum Himmel, daß keiner von uns dreien hier in dieser brüllenden Wildnis einsam stirbt und unbegraben liegen bleibt!" Und er stürzte fort und ließ sie allein bei dem Feuer unter den düsteren Tannen wachen.

Allmählich verlangsamte sich Reuben Bournes hastiger Schritt, als der stechende Schmerz, den Dorcas' Worte ihm unwillentlich zugefügt hatten, an Heftigkeit nachließ. Doch drängten viele seltsame Vorstellungen auf ihn ein; mehr wie ein Schlafwandler denn wie ein Jäger irrte er vorwärts, und es geschah ohne sein eigenes Zutun, daß sein krummer Kurs ihn in der Nähe des Lagers festhielt. Unmerklich wurden seine Schritte fast in einen Kreis gelenkt, und es wurde ihm auch nicht bewußt, daß er in einen Teil des Waldes geriet, der dicht bewachsen war, aber nicht mit Tannen. Eichen und andere Harthölzer waren an ihre Stelle getreten; und um ihre Wurzeln drängte sich dichtes, buschiges Unterholz, das jedoch kahle Streifen zwischen den Bäumen freiließ, die hoch mit verwelkten Blättern bedeckt waren. Immer wenn das Rascheln der Blätter oder das Knarren der Baumstämme ein Geräusch verursachte, als ob der Wald aus seinem Schlaf erwachte, hob Reuben unwillkürlich die Muskete, die in seinem Arm ruhte, und warf einen schnellen, scharfen Blick in jene Richtung; doch durch diese flüchtige Beobachtung überzeugt, daß kein Tier sich in der Nähe befand, überließ er sich wieder völlig seinen Gedanken. Er brütete über den seltsamen Impuls nach, der ihn so weit von der geplanten Richtung weg und so tief ins Herz der Wildnis gelenkt hatte. Unfähig, bis zum geheimen Ort der Seele vorzudringen, wo seine Beweggründe verborgen lagen, glaubte er, daß eine übernatürliche Stimme ihn zu sich gerufen, daß eine übernatürliche Macht ihm den Rückweg abgeschnitten hatte. Der Himmel, so hoffte er, wollte ihm nun eine Gelegenheit geben, seine Schuld wiedergutzumachen, und ihn die Gebeine finden lassen, die so lange unbegraben lagen; und wenn er Erde auf sie gelegt hätte, so würde das Sonnenlicht des Friedens wieder in die Gruft seines Herzens scheinen. Aus diesen Gedanken wurde er durch ein Rascheln im Wald aufgeschreckt, in einiger Entfernung von der Stelle, an der er sich befand. Und da er spürte, wie sich hinter dem dichten Schleier aus Unterholz etwas bewegte, feuerte er mit dem Instinkt des Jägers und der Treffsicherheit des geübten Schützen dahin. Ein leises Stöhnen, das seinen Erfolg anzeigte, und mit dem selbst Tiere ihre Todesnot zum Ausdruck bringen können, wurde von Reuben Bourne nicht beachtet. Was waren das für Erinnerungen, die jetzt auf ihn einstürmten?

Das Dickicht, in das Reuben gefeuert hatte, lag nahe dem Gipfel einer Anhöhe und drängte sich um den Fuß eines Felsens, der im Umriß und in der Glätte einer seiner Seiten einem riesenhaften Grabstein nicht unähnlich war. Reuben trug den gleichen in seinem Gedächtnis, als wäre er ein Spiegel. Sogar die Adern erkannte er wieder, die eine Inschrift in Buchstaben eines verschollenen Alphabets zu bilden schienen; alles war gleich geblieben, nur daß dichtes Gestrüpp jetzt den unteren Teil des Felsens verhüllte und Roger Malvin verborgen hätte, hätte er noch immer dort gesessen. Doch im nächsten Moment wurde Reubens Auge von einer anderen Veränderung gefangengenommen, die die Zeit bewirkt hatte, seit er zum letzten Male hier gestanden – und wo er jetzt wieder stand, hinter den erdigen Wurzeln eines umgestürzten Baumes. Der junge Baum, an den er das blutgetränkte Unterpfand seines Schwurs gebunden hatte, war gewachsen und zu einer starken Eiche geworden, noch kein reifer Baum freilich, doch mit einem schattigen Laubdach bereits von nicht geringem Umfang. Doch etwas sehr Seltsames war an diesem Baum zu bemerken und ließ Reuben erzittern. Die mittleren und unteren Äste waren voll grünenden Lebens, und eine Überfülle von Laubwerk hatte den Stamm fast bis zum Boden bewachsen; doch ein Brand schien den oberen Teil des Baumes befallen zu haben, und der oberste Ast war verdorrt, saftlos und ganz abgestorben. Reuben erinnerte sich daran, wie vor achtzehn Jahren das kleine Banner am obersten Ast geflattert hatte, der damals grün und lieblich war. Durch wessen Schuld war er verdorrt?

Nachdem die beiden Jäger fortgegangen waren, fuhr Dorcas mit ihren Vorbereitungen für das Abendessen fort. Ihre sylvanische Tafel war der bemooste Stumpf eines großen umgestürzten Baumes, auf dessen breiteste Stelle sie ein schneeweißes Tuch gelegt und alles aufgestellt hatte, was ihr von dem glänzenden Zinngeschirr geblieben, das in der Siedlung ihr Stolz gewesen war. Es sah seltsam aus – dieser eine kleine Flecken häuslicher Gemütlichkeit mitten in der Einsamkeit der Natur. Das Sonnenlicht zögerte noch auf den höchsten Ästen jener Bäume, die weiter oben standen; doch in der Niederung, wo sie das Lager aufgeschlagen hatten, waren die Abendschatten schon tief; und der Schein des Feuers wurde röter, da es nun die hohen Stämme der Tannen emporglühte oder über dem dichten, dunklen Laubwerk lag, das den Platz umschloß. Dorcas' Herz war nicht traurig; denn sie fühlte, daß es besser war, mit jenen beiden, die sie liebte, durch die Wildnis zu wandern, denn als einsame Frau in einer Menge zu stehen, der sie nichts galt. Während sie geschäftig für Reuben und ihren Sohn Sitze aus morschem Holz mit Blättern bedeckte, tanzte ihre Stimme durch den Wald, im Takt eines Liedes, das sie in ihrer Jugend gelernt hatte. Das einfache Lied, Schöpfung eines Barden, der sich keinen Namen damit gemacht hatte, erzählte von einem Winterabend in einem Haus an der Grenze, wo die Familie, sicher beschützt vor dem Eindringen hoch aufgetürmter Schneewehen, froh am eigenen Kamin sitzt. Das ganze Lied hatte jenen schlichten Reiz, wie er ungeborgten Gedanken eigen ist; aber die vier Zeilen des Kehrreims hoben sich leuchtend von den anderen ab, wie der Schein des Feuers, dessen Freuden sie so rühmten. In sie hatte der Dichter, mit wenigen einfachen Worten Wunder wirkend, den tiefsten Kern zärtlicher Liebe und häuslichen Glücks gelegt und Poesie und Bild zu einem Ganzen verbunden. Als Dorcas sang, schienen die Wände ihres verlassenen Heims sie zu umschließen; sie sah nicht mehr die düsteren Tannen, sie hörte nicht den Wind, der bei jeder neuen Strophe einen tiefen Atemzug durch die Äste schickte und beim Kehrreim ihres Liedes in einem dumpfen Stöhnen erstarb. Der Knall einer Flinte in der Nähe des Lagers schreckte sie auf; und sie fing plötzlich heftig zu zittern an, entweder wegen des unerwarteten Lauts oder wegen ihrer Einsamkeit vor dem glimmenden Feuer. Doch im nächsten Augenblick schon lachte sie auf, von mütterlichem Stolz erfüllt.

„Mein schöner junger Jäger! Mein Junge hat ein Wild erlegt!“ rief sie, denn sie erinnerte sich, daß Cyrus in jene Richtung gegangen war, aus der der Schuß zu hören war.

Sie wartete eine angemessene Zeit darauf, den leichten Schritt ihres Sohnes zu vernehmen, wie er durch die raschelnden Blätter lief, ihr seinen Erfolg zu melden. Doch er erschien nicht sofort, und sie sandte ihre fröhliche Stimme auf die Suche nach ihm zwischen die Bäume.

„Cyrus! Cyrus!“

Doch er kam noch immer nicht; aber da der Schuß offenbar in unmittelbarer Nähe gefallen war, beschloß sie, selber nach ihm zu suchen. Vielleicht wäre ja auch ihre Hilfe nötig, um das Wildbret herbeizuschaffen, das er, wie sie sich ausmalte, erlegt hatte. Sie ging also fort, ihre Schritte nach dem schon lange verklungenen Schall richtend, und sang beim Gehen, damit der Junge ihr Nahen bemerken und ihr entgegenlaufen sollte. Hinter jedem Baumstamm, in jedem Versteck im dichten Laubwerk des Unterholzes hoffte sie das Gesicht ihres Sohnes zu entdecken, lachend in jenem verspielten Übermut, der der Zuneigung entspringt. Die Sonne war jetzt schon unter dem Horizont, und das Licht, das zwischen den Bäumen herabsickerte, schon so schwach, daß es ihrer erwartungsvollen Phantasie viele Trugbilder vortäuschte. Einige Male meinte sie sein Gesicht undeutlich zwischen den Blättern hervorspähen zu sehen; und einmal war ihr, als winke er ihr vom Fuße eines schroffen Felsens. Als sie ihre Augen jedoch fest auf den Gegenstand heftete, stellte sich heraus, daß es nur der Stamm einer Eiche war, bis zum Boden mit kleinen Zweigen bewachsen, von denen einer, der weiter herausstand als die anderen, sich im Winde bewegte. Sie ging um den Fuß des Felsens herum und sah sich plötzlich neben ihrem Mann, der von der anderen Seite gekommen war. Auf den Kolben seiner Flinte gestützt, deren Lauf in den dürren Blättern steckte, schien er in die Betrachtung eines Gegenstands versunken, der zu seinen Füßen lag.

„Wie denn, Reuben? Hast du das Wild erlegt und bist darüber eingeschlafen?“ rief Dorcas fröhlich lachend nach der ersten flüchtigen Wahrnehmung seiner Haltung und Erscheinung.

Er rührte sich nicht und wandte ihr auch seine Augen nicht zu; und eine kalte, schauerliche Angst, unbestimmt in Ursprung und Richtung, begann in ihr Blut zu kriechen. Jetzt erst erkannte sie, daß das Gesicht ihres Mannes geisterhaft blaß und seine Züge reglos waren, als könnten sie keinen anderen Ausdruck annehmen als die tiefe Verzweiflung, die in ihnen erstarrt war. Er verriet nicht mit der geringsten Bewegung, daß er ihr Kommen bemerkt hatte.

„Um Himmels willen, Reuben, sprich mit mir!“ schrie Dorcas, und der fremde Klang ihrer eigenen Stimme erschreckte sie noch mehr als die tödliche Stille.

Ihr Mann fuhr zusammen, starrte in ihr Gesicht, zog sie bis vor den Felsen und deutete mit dem Finger.

Ach! Da lag der Knabe, schlafend, aber traumlos, auf den gefallenen Blättern des Waldes! Seine Wange ruhte auf dem Arm, die geringelten Locken fielen aus der Stirn, die Glieder waren leicht gelöst. Hatte jähe Müdigkeit den jugendlichen Jäger überkommen? Oder würde die Stimme seiner Mutter ihn wohl wecken? Sie wußte, es war der Tod.

„Dieser breite Felsen ist der Grabstein deiner Nächsten, Dorcas“, sagte ihr Mann. „Deine Tränen werden auf deinen Vater und deinen Sohn zugleich fallen.“

Sie hörte ihn nicht. Mit einem wilden Schrei, der aus der innersten Seele der schwer Getroffenen zu brechen schien, sank sie besinnungslos an der Seite ihres toten Jungen nieder. In diesem Augenblick löste sich der dürre Wipfel der Eiche in der reglosen Luft und fiel weich und leicht auf den Felsen, auf die Blätter, auf Reuben, auf seine Frau und sein Kind, und auf Roger Malvins Gebeine. Da wurde Reubens Herz getroffen, und die Tränen strömten aus ihm wie Wasser aus einem Felsen. Der bis ins Mark erkrankte Mann war gekommen, um den Schwur einzulösen, den der verwundete Jüngling getan hatte. Seine Schuld war gesühnt, der Fluch von ihm genommen; und in dieser Stunde, da er Blut vergossen hatte, das ihm teurer war als sein eigenes, stieg ein Gebet, das erste seit vielen Jahren, von Reuben Bournes Lippen zum Himmel auf.

# Der junge Nachbar Brown

Bei Sonnenuntergang trat der junge Brown auf die Straße des Dorfes Salem; aber nachdem er die Schwelle seines Hauses überschritten hatte, wandte er den Kopf, um sein junges Weib zum Abschied zu küssen. Und Faith, wie sie recht passend hieß, steckte ihren hübschen Kopf auf die Straße hinaus, so daß der Wind mit den rosaroten Bändern ihrer Haube spielte, während sie Brown zu sich rief.

„Mein liebstes Herz", flüsterte sie leise und betrübt, als ihre Lippen an seinem Ohr waren, „tu mir den Gefallen, verschiebe die Reise bis Sonnenaufgang und schlaf heute nacht in deinem eigenen Bett. Ein einsames Weib wird von solchen Träumen und Gedanken heimgesucht, daß sie sich oft vor sich selber fürchtet. Ich bitte dich, bleib bei mir heute nacht, mein lieber Mann, diese eine von allen Nächten des Jahres."

„Meine Faith, meine Liebe!" antwortete der junge Brown. „Von allen Nächten des Jahres muß ich gerade diese fern von dir verbringen. Meine Reise, wie du es nennst, und meine Rückkehr, kann nur zwischen jetzt und Sonnenaufgang geschehen. Was, mein süßes, mein schönes Weib, zweifelst du jetzt schon an mir, wo wir erst drei Monate lang verheiratet sind!"

„Nun, Gott segne dich", antwortete Faith mit den rosa Bändern, „und mögest du bei deiner Heimkehr alles in guter Ordnung finden."

„Amen", rief Brown. „Sprich deine Gebete, liebe Faith, und geh zu Bett, wenn es dämmert, so wirst du von Übel verschont bleiben."

So trennten sie sich; und der junge Mann machte sich auf den Weg.

Bevor er jedoch bei der Kirche um die Ecke bog, wandte er

sich um und sah Faiths Kopf, die ihm noch immer nachblickte, mit einem traurigen Ausdruck im Gesicht, trotz ihrer rosaroten Bänder.

„Arme kleine Faith“, dachte er, denn ihm war weh ums Herz. „Was für ein Schuft bin ich, daß ich sie um eines solchen Zieles willen verlasse! Auch hat sie von Träumen gesprochen. Mich dünkt, ich sah, als sie sprach, eine heimliche Angst in ihrem Gesicht, als hätte ein Traum ihr verraten, welcher Art das Werk der heutigen Nacht ist. Aber nein, nein! Schon die Vorstellung würde sie töten. Wohl ist sie mein guter Engel auf Erden; und nach dieser einen Nacht will ich nicht mehr von ihrem Rockzipfel weichen und ihr folgen bis in den Himmel hinein.“ Dank dieses ausgezeichneten Vorsatzes für die Zukunft fühlte sich Nachbar Brown berechtigt, mit noch größerer Eile seinem gegenwärtigen bösen Ziel zuzustreben. Der Weg, den er eingeschlagen hatte, war düster, verfinstert von den dunkelsten Bäumen des Waldes, die kaum zur Seite wichen, um den schmalen Pfad durchkriechen zu lassen, und sich unmittelbar darauf wieder schlossen. Die Gegend hätte nicht verlassener sein können; und es ist etwas Seltsames an dieser Art von Einsamkeit, daß der Reisende nicht weiß, wer sich hinter den unzähligen Stämmen und im dichten Geäst versteckt; so daß er, wenn auch einsamen Schrittes, vielleicht eine unsichtbare Menge durchschreitet.

„Hinter jedem Baum könnte ein teuflischer Indianer stehen“, sagte Brown zu sich selber; und ängstlich hinter sich blickend, fügte er hinzu: „Am Ende schleicht mir gar der Teufel selber schon zur Seite!“

Den Kopf rückwärts gewandt, folgte er einer Krümmung des Weges; als er wieder vorwärts blickte, sah er einen unauffällig und ordentlich gekleideten Mann zu Füßen eines alten Baumes sitzen. Als Nachbar Brown näher kam, stand der Mann auf und ging Seite an Seite mit ihm weiter.

„Ihr kommt spät, Nachbar Brown“, sagte er. „Die Turmuhr von Old South schlug gerade, als ich durch Boston kam, und das war vor vollen fünfzehn Minuten.“

„Faith hielt mich noch eine Weile zurück“, versetzte der junge Mann, mit Zittern in der Stimme, hervorgerufen durch die plötzliche, wenn auch nicht völlig unerwartete Erscheinung seines Weggenossen.

Schwarze Dämmerung herrschte jetzt im Wald, am schwärzesten dort, wo die beiden ihres Weges gingen. So gut sich das hier erkennen ließ, war der zweite Wanderer wohl an die fünfzig Jahre alt, dem Äußeren nach vom gleichen Stand wie Nachbar Brown; überhaupt sah er ihm sehr ähnlich, wenn auch vielleicht mehr dem Ausdruck nach als in den Zügen. Leicht hätte man die beiden für Vater und Sohn halten können. Und doch, obwohl der ältere so einfach gekleidet war wie der junge und auch sein Benehmen von der gleichen Schlichtheit, hatte er die unbeschreibbare Art eines Weltmannes, der am Tisch des Gouverneurs ebensowenig in Verlegenheit gekommen wäre wie am Hofe König Williams, sollten ihn seine Geschäfte jemals dorthin rufen. Aber das einzige an ihm, das seiner Merkwürdigkeit wegen die Augen auf sich zog, war sein Stecken, der aussah wie eine große schwarze Schlange, so seltsam geformt, daß man zu sehen meinte, wie er sich drehte und wand wie ein lebender Wurm. Das konnte natürlich nur eine Täuschung der Augen sein, gefördert von dem unsicheren Licht.

„Komm, Nachbar Brown!“ rief sein Weggenosse, „Laß uns die Reise nicht so schleppenden Schrittes beginnen. Wenn du schnell ermattest, so nimm meinen Stecken.“

„Freund“, versetzte der andere – und statt seinen müden Gang zu beschleunigen, blieb er vollends stehen. „Indem ich Euch hier treffe, habe ich unseren Vertrag bereits erfüllt; jetzt will ich dorthin zurückkehren, woher ich kam. Ich habe Bedenken, was diese Sache betrifft, von der Ihr wißt.“

„Was du nicht sagst!“ erwiderte der mit der Schlange und lächelte bei sich. „Aber gehen wir doch weiter und reden dabei darüber, und wenn ich dich nicht überzeugen kann, dann magst du umkehren. Wir sind erst ein kleines Stück in den Wald eingedrungen."

„Zu weit, zu weit!" rief der Nachbar, während er unbewußt den Weg wieder aufnahm. „Mein Vater ging niemals in solcher Absicht in den Wald, noch sein Vater vor ihm. Wir waren immer ein Geschlecht von ehrlichen Männern und guten Christen, seit den Tagen der Märtyrer. Soll ich denn der erste meines Namens sein, der jemals diesen Pfad wandelte und solchen Um-"

„Solchen Umgang pflegte, wolltest du sagen", vollendete der ältere, eine Pause des jüngeren deutend. „Gut, Nachbar Brown! Mit deiner Familie bin ich so gut bekannt wie nur mit irgendeiner unter den Puritanern, und das will etwas heißen. Ich half deinem Großvater, dem Konstabel, als er das Quäkerweib so munter durch die Straßen Salems peitschte. Und ich war es, der deinem Vater die Pechkiefernfackel brachte, an meinem eigenen Herd entzündet, mit dem er in König Philipps Krieg ein Indianerdorf in Brand steckte. Beide waren meine guten Freunde; wie oft sind wir miteinander diesen Pfad hier gewandelt und nach Mitternacht fröhlich heimgekehrt. Um ihretwillen wäre ich gerne auch dein Freund geworden."

„Wenn es so ist, wie Ihr sagt", antwortete Nachbar Brown, „dann wundert mich, daß sie nie davon sprachen. Oder, wahrlich, ich wundere mich nicht, denn nur das leiseste Gerücht darüber hätte sie aus Neu-England vertrieben. Wir sind ein Volk des Gebets und der guten Werke obendrein, und wir dulden keine derartigen Gottlosigkeiten."

„Gottlosigkeit oder nicht", versetzte der Wanderer mit dem gewundenen Stab, „mein Bekanntenkreis in Neu-England ist jedenfalls sehr groß. Die Diakone nicht weniger Gemeinden haben den Abendmahlswein mit mir getrunken, die gewählten Ordnungshüter manches Orts mich zu ihrem Vorsitzenden gewählt, und im höchsten Rat verficht die Mehrheit mein Interesse. Auch der Gouverneur und ich – aber das sind Staatsgeheimnisse."

„Ist's denn möglich!" rief Nachbar Brown und starrte seinem gleichmütigen Gefährten verblüfft ins Gesicht. „Nun gut – mit dem Gouverneur und dem Rat habe ich nichts zu schaffen, sie haben ihre eigene Weise, und ein einfacher Landmann wie ich hat sich nicht nach ihnen zu richten. Aber wenn ich jetzt mit Euch weitergehe, wie soll ich dem guten alten Mann, unserem Pfarrer im Dorf Salem, je wieder unter die Augen treten? Wie würde mich seine Stimme zum Zittern bringen, am Sabbat wie am Donnerstag der Belehrung!"

Bis hierher hatte der Wanderer mit geziemendem Ernst zugehört, aber jetzt brach er in hemmungsloses Gelächter aus, das ihn so heftig schüttelte, daß sein schlangenhafter Stecken sich vor Mitgefühl zu winden schien.

„Ha! Ha! Ha!" brüllte er ein Mal ums andere. Sich beruhigend, setzte er hinzu: „Sprich nur weiter, guter Nachbar Brown, sprich nur weiter! Aber ich bitte dich, schone meiner, daß ich nicht vor Lachen sterbe!"

„Gut, um die Sache ein für allemal zu beenden", antwortete Brown, schon ziemlich gereizt, „da ist mein Weib, Faith. Es würde ihr liebes kleines Herz brechen, und da breche ich doch noch lieber mein eigenes!"

„Ja, wenn dem so ist", gab der andere zurück, „dann zieh deines Wegs, Nachbar Brown. Ich möchte nicht, daß Faith zu Schaden kommt, nicht um zwanzig alte Weiber wie dieses, das dort vor uns herhoppelt."

Noch im Reden deutete er mit seinem Stecken auf eine weibliche Gestalt vor ihnen auf dem Weg, in der Nachbar Brown eine äußerst gottesfürchtige Dame von mustergültigem Lebenswandel erkannte, die ihm in seiner Kindheit den Katechismus beigebracht hatte und ihm zusammen mit dem Pfarrer und dem Diakon Gookin auf moralischem und geistlichem Gebiet auch heute noch mit ihrem Rat zur Seite stand.

„Wahrlich, ich wundere mich, Mutter Cloyse so tief im

Wald hier zu sehen, jetzt, bei Einbruch der Nacht!“ sagte er. „Mit Eurer Erlaubnis, Freund, werde ich jedoch einen Abschneider durch den Wald machen, bis wir diese christliche Frau überholt haben. Da sie Euch nicht kennt, könnte sie sonst vielleicht fragen, wer es sei, dem ich mich zugesellt habe, und wohin des Wegs.“

„Gut denn“, versetzte sein Gefährte, „schlag dich in den Wald und laß mich weiter dem Pfad folgen.“

Daraufhin wandte sich der junge Mann vom Wege ab, versäumte jedoch nicht, seinen Gefährten im Auge zu behalten, der gemessen den Pfad entlangschritt, bis er auf eines Steckens Länge an die alte Dame herangekommen war. Diese war inzwischen recht gut vorangekommen, mit einer für ihr Alter ganz außergewöhnlichen Geschwindigkeit; im Gehen murmelte sie undeutliche Worte, ein Gebet, ganz gewiß. Der Wanderer streckte seinen Stab aus und berührte ihren verwelkten Nacken mit jenem Teil, der wie das Ende der Schlange aussah.

„Der Teufel!“ schrie die gottesfürchtige Alte. „Mutter Cloyse hat ihren alten Freund nicht vergessen?“ bemerkte der andere und trat ihr entgegen, auf seinen sich windenden Stab gestützt.

„Ach, fürwahr, ist es denn wirklich Euer Ehren!“ rief die gute Dame. „Wahrhaftig, Ihr seid es, und dem alten Tratschmaul, dem Nachbar Brown, dem Großvater des jetzigen dummen Tölpels, wie aus dem Gesicht geschnitten. Aber würden Euer Ehren glauben, mein Besenstiel ist auf einmal verschwunden, wahrscheinlich hat, wie ich vermute, die ungehängte Hexe, Mutter Cory, ihn mir entwendet, als ich schon ganz eingerieben war mit der Salbe aus Selleriesaft, Fingerkraut und Eisenhut –“

„Vermischt mit feinem Weizen und dem Schmer von einem Neugeborenen“, ergänzte die Gestalt des alten Nachbarn Brown. „Ach, Euer Gnaden kennen das Rezept“, gackerte die Alte. „Wie ich sage, da stehe ich, fix und fertig für die

Nacht, und kein Pferd, auf dem ich reiten könnte. Notgedrungen mache ich mich zu Fuß auf den Weg. Ich habe nämlich gehört, daß heute nacht ein netter junger Mann in unsere Gemeinde aufgenommen werden soll. Aber jetzt werden mir Euer Gnaden den Arm leihen, und im Nu sind wir dort."

„Das wird sich nicht machen lassen", versetzte ihr Freund. „Meinen Arm kann ich Euch nicht leihen, Mutter Cloyse, aber nehmt hier meinen Stock, wenn Ihr wollt."

Mit diesen Worten warf er ihn ihr vor die Füße, wo er – vielleicht – Leben annahm, als eine der Ruten, die ihr Besitzer vormals den ägyptischen Magiern geliehen hatte. Nachbar Brown jedoch konnte diesen Vorfall gar nicht bemerken, denn er hatte seine Augen voll Verwunderung zum Himmel erhoben, und als er sie wieder zur Erde senkte, erblickte er weder Mutter Cloyse noch den Schlangenstab, sondern nur seinen Weggefährten, der allein auf ihn wartete, ganz so, als wäre nichts vorgefallen.

„Diese alte Frau hat mich den Katechismus gelehrt!" sagte der junge Mann, und in seinem einfachen Satz lag eine Welt an Bedeutung.

Während sie weiter voranschritten, ermunterte der ältere der beiden Wanderer seinen Gefährten zu tüchtigem Ausschreiten und zum Verbleib auf dem eingeschlagenen Weg, und er redete so geschickt, daß die Gründe dafür eher der Brust seines Zuhörers zu entspringen schienen, als daß er selber sie vorgebracht hätte.

Während sie so dahinschritten, riß er einen Ahornast vom Baum, um ihn als Wanderstab zu gebrauchen, und fing an, ihn von Blättern und kleinen Zweigen zu entblößen, die naß waren vom Abendtau. In dem Augenblick, in dem sein Finger sie berührte, wurden sie seltsam welk und ausgetrocknet, wie nach einer Woche Sonnenschein. Solcherart kam das Paar mit guter Geschwindigkeit voran, bis Nachbar Brown sich plötzlich in einem Hohlweg auf einen Baumstumpf setzte und sich weigerte, auch nur einen Schritt weiterzugehen.

„Freund“, sagte er bockig, „mein Entschluß ist gefaßt. Nicht einen Schritt rühre ich mich mehr zu diesem Ziel von der Stelle. Soll doch ein altes Weib zum Teufel gehen, während ich glaubte, sie strebe zum Himmel! Ist das ein Grund, hinter ihr herzulaufen und meine liebe Faith zu verlassen?“

„Auch du wirst mit der Zeit noch Vernunft annehmen“, versetzte ruhig sein Weggenosse. „Bleib nur hier sitzen und ruhe dich eine Weile lang aus. Wenn dir nach Weitergehen zumute ist, nimm meinen Stab, er wird dir helfen.“

Ohne ein weiteres Wort warf er dem Gefährten den Ahornstab zu und verschwand so schnell, als hätte er sich in die ständig zunehmende Finsternis aufgelöst. Einige Augenblicke lang saß der junge Mann am Wegrand, sehr mit sich selber zufrieden, und stellte sich vor, mit welch reinem Gewissen er dem Pfarrer auf seinem Morgenspaziergang begegnen würde und wie er auch dem guten alten Diakon Gookin reinen Herzens ins Auge sehen dürfte. Und wie ruhig würde heute nacht sein Schlaf sein, in dieser Nacht, die zuerst so übel, jetzt aber, rein und süß, in Faiths Armen verbracht werden sollte! Mitten in diesen angenehmen und lobenswerten Betrachtungen vernahm Nachbar Brown plötzlich Getrappel von Pferden auf dem Weg; zwar hatte er sich jetzt glücklich vom Pfade des Bösen abgewandt, aber angesichts des üblen Vorsatzes, der ihn hierhergebracht, hielt er es dennoch für angezeigt, sich hinter den Bäumen am Waldrand zu verbergen.

Näher kamen Hufgetrappel und die Stimmen der Reiter, zwei ernsthafte, alte Stimmen, die sich im Näherkommen verständig miteinander unterhielten. Diese vermischten Laute schienen nur wenige Yards vom Versteck des jungen Mannes entfernt den Pfad entlang zu wandeln; dennoch waren, zweifellos wegen der gerade an dieser Stelle besonders dichten Finsternis, weder Pferde noch Reiter zu sehen. Zwar streiften ihre Gestalten die kleinen Zweige am Wegrand, aber es ließ sich nicht erkennen, daß sie auch nur einen Augenblick lang den schwachen Lichtschein von dem Streifen hellen Himmels, den sie doch durchquert haben mußten, verdunkelt hätten. Nachbar Brown hockte sich abwechselnd nieder und stellte sich dann wieder auf die Zehen, schob die Äste zur Seite, steckte seinen Kopf heraus, soweit er sich getraute, ohne jedoch auch nur einen Schatten zu bemerken. Das ärgerte ihn um so mehr, als er geschworen hätte – wenn so etwas überhaupt möglich gewesen wäre –, die Stimmen des Pfarrers und des Diakons Gookin erkannt zu haben, die gemütlich dahintrotteten, wie das so ihre Art war, wenn sie etwa zu einer Ordination oder einer kirchlichen Versammlung unterwegs waren. Noch in Hörweite hielt einer der Reiter an, um eine Gerte zu brechen.

„Wenn ich die Wahl hätte", sagte jene Stimme, die wie die Stimme des Diakons klang, „dann würde ich lieber auf das Festmahl nach einer Ordination verzichten als auf die heutige Zusammenkunft. Wie ich höre, sollen Leute von Falmouth und von noch weiter her zur Versammlung kommen, andere aus Connecticut und Rhode Island; dazu indianische Medizinmänner, die auf ihre Art beinahe ebensoviel von Teufelskunst verstehen wie die besten von uns. Auch eine hübsche junge Frau wird heute in unsere Gemeinschaft aufgenommen."

„Ausgezeichnet, Diakon Gookin!" antwortete die würdige alte Stimme des Pfarrers. „Reitet zu, sonst verspäten wir uns. Ihr wißt ja, es kann nicht losgehen, solange ich nicht an Ort und Stelle bin."

Die Hufe klapperten wieder fort, und die Stimmen, die so seltsam in der leeren Luft standen, zogen weiter durch den Wald, wo keine Gemeinde sich jemals versammelte, kein Christ allein jemals gebetet hatte. Wohin denn zogen diese beiden gottesfürchtigen Männer so tief in der heidnischen Wildnis? Der junge Nachbar Brown griff nach einem Baum als Stütze, um nicht aus Schwäche und bedrücktem Herzen zu Boden zu sinken. Er hob den Blick, zweifelnd, ob es über ihm wirklich einen Himmel gäbe. Aber da war das nachtblaue Gewölbe, aus dem die Sterne strahlten.

„Mit dem Himmel dort oben und Faith hier unten will ich dennoch dem Teufel trotzen!“ rief Brown.

Während er noch aufwärts starrte in die tiefe Wölbung des Firmaments, die Hände zum Beten erhoben, zog eine Wolke über den Zenit, obwohl kein Lufthauch sich regte, und verdeckte die leuchtenden Sterne. Überall sonst war der Himmel noch blau, nur gerade über ihm nicht, wo die schwarze Wolkenmasse schnell nordwärts trieb. Von hoch oben vom Himmel, wie aus der Tiefe der Wolke, drang ein verworrener, unsicherer Klang von Stimmen. Einen Augenblick lang glaubte der Lauscher bekannte Stimmen zu erkennen, von Leuten aus seinem eigenen Dorf, Männern und Frauen, gottesfürchtigen und gottlosen, die einen kannte er vom Abendmahlstisch, die anderen hatte er in Schenken grölen gehört. Aber die Klänge waren so unbestimmt, daß er im nächsten Augenblick zweifelte, ob er überhaupt etwas anderes gehört hatte als das Rauschen der alten Bäume, die sich ohne Windhauch bewegten. Dann schwoll es wieder an, das Geräusch dieser vertrauten Stimmen, die er wohl täglich im Licht der Sonne im Dorf Salem, nie zuvor jedoch aus einer nächtlichen Wolke herabdringend gehört hatte. Die Stimme einer jungen Frau war darunter, Klagen ausstoßend, jedoch mit ungewisser Trauer, um eine Gnade flehend, die sie vielleicht nur widerwillig empfangen würde. Und die ganze unsichtbare Menge von Heiligen und von Sündern schien sie vorwärtszudrängen.

„Faith!“ rief Brown mit einer Stimme, aus der Todesangst und Verzweiflung sprachen; und die Echos des Waldes spotteten seiner und riefen: „Faith! Faith!“, als ob überall in der Wildnis viele verzweifelte Unglückselige nach ihr suchten.

Dieser Ruf des Schmerzes, der Wut und des Entsetzens gellte noch immer durch die Nacht, als der unglückliche Gatte den Atem anhielt und auf Antwort horchte. Da hörte er einen anderen Schrei, der jedoch sofort von einem lauteren

Gemurmel vieler Stimmen erstickt wurde, die sich in fernes Gelächter verloren, als die dunkle Wolke vorübergezogen und der Himmel über Nachbar Brown wieder klar und still geworden war. Aber etwas flatterte leicht durch die Luft und verfing sich in einem Ast. Der junge Mann griff danach und erkannte ein rosafarbenes Band. „Meine Faith ist fort!" schrie er, als er die Sprache wiedergefunden hatte. „Das Gute lebt nicht auf Erden, und Sünde ist nur ein Wort! Komm, Satan! Du bist der Fürst dieser Welt!" Vor Verzweiflung von Sinnen, verfiel er in ein lautes und langes Gelächter, riß seinen Stab an sich und machte sich wieder auf den Weg, und zwar mit solcher Schnelligkeit, daß er viel eher den Waldsteig entlang zu fliegen als zu gehen oder zu laufen schien. Der Pfad wurde wüster und öder, verwischte und verlor sich endlich ganz, den jungen Mann mitten im Herzen der schwarzen, weglosen Wildnis zurücklassend, doch dieser stürmte weiter, geführt von jenem Instinkt, der uns Sterbliche in die Arme des Bösen treibt. Der ganze Wald war bevölkert von fürchterlichen Geräuschen: vom Krachen der Bäume, vom Heulen der wilden Tiere, vom Brüllen der Indianer; zwischendurch tönte der Wind manchmal wie das Glöcklein einer fernen Kirche, dann röhrte es wieder rund um den Wanderer auf, wie brüllendes Gelächter, als mache sich die ganze Natur über ihn lustig. Aber er, selber der größte Schrecken dieser Mitternacht, bebte vor ihren anderen Schrecken nicht zurück.

„Ha! Ha! Ha!" brüllte Nachbar Brown, wenn der Wind über ihn lachte. „Wir wollen hören, wer am lautesten lacht! Glaub nicht, du könntest mich schrecken mit deinen Teufelskünsten! Komm, Hexerich! Komm, Hexe, komm, Powwow, komm, Teufel! Hier kommt euer Nachbar Brown! Ihr sollt ihn nicht weniger fürchten als er euch!"

Wahrhaftig gab es in dem ganzen Spukwald nichts Fürchterlicheres als die Gestalt des Nachbar Brown. Vorwärts hastete er unter den schwarzen Föhren, mit rasenden Gesten den Stab schwingend, dabei machte er einmal einer Eingebung von greulicher Lästerlichkeit Luft, dann wieder verfiel er in brüllendes Gelächter, das alle Echos des Waldes rund um ihn wie Dämonen aufheulen ließ. Der böse Feind in seiner eigenen Gestalt ist weniger schrecklich, als wenn er in der Brust des Menschen rast. So rannte der Besessene seine Bahn, bis er vor sich zwischen den Bäumen ein rotes Licht zittern sah, so, als wären die gefällten Bäume und Äste auf einer Rodung in Brand gesetzt worden. Flackernd sandte das fahle Licht zu mitternächtlicher Stunde seinen Schein zum Himmel. In einem Abebben des Sturms, der ihn vorangetrieben hatte, hielt er inne und vernahm, wie ihm schien, den schwellenden Klageton eines Kirchenliedes, das, getragen vom Gewicht vieler Stimmen, aus der Ferne feierlich zu ihm herüberrollte. Er kannte die Melodie: der Chor der Dorfkirche hatte sie oft gesungen. Schwerfällig sank die Strophe in sich zusammen, doch ein Kehrreim schloß sich an, gesungen nicht von menschlichen Stimmen, sondern von allen Klängen der in Nacht gehüllten Wildnis, die in grauenhaftem Akkord zusammenflossen. Nachbar Brown schrie auf, doch sein Schrei drang nicht an sein eigenes Ohr und ging auf im Schrei der Wildnis.

In der darauffolgenden Stille stahl er sich vorwärts, bis das Licht ihm voll in die Augen leuchtete. Am einen Ende der offenen Lichtung, umschlossen von der dunklen Wand des Waldes, erhob sich ein Felsstück, das auf eine rohe, natürliche Weise einem Altar oder einer Kanzel glich; daneben standen vier brennende Föhren, die Wipfel in flackernden Flammen, die Stämme vom Feuer beleckt, wie Kerzen bei einer abendlichen Zusammenkunft. Das Laubwerk, das den Gipfel des Felsens überwachsen hatte, stand in Flammen, die hochauf in den Himmel loderten und das ganze Feld in zuckenden Schein tauchten. Jeder herabhängende Zweig, jede Laubgirlande glühte in roter Lohe. Mit dem Steigen und Fallen des roten Scheines trat eine zahlreiche Gemeinde abwechselnd ins Licht, sank in den Schatten zurück, wuchs wieder gleichsam heraus aus der Dunkelheit und füllte das Herz des einsamen Waldes auf einmal mit Menschen. „Eine ernste, streng gekleidete Gesellschaft!" sprach Nachbar Brown.

Wahrhaftig, das war sie. Mitten unter ihnen, auf und ab zuckend zwischen Helligkeit und Düsternis, tauchten Gesichter auf, die am nächsten Tag in der Ratsversammlung der Provinz erscheinen würden, andere, die, Sabbat auf Sabbat, von den frömmsten Kanzeln im Lande demütig himmelwärts und milde auf die gefüllten Bänke vor ihnen blickten. Manche behaupten, auch die Gemahlin des Gouverneurs sei dabeigewesen. Nun, zumindest Damen aus ihrer engsten Bekanntschaft waren anwesend, Gattinnen von angesehenen Männern, Witwen in großer Zahl, alte Jungfern von allerbestem Rufe und schöne junge Mädchen, die zitterten vor Angst, ihre Mütter könnten sie entdecken. Und entweder wurde Nachbar Brown von den jäh aufzuckenden Lichtstrahlen geblendet, die über das dunkle Feld flackerten, oder er erkannte wirklich ein Schock Mitglieder der Salemer Kirche, die für ihre besondere Frömmigkeit berühmt waren. Der gute alte Diakon Gookin war gekommen und wartete am Rocksaum seines verehrten Pfarrers, dieses verehrungswürdigen Kirchenmannes. Aber mit diesen ernsten, angesehenen und frommen Leuten, diesen Kirchenältesten, diesen keuschen Damen und tauigen Jungfrauen unterhielten sich in respektlosester Weise Männer von ausschweifendem Lebenswandel und Frauen von üblem Ruf, Unglückliche, dem niedrigen, schmutzigen Laster verfallen, die man selbst gräßlicher Verbrechen verdächtigte. Es war seltsam zu sehen, wie die Guten nicht vor den Bösen zurückschraken, noch die Sünder von den Gottesfürchtigen gedemütigt wurden. Unter ihren bleichgesichtigen Feinden verstreut standen indianische Priester oder Medizinmänner, die ihren heimischen Wald schon oft mit fürchterlicherem Zauber belegt hatten, als ihn die englische Hexenkunst überhaupt kannte. „Wo ist Faith?" fragte

Brown; Hoffnung schlich sich in sein Herz, und er fing an zu zittern.

Eine zweite Strophe des Kirchenliedes erhob sich, eine langsame und getragene Weise, wie die Frommen sie lieben, aber sie erklang zu Worten, in denen alles gesagt war, was unsere Natur sich an Verworfenem vorstellen kann, und die dunkel noch viel mehr andeuteten. Unergründlich bleibt den Sterblichen das Wissen der Teufel. Strophe auf Strophe verhallte, dazwischen rauschte der Chor der Wildnis auf wie der tiefste Ton einer gewaltigen Orgel. Und mit dem letzten Schall dieser Hymne schwoll ein Klang auf, als mischten sich das Heulen des Windes, das Brausen der Bäche, das Brüllen der wilden Tiere und jede Stimme der verstockten Wildnis mit der Stimme des schuldbeladenen Menschen, um dem Fürsten dieser Welt zu huldigen. Die vier brennenden Föhren loderten hoch auf und enthüllten dunkel Umrisse und Gesichtszüge des Grauens in den Rauchringen über den Häuptern der gottlosen Gemeinde. Im gleichen Augenblick schossen die Flammen auf dem Felsstück rot empor zu einem glühenden Bogen über seinem Fuße, und in dem Bogen stand eine Gestalt. Die Erscheinung, mit Respekt sei's gesagt, hatte in Kleidung wie im Auftreten eine gar nicht geringe Ähnlichkeit mit einem Würdenträger der Kirche Neu-Englands.

„Bringt die Neuen nach vorn!“ erscholl eine Stimme, daß es über dem Feld widerhallte und durch den Wald rollte.

Bei diesem Wort trat Brown aus dem Schatten des Baumes heraus und näherte sich der Gemeinde, der er sich durch alles, was übel war in seinem Herzen, in unheiliger Bruderschaft verbunden fühlte. Er hätte beinahe schwören mögen, daß die Gestalt seines eigenen verblichenen Vaters, aus einem Rauchring auf ihn hinunterblickend, ihm winkte, näherzutreten, während ein Weib mit den trüben Zügen der Verzweiflung die Hand ausstreckte, um ihn zurückzuhalten. War es seine Mutter? Aber er hatte nicht die Macht, auch nur einen Schritt zurückzutreten, noch auch nur in Gedanken zu widerstehen, als der Pfarrer und der gute alte Diakon Gookin ihn an den Armen faßten und zu dem brennenden Felsstück führten. Dorthin ging auch die schlanke Gestalt eines verschleierten Weibes, geführt von Mutter Cloyse, der gottesfürchtigen Lehrerin des Katechismus, und Martha Carrier, der der Teufel versprochen hatte, sie zur Königin der Hölle zu machen. Eine zügellose Hexe war sie! Und hier standen die Proselyten unter einem Baldachin von Feuer.

„Willkommen, meine Kinder!" sprach die dunkle Gestalt, „zur Kommunion eures Geschlechts! Noch jung an Jahren habt ihr eure Natur und Bestimmung erkannt. Meine Kinder, seht hinter euch!"

Sie wandten sich um; und in einer Feuerwand gleichsam aufglühend erblickten sie die Teufelsanbeter; ein Lächeln des Willkommens leuchtete dunkel über jedem Antlitz.

„Dort", fuhr die Gestalt der Finsternis fort, „stehen alle, die ihr von Kindheit auf verehrt habt. Ihr hieltet sie für gottesfürchtiger als euch selber, entsetztet euch über eure eigenen Sünden, wenn ihr sie mit dem Leben dieser Gerechten verglichet, die ins Gebet versunken dem Himmel zustrebten. Heute nacht sei euch gewährt, ihre geheimen Taten zu erkennen; wie graubärtige Kirchenälteste den jungen Mägden ihres Haushalts geile Worte ins Ohr flüsterten; wie gar manches Weib, das sich nach der Witwentracht sehnte, zur Schlafenszeit ihrem Gemahl einen Trank reichte und ihn seinen letzten Schlaf an ihrem Busen schlafen ließ; wie bartlose Jünglinge es nicht erwarten konnten, den Reichtum ihrer Väter zu erben; und wie liebliche Fräulein – errötet nicht, ihr Süßen! – kleine Gräber im Garten gruben und mich als einzigen Gast zu eines Säuglings Begräbnis luden. Bei der Hinneigung eurer Menschenherzen zur Sünde sollt ihr alle die Orte aufspüren – in Kirche, Schlafkammer, Straße, Feld oder Wald –, wo ein Verbrechen begangen wurde, und sollt triumphieren in der Erkenntnis, daß die Erde nur ein großes Schuldmal ist, nichts als ein einziger Blutfleck. Ja, weit mehr noch! Euch soll es gegeben sein, in jeder Brust das tiefe Geheimnis der Sünde zu schauen, den Brunnen aller üblen Künste, der, unerschöpflich, mehr böse Triebe heraufsprudelt als in der Macht der Menschen steht – oder in meiner Macht, und sei sie zum Äußersten getrieben –, in Taten Fleisch werden zu lassen. Und nun, meine Kinder, seht einander an."

Sie taten, wie ihnen geheißen; und im Schein der in der Hölle entzündeten Fackeln erblickten die Augen des Unglückseligen seine Faith, und das Weib ihren Gatten, wie sie beide zitternd vor dem unheiligen Altar standen.

„Seht! Hier steht ihr, meine Kinder", sprach die Gestalt in tiefem und feierlichem Ton, traurig fast, mit verzweifeltem Grauen, als vermöchte die einstige Engelsnatur noch immer über unser elendes Geschlecht zu trauern.

„Einer auf des anderen Herzen bauend, hattet ihr noch immer gehofft, daß die Tugend kein Traum sei! Nun sind euch die Augen geöffnet! Das Böse ist die Natur des Menschen. Das Böse muß euer einziges Glück sein. Willkommen noch einmal, meine Kinder, in der Gemeinschaft eures Geschlechts!"

„Willkommen!" wiederholten die Teufelsanbeter in einem einzigen Schrei der Verzweiflung und des Triumphes.

Und da standen sie, das einzige Paar, wie es schien, das in dieser dunklen Welt noch vor dem Abgrund der Bosheit zurückschreckte. In den Felsen war ein natürliches Becken gegraben. Enthielt es Wasser, rot gefärbt von der düster züngelnden Flamme? Oder war es Blut? Oder gar eine flüssige Flamme? Hier tauchte die Gestalt des Bösen seine Hand ein und schickte sich an, das Zeichen der Taufe auf ihre Stirnen zu zeichnen, daß sie Teilhaber würden am Mysterium der Sünde und größere Einsicht gewännen in die geheime Schuld der anderen, in Gedanken und Werken, als sie das aus sich selber vermöchten. Der Gatte warf einen Blick auf sein bleiches Weib, und Faith auf ihn. Was für besudelte, elende Geschöpfe würde der nächste Blick ihnen zeigen, wie würden sie voreinander schaudern, nicht weniger entsetzt über das, was sie sahen, als über das, was sie selber preisgaben!

„Faith! Faith!“ schrie der Gatte. „Sieh auf zum Himmel und widerstehe dem Bösen!“

Ob Faith gehorchte, erfuhr er nie. Kaum hatte er gesprochen, da fand er sich bereits allein in stiller Nacht, dem Röhren des Windes lauschend, das fauchend im Wald verebbte. Er stolperte gegen den Felsen und fühlte, wie eiskalt und feucht er war, während ein herabhängender Zweig, der noch eben in Flammen gestanden, seine Wange mit dem kältesten Tau netzte.

Am nächsten Morgen kam Nachbar Brown langsam auf die Straße des Dorfes Salem und starrte um sich wie einer, der nicht weiß, wo ihm der Kopf steht. Der gute alte Pfarrer machte einen Spaziergang den Friedhof entlang, um sich fürs Frühstück Appetit zu machen und über seine Predigt zu meditieren, und spendete im Vorbeigehen Nachbar Brown seinen Segen. Dieser jedoch schrak vor dem ehrenwerten Gottesmann zurück, als gelte es, einen Fluch von sich abzuwehren. Der alte Diakon Gookin oblag der häuslichen Andacht, durch ein offenes Fenster drangen die frommen Worte seines Gebets. „Zu welchem Gott betet der alte Hexenmeister?“ sprach Brown. Mutter Cloyse, diese vorbildliche alte Christin, stand in der frühen Morgensonne vor dem selbstgezogenen Salat und fragte ein kleines Mädchen, das ihr eine Kanne Morgenmilch gebracht hatte, den Katechismus ab. Nachbar Brown riß das Kind von ihr fort, als risse er sie aus den Klauen des Bösen. Als er bei der Kirche um die Ecke bog, erspähte er Faiths Kopf mit den rosafarbenen Bändern, wie sie ängstlich Ausschau hielt; bei seinem Anblick brach sie in solche Freude aus, daß sie ihm auf der Straße entgegenhüpfte und ihren Mann beinahe vor dem ganzen Dorf geküßt hätte. Aber Nachbar Brown sah ihr streng und traurig ins Gesicht und schritt grußlos an ihr vorüber. War Nachbar

Brown im Wald eingeschlafen und hatte einen wilden Traum vom Hexensabbat geträumt?

Sei's so, wenn ihr wollt! Aber, ach! Für Nachbar Brown war der Traum ein böses Omen. Ein strenger, ein trauriger, ein grübelnder, mißtrauischer, ja ein verzweifelter Mann wurde er nach der Nacht dieses gräßlichen Traumes. Am Sabbattag, wenn die Gemeinde ein frommes Lied sang, vermochte er nicht zuzuhören, denn ein Hymnus der Sünde überschwemmte tosend sein Ohr, daß der gesegnete Klang darin ertrank. Wenn der Pfarrer eindringlich und mit inbrünstiger Beredsamkeit von der Kanzel herunter predigte, die Hand auf die offene Bibel gelegt, und von den heiligen Wahrheiten unserer Religion sprach, von heiligmäßigem Leben und dem Triumph der Sterbestunde, von zukünftigem Heil oder aber unaussprechlichem Elend, dann erbleichte Brown, aus Angst, dem grauhaarigen Gotteslästerer und seinen Zuhörern möchte donnernd das Dach auf den Kopf fallen. Oft schrak er zur Mitternacht jäh aus dem Schlaf empor und entfernte sich von Faiths Busen, oft auch am Morgen oder am Abend, wenn die Familie zum Gebet niederkniete, runzelte er die Stirn, murmelte etwas zu sich selber, blickte seinem Weib streng ins Gesicht und wandte sich ab. Und als sein langes Leben ein Ende nahm und er zu Grabe getragen wurde, ein grauer Leichnam, und Faith hinter ihm ging, nun ein altes Weib, deren Kinder und Enkel, eine stattliche Prozession, auch Nachbarn, gar nicht wenige, da wurde auf seinen Grabstein kein Vers der Hoffnung gesetzt; denn seine Sterbestunde war Trübsal.

# Wakefield

Aus irgendeinem alten Magazin oder einer Zeitung erinnere ich mich an die angeblich wahre Geschichte eines Mannes – wir wollen ihn Wakefield nennen –, der sich für eine beträchtliche Zeit von seiner Frau entfernte. Derart abstrakt formuliert, wäre diese Tat weder besonders ungewöhnlich, noch dürfte man sie – ohne eine genaue Betrachtung der begleitenden Umstände – als schlecht oder unsinnig verurteilen. Nichtsdestoweniger ist dies zwar keineswegs der schwerste, aber sicherlich der merkwürdigste Fall ehelichen Vergehens, der jemals bekannt wurde; zudem ein Einfall von einer Grillenhaftigkeit, die ihresgleichen sucht auf der Liste menschlicher Seltsamkeiten.

Das Ehepaar lebte in London. Unter dem Vorwand, eine Reise zu machen, mietete sich der Mann nur eine Straße von seinem eigenen Haus entfernt eine Wohnung und blieb dort über zwanzig Jahre, ohne daß seine Frau oder seine Freunde von ihm hörten und ohne den Schatten eines Grundes für eine solche Selbstverbannung. Während dieser Zeit kam ihm nicht nur sein Heim jeden Tag vor Augen, sondern auch häufig die verlassene Mrs. Wakefield. Und nach einer derartigen Unterbrechung seines ehelichen Glücks – als sein Tod bereits für gewiß galt, sein Nachlaß geordnet, sein Name der Erinnerung entschwunden war und seine Frau sich seit langer, langer Zeit in ihren herbstlichen Witwenstand gefunden hatte – trat er eines Abends in die Tür, gleichmütig, als wäre er nur einen Tag fortgewesen, und wurde bis zu seinem Tod ein liebender Gatte.

Diese knappe Skizze ist alles, woran ich mich erinnere. Aber der Vorfall ist, wenn auch zweifellos originell, ohne Beispiel und wahrscheinlich ohne Nachfolger, doch von einer

Art, daß er, wie ich glaube, auf die allgemeine Teilnahme der Menschheit rechnen kann. Jeder von uns weiß für sich selber, daß er einer solchen Torheit nicht fähig wäre, traut sie aber doch einem anderen zu. In meinen eigenen Überlegungen wenigstens ist sie immer wieder aufgetaucht, von Verwunderung begleitet, aber auch von dem Empfinden, daß die Geschichte wahr sein müsse, und einer Vorstellung vom Charakter ihres Helden. Und wann immer ein Sujet sich derart nachhaltig des Geistes bemächtigt, so ist die Zeit, die mit Nachdenken darüber verbracht wird, wohl angewandt. Wenn es dem Leser gefällt, soll er selber darüber nachdenken; wenn er es dagegen vorzieht, die zwanzig Jahre von Wakefields Abirrung mit mir zu durchstreifen, so heiße ich ihn willkommen – im Vertrauen auf eine durchgehende Atmosphäre und eine Moral –, auch wenn es uns vielleicht nicht gelingt, sie hübsch eingekleidet und in einen abschließenden Satz verpackt zu finden. Nachdenken bleibt niemals ohne Folgen, und keine auffällige Begebenheit ohne Moral.

Was war Wakefield für ein Mann? Wir sind frei, uns unsere eigene Vorstellung von ihm zu machen und sie mit seinem Namen zu benennen. Er stand jetzt am Höhepunkt seines Lebens; die ehelichen Gefühle, auch früher nicht heftig, hatten sich zu einer ruhigen Gewohnheit abgeklärt; von allen Ehemännern war er vielleicht der beständigste, weil eine gewisse Trägheit sein Herz, wo immer es auch sein mochte, im Gleichgewicht hielt. Er hatte Verstand, den er jedoch nicht strapazierte; sein Geist beschäftigte sich mit langen, müßigen Betrachtungen, die kein Ziel verfolgten oder nicht die Kraft hatten, es zu erreichen; selten besaßen seine Gedanken so viel Energie, sich in Worte zu kleiden. Phantasie in der eigentlichen Bedeutung des Wortes gehörte nicht zu Wakefields Geistesgaben.

Bei diesem kalten, wenn auch nicht verdorbenen oder unsteten Herzen, bei diesem Geist, der sich weder vom Fieber aufrührerischer Gedanken ergreifen noch sich in originelle

Vorstellungen verwickeln ließ – wer hätte da ahnen sollen, daß unser Freund jemals Anspruch darauf erheben sollte, unter den Exzentrikern aller Zeiten an vorderster Stelle zu stehen? Hätte man seine Bekannten gefragt, welcher Mann in ganz London ihrer Meinung nach derjenige sei, der ganz sicherlich heute nichts tun würde, dessen man sich auch morgen noch erinnert, sie hätten an Wakefield gedacht. Nur die Frau seines Herzens hätte vielleicht gezögert. Ohne seinen Charakter analysiert zu haben, erkannte sie doch unklar eine gewisse stille Selbstsucht, die sich in seinen trägen Geist eingerostet hatte, eine merkwürdige Art von Eitelkeit, die seine unangenehmste Eigenschaft war, eine Anlage zur Heimlichtuerei, die sich allerdings höchstens dahingehend auswirkte, daß er seine kleinen Geheimnisse hatte, die ohnedies niemand interessierten – und endlich, manchmal, eine gewisse Fremdheit in dem guten Mann, eine Sonderbarkeit. Diese letztgenannte Eigenschaft ist unbestimmbar, vielleicht auch nicht wirklich vorhanden.

Stellen wir uns nun vor, wie Wakefield seiner Frau Lebewohl sagt. Es ist ein Abend im Oktober, es dämmert. Seine Ausstattung besteht aus einem graubraunen, wollenen Überzieher, einem mit Wachsleinwand bezogenen Hut, Stulpenstiefeln, einem Schirm in der einen, einem kleinen Lederkoffer in der anderen Hand. Mrs. Wakefield hat er mitgeteilt, daß er mit der Nachtkutsche aufs Land zu fahren gedenke. Sie hätte ihn gern gefragt, wie lange die Fahrt dauern, wohin sie ihn führen und wann ungefähr er wieder zurückkommen wird; aber aus Rücksicht auf seine harmlose Neigung zum Heimlichtun wirft sie ihm nur einen fragenden Blick zu. Darauf sagt er ihr, sie möge ihn nicht unbedingt mit der Retourkutsche erwarten, noch sich aufregen, sollte er drei oder vier Tage ausbleiben; jedenfalls aber für Freitag zum Abendessen mit ihm rechnen. Wakefield selber, das dürfen wir nicht vergessen, weiß durchaus nicht, was ihm bevorsteht. Er streckt seine Hand aus, sie gibt ihm die ihre und erwidert seinen Abschiedskuß mit der Selbstverständlichkeit einer zehnjährigen Ehe; und fort geht Mr. Wakefield, ein Mann im mittleren Alter, fast schon entschlossen, seine brave Frau durch eine volle Woche Abwesenheit zu verblüffen. Nachdem sich die Tür schon hinter ihm geschlossen hat, sieht sie, wie diese noch einmal einen Spalt breit aufgeht und den Blick freigibt auf das Gesicht ihres Mannes, wie er ihr zulächelt – und gleich darauf wieder verschwindet. Im Augenblick verschwendet sie keinen Gedanken auf diesen kleinen Vorfall. Aber viel später, nachdem sie schon mehr Jahre Witwe gewesen ist als Ehefrau, kommt ihr dieses Lächeln wieder ins Gedächtnis und zuckt über alle Erinnerungsbilder von Wakefields Gesicht. In ihren endlosen Grübeleien umgibt sie das ursprüngliche Lächeln mit einer Vielfalt von Vorstellungsbildern, die es fremdartig und schrecklich erscheinen lassen; wenn sie sich ihn zum Beispiel in einem Sarge liegend vorstellt, dann ist dieses Abschiedslächeln auf seinen bleichen Zügen eingefroren; oder wenn sie von ihm träumt, wie er im Himmel ist, dann trägt noch sein seliger Geist dieses stille, verschmitzte Lächeln. Ja, als alle anderen ihn für tot abgeschrieben haben, da zweifelt sie allein um dieses Lächelns willen noch manchmal, ob sie wirklich Witwe ist.

Aber wir haben uns um ihren Mann zu kümmern. Wir müssen durch die Straße hinter ihm herlaufen, bevor er seine Individualität verliert und mit der riesigen Masse des Londoner Lebens verschmilzt, denn dort würden wir vergeblich nach ihm suchen. Wir wollen ihm daher dicht auf den Fersen bleiben, bis er nach einigen überflüssigen Haken und Umwegen endlich vor dem offenen Kamin einer kleinen, im voraus gemieteten Wohnung zur Ruhe kommt. Er ist nur eine Gasse weiter gegangen und steht doch schon am Ende seiner Reise. Kaum wagt er es, seinem Glück zu trauen, daß er nämlich unbemerkt hierher gelangt ist – dabei fällt ihm ein, daß er einmal von der Menge aufgehalten worden, und das mitten im Lichtschein einer Laterne; ein anderes Mal meinte er Schritte zu hören, die hinter den seinen hergingen, deutlich unterschieden von dem vielfältigen Getrampel rund um ihn; und schließlich hörte er von ferne eine Stimme rufen und bildete sich ein, sie riefe seinen Namen. Ohne Zweifel haben ein Dutzend Wichtigtuer und Klatschmäuler ihn beobachtet und seiner Frau die ganze Sache hinterbracht. Armer Wakefield! Nicht einmal eine Ahnung hast du, wie wenig du in dieser großen Welt bedeutest! Kein sterblich Aug hat dich verfolgt außer dem meinen. Geh nur zu Bett, du törichter Mann; und wenn du weise sein willst, dann geh am Morgen nach Haus zur guten Mrs. Wakefield und sag ihr die Wahrheit. Räume nicht deinen Platz in ihrem keuschen Busen, und sei es auch nur für eine kurze Woche. Müßte sie dich auch nur einen einzigen Augenblick lang tot oder verloren oder auf immer von sich getrennt glauben, dir wäre bald schmerzlich bewußt, daß in deinem treuen Weibe eine Veränderung geschah, die nie wieder rückgängig zu machen ist. Eine Kluft in menschlichen Gefühlen aufzureißen ist immer gefährlich; nicht, daß sie so lang und breit klafft –, sondern daß sie sich so rasch wieder schließt!

Seine Posse, oder wie man es nennen soll, fast schon bereuend, legt Wakefield sich zeitig nieder; aus dem ersten Schlaf auffahrend, breitet er die Arme über die weite, öde Fläche der ungewohnten Bettstatt. „Nein“ – denkt er und wickelt die Decken enger um sich –, „ich werde keine zweite Nacht allein schlafen.“ Am nächsten Morgen steht er früher auf als sonst und beginnt zu überlegen, was er eigentlich tun will. So wirr sind seine planlosen Gedankengänge, daß er diesen doch sehr seltsamen Schritt zwar im Bewußtsein einer Absicht getan hat, ohne jedoch imstande zu sein, sie in seinen eigenen Überlegungen klar zu erkennen. Das Unbestimmte des Unternehmens ist für einen schwachen Charakter nicht weniger typisch als die geradezu krampfhafte Anstrengung, mit der er sich auf die Ausführung stürzt. Nun, Wakefield sichtet seine Gedanken, so gründlich, wie ihm das möglich ist, und stellt fest, daß er vor allem neugierig ist zu erfahren, wie die Dinge zu Hause weitergehen – wie sein musterhaftes Weib mit ihrer einwöchigen Witwenschaft fertig wird; ja, wie überhaupt der kleine Kreis von Geschöpfen und Umständen, in dem er bisher eine zentrale Figur war, durch seine Entfernung berührt wird. Eine recht jämmerliche Eitelkeit scheint also der ganzen Sache zugrunde zu liegen. Aber wie soll er diese Neugierde befriedigen? Sicherlich nicht dadurch, daß er in seiner gemütlichen Wohnung sitzen bleibt, wo er, obwohl er nur eine Gasse weiter von seinem Haus schlief und erwachte, dennoch beinahe in einem anderen Land ist, so, als hätte er die ganze Nacht in der sausenden Postkutsche verbracht. Wenn er aber jetzt auftaucht, dann ist der ganze Plan schon im Keime erstickt. Sein armes Hirn ist diesem Dilemma in keiner Weise gewachsen; endlich wagt er sich aus dem Haus, halb entschlossen, die Straße an ihrem oberen Ende zu überqueren und wenigstens einen verstohlenen Blick auf das verlassene Heim zu werfen. Die Gewohnheit – denn er ist ein Mann der Gewohnheiten – nimmt ihn bei der Hand und führt ihn, ohne daß es ihm bewußt würde, vor seine eigene Tür, wo er gerade im kritischen Moment vom Scharren seiner Füße an der Türschwelle erwacht. Wakefield! Wohin des Weges?

In diesem Augenblick dreht sich sein Schicksal in den Angeln. Ohne auch nur zu ahnen, welchem Verhängnis ihn der erste Schritt zurück überantwortet, eilt er hinweg, eine bisher nie gekannte Erregung benimmt ihm den Atem, und erst an der fernen Straßenecke wagt er es, knapp den Kopf zu wenden. Ist's möglich, daß ihn keiner gesehen hat? Wird nicht der ganze Haushalt – die ehrbare Mrs. Wakefield, das aufgeweckte Dienstmädchen, der dreckige kleine Laufjunge – den flüchtigen Herrn und Meister mit Zetergeschrei durch die Straßen Londons verfolgen? O glückliche Rettung! Seinen Mut zusammenraffend, hält er inne und blickt heimwärts – und ist betroffen über die Veränderung, die mit dem vertrauten Haus vorgegangen ist, – ein Gefühl, das uns alle befällt, wenn wir, nach monate- oder gar jahrelanger Trennung, einen Hügel, einen See oder ein Kunstwerk wiedersehen, dem wir in langer Freundschaft verbunden waren.

Gewöhnlich wird dieser kaum zu beschreibende Eindruck durch den Vergleich unserer unvollkommenen Erinnerung mit der Realität oder durch den Gegensatz zwischen ihnen hervorgerufen. Bei Wakefield hatte der Zauber einer einzigen Nacht diese Verwandlung bewirkt, weil in dieser kurzen Zeitspanne eine moralische Veränderung geschehen war. Aber das bleibt ihm selbst ein Geheimnis. Bevor er seinen Platz verläßt, erhascht er noch von weitem einen kurzen Blick auf seine Frau, wie sie, das Gesicht dem Ende der Straße zugewendet, schräg am vorderen Fenster vorbeigeht. Darauf gibt der neunmalkluge Einfaltspinsel Fersengeld, von dem Gedanken verängstigt, daß unter tausend solchen Atomen der Sterblichkeit ihr Auge ausgerechnet ihn entdeckt hatte. Richtig warm ist ihm ums Herz – wenn auch das Hirn noch schwimmt –, als er sich vor dem Kohlenfeuer seiner Wohnung wiederfindet.

Soviel zum Beginn dieses langen Schnickschnacks. Nachdem der Gedanke einmal in seinen Geist Eingang gefunden und er sein träges Temperament so weit aufgerüttelt hat, um ihn in die Tat umzusetzen, läuft das ganze wie von selbst weiter. Wir dürfen ihn uns getrost vorstellen, wie er als Ergebnis reichlichen Überlegens eine neue, eine rothaarige Perücke erwirbt und bei einem Juden aus einem Sack voll alter Kleider etliche Gewänder auswählt, die im Schnitt von seinem gewöhnlichen braunen Anzug deutlich abweichen. Nun ist es soweit. Wakefield ist ein anderer geworden. Nachdem sich das neue System einmal eingespielt hat, wäre der Schritt zurück, zu dem alten Zustand, beinahe ebenso schwierig wie jener Schritt, der ihn in diese unerhörte Lage gebracht hat. Außerdem ist er jetzt bockig – sein zur Übellaunigkeit neigender Charakter treibt ihn manchmal in diesen Zustand, der diesmal von dem Verdacht hervorgerufen wird, auf die Gefühle in Mrs. Wakefields Busen nicht genügend Eindruck gemacht zu haben. Er wird erst zurückkehren, bis sie vor Angst halb tot ist, nicht eher. Nun gut; zwei- oder dreimal ist sie an ihm vorübergekommen, von Mal zu Mal mit schwererem Gang, sorgenumwölkterer Stirn, blasser im Gesicht; in der dritten Woche seiner Abwesenheit sieht er endlich einen Unglücksboten in Gestalt des Apothekers sein Haus betreten. Am nächsten Tag ist der Türklopfer umwickelt. Gegen Einbruch der Nacht fährt der Wagen eines Arztes vor und setzt seine mit riesiger Perücke versehene, würdevolle Last vor Wakefields Haustür ab, wo diese nach einer viertelstündigen Visite wieder erscheint – vielleicht der Vorbote eines Leichenbegängnisses. Die Teure! Wird sie sterben? An diesem Punkt ist Wakefield so aufgeregt, daß er beinahe so etwas wie eine starke Empfindung verspürt; dennoch meidet er das Krankenlager, weil, wie sein eigenes Gewissen ihm versichert, seine Frau doch jetzt nicht gestört werden dürfe. Wenn es sonst noch etwas gibt, was ihn zurückhält, so weiß er nichts davon. In den nächsten Wochen erholt sich Mrs. Wakefield langsam wieder, die Krisis ist vorüber; ihr Herz ist zwar betrübt, aber auch still und ruhig; mag er nun früher oder später zurückkommen, es wird nie wieder heftig für ihn schlagen. Derartige Vorstellungen schimmern durch den Nebel in Wakefields Hirn und bringen ihm undeutlich zu Bewußtsein, daß eine fast schon unüberschreitbare Kluft seine Mietwohnung von seinem früheren Heim trennt. „Aber es ist doch nur eine Gasse weiter!“ sagt er dann manchmal. Du Narr! Es ist in einer anderen Welt. Bisher hat er seine Rückkehr von einem Tag auf den anderen verschoben; von jetzt an läßt er den Zeitpunkt offen. Morgen nicht – vielleicht nächste Woche – jedenfalls bald. Armer Mann! Die Toten haben kaum weniger Aussicht, ihr irdisches Heim wieder zu betreten, als Wakefield, der sich selbst verbannt hat.

Dürfte ich doch nur einen Folioband darüber schreiben statt eines kurzen Artikels im New-England-Magazine. Dann wäre es mir vergönnt zu zeigen, wie ein unserer Kontrolle entzogener Einfluß seine starke Hand auf jede unserer Taten legt und deren Folgen zum eisernen Gewebe der Notwendigkeit verbindet. Wakefield ist wie gebannt. Wir müssen ihn jetzt sich selbst überlassen, zehn Jahre lang oder mehr, wie er um sein Haus schleicht, ohne jemals die Schwelle zu überschreiten, und seinem Weibe mit der ganzen Zuneigung, deren sein Herz fähig ist, die Treue hält, während er selber langsam in ihrem Herzen verblaßt. Festzuhalten ist, daß er schon seit langem jede Einsicht in die Merkwürdigkeit seines Verhaltens verloren hat.

Bitte, beachtet die folgende Szene! Im Gewühl einer Londoner Straße erblicken wir einen Mann, schon ältlich, ohne besondere Kennzeichen, um das Auge eines flüchtigen Beobachters auf sich zu ziehen; aber die, die zu lesen verstehen, erkennen in seiner ganzen Erscheinung die Handschrift eines nicht gewöhnlichen Schicksals. Er ist dünn; die niedrige, schmale Stirn ist tief zerfurcht; die Augen, klein und glanzlos, fahren manchmal unruhig herum, noch öfter scheinen sie nach innen gerichtet. Er hat den Kopf gesenkt und hat einen unmöglich zu beschreibenden schiefen Gang, so, als wolle er um keinen Preis der Welt seine Frontalansicht zeigen. Seht ihn nur lange genug an, um zu erkennen, was wir beschrieben haben, und ihr müßt zugeben, daß die Umstände, die aus einem mittelmäßigen Naturprodukt oft einen außergewöhnlichen Mann zu schaffen imstande sind, hier eben dieses getan haben. Während wir ihn nun weiter den Gehsteig entlangtrotten lassen, wenden wir unseren Blick in die entgegengesetzte Richtung, wo eine stattliche, wenn auch schon mehr als reife Dame mit einem Gebetbuch in der Hand der Kirche dort drüben zustrebt. Aus ihrer ganzen Haltung geht hervor, daß sie sich mit ihrem Witwenstand abgefunden hat. Gram und Schmerz haben ihr Herz entweder verlassen oder sind ihm so nötig geworden, daß es ein schlechter Tausch wäre, sie durch Freude zu ersetzen. Eben als der magere Mann und die stattliche Dame aneinander vorbeigehen wollen, entsteht eine leichte Verkehrsstörung, die die beiden Figuren unmittelbar miteinander in Kontakt bringt. Ihre Hände berühren sich; der Druck der Menge preßt ihre Brust an seine Schulter; sie stehen einander von Angesicht zu Angesicht gegenüber und starren sich in die Augen. Und so begegnet Wakefield nach einer zehnjährigen Trennung wieder seiner Frau!

Die Menge flutet zurück und reißt die beiden auseinander. Wieder in den früheren Gang fallend, schreitet die ehrbare Witwe auf ihrem Weg zur Kirche fort, doch als sie das Portal erreicht hat, bleibt sie stehen und wirft einen verstörten Blick auf die Gasse hinter sich. Dann jedoch tritt sie, das Gebetbuch geöffnet, hinein in die Kirche. Und der Mann? Mit einem Gesicht, so wild, daß sogar die eiligen, in ihre eigenen Angelegenheiten vertieften Londoner stehen bleiben und ihm nachstarren, stürzt er zu seiner Wohnung, verriegelt die Tür hinter sich und wirft sich aufs Bett. Seit Jahren tief vergrabene Gefühle brechen aus ihm hervor; sein schwaches Temperament schöpft einen kurzen Augenblick der Kraft aus ihrer Heftigkeit; ein Blick offenbart ihm die ganze Schäbigkeit seines Daseins eines Sonderlings, und er ruft mit Leidenschaft in der Stimme – „Wakefield! Wakefield! Du bist wahnsinnig!“

Vielleicht hatte er recht. Die Einzigartigkeit seiner Situation mußte ihn bereits derart nach ihrem Zwang geformt haben, daß er in bezug auf seine Mitmenschen und auf das Geschäft des Lebens sicherlich nicht als einer gelten konnte, der völlig bei Sinnen war. Ob nun mit oder ohne eigene Absicht, er hatte es jedenfalls fertiggebracht, sich von der Welt zu lösen – zu verschwinden –, seinen Platz, seine Rechte unter den Lebenden aufzugeben, ohne bei den Toten Aufnahme zu finden. Sein Leben ähnelte keineswegs dem eines Einsiedlers; er lebte mitten im Leben und Treiben der Stadt, genau wie früher; aber die Menge strömte an ihm vorbei und sah ihn nicht; er lebte, bildlich gesprochen, noch immer an der Seite seiner Frau und an seinem häuslichen Herde, ohne die Wärme des einen noch die Liebe der anderen zu verspüren. Es war Wakefields beispielloses Schicksal, seinen ursprünglichen Anteil an menschlichen Beziehungen bewahrt zu haben und noch immer in menschliche Interessen verwickelt zu sein, jedoch den eigenen Einfluß auf diese Dinge verloren zu haben. Es wäre eine höchst interessante Aufgabe, die Wirkung dieser Umstände einmal auf sein Herz, dann auf seinen Verstand und dann auf beide zusammen zu verfolgen. Sosehr er sich übrigens verändert hatte, er wurde sich dessen kaum jemals bewußt, sondern meinte, der gleiche zu sein, der er immer gewesen war; manchmal zuckte für einen kurzen Augenblick eine Ahnung der Wahrheit in ihm auf; aber auch dann sagte er noch – „bald werde ich zurückkehren!“ –, ohne daran zu denken, daß er das nun schon seit zwanzig Jahren sagte.

Ich nehme übrigens an, daß diese zwanzig Jahre im Rückblick kaum länger schienen als jene eine Woche, auf die Wakefield seine Abwesenheit zu Anfang beschränkt hatte. Von ihm aus gesehen, nahm sich die Angelegenheit höchstens wie ein kurzes Zwischenspiel im Drama seines Lebens aus. Sobald er, irgendwann in der nächsten Zeit, den rechten Punkt für gekommen hielt, sein Wohnzimmer wieder zu betreten, würde seine Frau beim Anblick des ältlichen Mr. Wakefield vor Freude in die Hände klatschen. Ach, was für ein Irrtum! Würde die Zeit nur immer den Abschluß unserer verrückten Unternehmungen stillstehend abwarten, dann wären wir alle selbst am Jüngsten Tag noch junge Männer!

Eines Abends, im zwanzigsten Jahre seines Verschwindens, machte Wakefield seinen gewohnten Abendspaziergang in Richtung jener Behausung, die er noch immer seine eigene nannte. Es ist ein stürmischer Herbstabend, mit heftigen Regengüssen, die aufs Pflaster klatschen und schon wieder zu Ende sind, ehe ein Mann Zeit findet, seinen Schirm aufzuspannen. Unweit von seinem Hause innehaltend, gewahrt Wakefield hinter den Wohnzimmerfenstern des zweiten Stockwerks den roten Schein, das Flackern und Zucken eines gemütlichen Feuers. An der Decke erscheint der groteske Schatten der guten Mrs. Wakefield. Haube, Nase, Kinn und die behäbige Taille vereinigen sich zu einer großartigen Karikatur, die im aufflackernden und wieder versinkenden Schein des Feuers hin- und hertanzt, beinahe zu lustig für den Schatten einer ältlichen Witwe. In diesem Augenblick fällt zufällig wieder ein Regenschauer vom Himmel, den ein unhöflicher Windstoß Wakefield voll gegen Gesicht und Brust bläst. Die herbstliche Kälte geht ihm durch und durch. Soll er hier draußen stehen, naß, vor Kälte zitternd, wenn sein eigener Herd ein gutes Feuer hat, um ihn zu wärmen, und seine eigene Frau laufen wird, um ihm den grauen Hausrock und die Kniehosen zu holen, die sie ohne Zweifel im Schrank ihres Schlafzimmers sorgfältig aufbewahrt hat? Nein! So ein Narr ist Wakefield nicht! Er steigt die Stiegen hinauf – schweren Schrittes, denn in den zwanzig Jahren, seit er hier zum letztenmal herunterkam, sind seine Beine steif geworden –, aber das ist ihm nicht bewußt. Bleib, Wakefield! Willst du in das einzige Heim zurückkehren, das dir noch geblieben ist? Dann steig in dein Grab! Die Tür geht auf. Im Eintreten erhaschen wir noch einen letzten Blick auf sein Gesicht und erkennen jenes durchtriebene Lächeln, das den kleinen Scherz ankündigte, den er sich seither auf Kosten seiner Frau geleistet hat. Was für einer erbarmungslosen Prüfung hat er die Arme unterzogen! Nun gut; wir wollen Wakefield eine gute Nachtruhe wünschen!

Dieses glückliche Ereignis – angenommen, es war wirklich ein solches – konnte nur in einem unbewachten Augenblick stattfinden. Wir wollen unserem Freunde nicht über die Schwelle folgen. Er hat uns allerhand Stoff zum Nachdenken geliefert; einen Teil wollen wir dazu benutzen, um aus seiner Weisheit eine Moral zu gewinnen und zu einer Gestalt zu verdichten. In dem scheinbaren Durcheinander unserer mysteriösen Welt sind die Individuen jeweils so gut einem bestimmten System angepaßt und die Systeme wieder aneinander und in ein gemeinsames Ganzes, daß ein Mann, der auch nur für einen Augenblick daraus hervortritt, sich der fürchterlichen Gefahr aussetzt, seinen Platz für immer zu verlieren. Gleich Wakefield kann es ihm geschehen, daß er, sozusagen, zum Ausgestoßenen des Universums wird.

# Des Pfarrers schwarzer Schleier

## Eine Parabel*

Der Küster stand im Eingang des Gotteshauses von Milford und zog kräftig am Glockenstrang. Gebückt schritten die alten Leute des Dorfes die Straße entlang. Kinder mit aufgeweckten Gesichtern trippelten fröhlich neben ihren Eltern oder übten sich, beeindruckt von der Würde ihrer Sonntagskleider, in einer gemesseneren Gangart. Schmucke Junggesellen guckten den hübschen Mädchen von der Seite ins Gesicht und bildeten sich ein, daß die Sabbat-Sonne sie noch schöner machte als an Wochentagen. Als die Menge zum größten Teil durch den Eingang geströmt war, begann der Küster die Glokke zu läuten und behielt dabei die Tür von Ehrwürden Hooper im Auge. Sobald die Gestalt des Geistlichen sichtbar wurde, war das für die Glocke das Zeichen, ihr einladendes Gebimmel einzustellen.

„Aber was hat denn der gute Pfarrer Hooper da vor seinem Gesicht?" rief der Küster verwundert.

Wer in Hörweite war, drehte sich um und erblickte die Gestalt von Mr. Hooper, wie er mit seinem nachdenklichen Gang langsam auf das Gotteshaus zuschritt – und alle fuhren gleichzeitig zusammen, in heftigerem Staunen, als wenn es sich um einen fremden Geistlichen gehandelt hätte, der etwa gekom-

* Noch ein weiterer neu-englischer Kirchenmann, Mr. Joseph Moody, von York, Maine, der vor etwa acht Jahren starb, machte wegen desselben exzentrischen Einfalls von sich reden wie Ehrwürden Hooper, von dem wir hier berichten. In seinem Fall hatte das Symbol allerdings eine andere Bedeutung: er hatte in seiner Jugend durch einen unseligen Zufall einen Freund getötet und verbarg von Stund an bis zu seinem Tod sein Antlitz vor den Blicken der Menschen.

men wäre, um den Staub von Mr. Hoopers Kanzelpolsterung zu klopfen.

„Seid Ihr sicher, daß das unser Pfarrer ist?" fragte Gevatter Gray den Küster.

„Natürlich ist das der gute Mr. Hooper", erwiderte der Küster. „Er hätte eigentlich heute mit Pfarrer Shute von Westbury die Kanzel tauschen sollen; aber Pfarrer Shute ließ sich gestern entschuldigen, weil er eine Leichenpredigt halten muß."

Der Grund für soviel Aufregung mag allerdings gering erscheinen. Mr. Hooper, ein Herr von etwa dreißig Jahren und feinen Manieren, wenn auch noch unverheiratet, war mit der gebotenen klerikalen Sorgfalt gekleidet, so, als hätte ein sorgendes Weib seinen Kragen gestärkt und den Staub der Woche von seinen Sonntagskleidern gebürstet. Nur eines war auffallend an seiner Erscheinung: rund um den Kopf gebunden, von der Stirn so tief herabhängend, daß seine Atemzüge ihn bewegten, trug Mr. Hooper einen schwarzen Schleier. Bei näherem Hinsehen erkannte man, daß dieser aus einem einfach gefalteten Stück Krepp bestand, der seine Züge völlig verdeckte und nur Mund und Kinn freiließ, Mr. Hoopers Sicht jedoch wahrscheinlich kaum behinderte, abgesehen davon, daß alle lebenden wie auch toten Gegenstände dadurch in ein düsteres Licht getaucht schienen. Diesen finsteren Schirm vor sich, schritt der gute Mr. Hooper fürbaß, mit seinem langsamen, gleichmäßigen Gang, leicht gebückt und zu Boden blikkend, wie das bei zerstreuten Herren leicht vorkommt, aber freundlich jenen Pfarrkindern zunickend, die noch auf den Stufen des Gotteshauses warteten. Diese jedoch waren derart verblüfft, daß sie seinen Gruß kaum beantworteten.

„Ich kann mir einfach nicht vorstellen, daß das Gesicht hinter diesem schwarzen Krepp wirklich das unseres guten Mr. Hooper sein soll", sagte der Küster.

„Mir gefällt das nicht", brummte eine alte Frau, während sie in das Gotteshaus hineinhumpelte. „Er hat sein Gesicht versteckt und sich dadurch in etwas Fürchterliches verwandelt."

„Unser Pfarrer ist verrückt geworden!" rief Gevatter Gray und folgte ihm über die Schwelle.

Das Gerücht, daß irgend etwas höchst Merkwürdiges passiert war, war Mr. Hooper in die Kirche vorausgeeilt und hatte die Gemeinde beunruhigt. Nur wenige brachten es fertig, ihre Köpfe nicht zur Türe zu drehen; viele standen aufrecht und voll umgewendet da; mehrere kleine Jungen waren auf die Sitze gestiegen und fielen mit lautem Krachen wieder herunter. Es gab ein allgemeines Geraune, Rascheln von Weiberkleidern, Scharren von Männerfüßen, in größtem Widerspruch zu jener ehrfürchtigen Stille, die den Einzug des Geistlichen begleiten sollte. Aber Mr. Hooper schien die Verwirrung seiner Herde nicht zu bemerken. Mit kaum hörbaren Schritten trat er ein, neigte den Kopf freundlich gegen die Bankreihen auf beiden Seiten, verbeugte sich, als er an seinem ältesten Pfarrkind vorüberschritt, einem weißhaarigen Urgroßvater, der in einem Lehnstuhl im Mittelgange saß. Dabei war es merkwürdig zu beobachten, wie langsam dieser verehrungswürdige Alte dessen gewahr wurde, daß an der Erscheinung seines Hirten irgend etwas nicht stimmte; und er schien erst dann am allgemeinen Staunen wirklich teilzunehmen, als Mr. Hooper die Stufen hinaufgestiegen war und sich auf der Kanzel zeigte, Aug in Aug mit seiner Gemeinde, wenn nicht der schwarze Schleier dazwischen gewesen wäre. Kein einziges Mal lüftete er dieses mysteriöse Zeichen. Während er aus der Heiligen Schrift vorlas, bebte der Schleier unter seinem regelmäßigen Atem, und während er betete, lag der Schleier schwer auf seinem erhobenen Gesicht – wollte er es etwa verbergen vor jenem höchsten Wesen, an das er sich jetzt wandte?

Die Wirkung dieses einfachen Fleckens Krepp war eine derartige, daß mehr als eine Frau mit schwachen Nerven sich gezwungen sah, die Kirche zu verlassen. Und doch war vielleicht die bleiche Gemeinde dem Geistlichen ein nicht weniger schrecklicher Anblick als sein schwarzer Schleier der Gemeinde.

Mr. Hooper galt als guter Prediger, wenn auch nicht als besonders feuriger; er wollte sein Volk durch sanfte Überredung für den Himmel gewinnen, statt es durch den Donner des Wortes dorthin zu jagen. Die Predigt, die er jetzt hielt, zeigte in Stil und Haltung die gleichen Züge wie seine übrigen Kanzelreden. Aber irgend etwas, sei es in der Stimmung des Vortrages selber, sei es in der Vorstellung der Zuhörer, verlieh dieser Predigt eine bei weitem mächtigere Wirkung als alles, was sie jemals von ihres Hirten Lippen gehört hatten. Noch stärker als sonst färbte heute die milde Düsternis seines Temperaments seine Worte; sie handelten von der heimlichen Sünde, von jenen traurigen Geheimnissen, die wir selbst vor denen verbergen, die uns am nächsten und teuersten sind, die wir am liebsten vor dem eigenen Gewissen verstecken möchten, vergessend, daß der Allwissende sie erkennt. Aus seinen Worten strömte eine geheimnisvolle Gewalt. Jedem einzelnen Mitglied der Gemeinde, dem unschuldigen Mädchen wie dem Mann mit dem verhärteten Herzen, kam es plötzlich so vor, als sei dieser Priester hinter seinem furchtbaren Schleier über sie gekommen und hätte ihre wohlversteckten Missetaten in Worten und Werken entdeckt. Nichts Schreckliches war in dem, was Mr. Hooper sagte; jedenfalls nichts Gewalttätiges; dennoch erbebten seine Zuhörer bei jedem Zittern in seiner melancholischen Stimme. Viele drückten die gefalteten Hände auf die Brust. Mit der Scheu Hand in Hand kam ungebeten die Ergriffenheit. Die Zuhörer spürten so deutlich das Neue, Ungewohnte an ihrem Pfarrer, daß sie nach einem Windstoß dürsteten, der den Schleier gelüftet hätte, und beinahe daran glaubten, daß sich dann das Gesicht eines Fremden darunter zeigen würde, obwohl Gestalt, Gesten und Stimme unzweifelhaft Mr. Hooper angehörten.

Nach dem Gottesdienst stürzten die Leute in unziemlicher

Hast aus der Kirche, gierig, ihre aufgestaute Verwirrung mit anderen zu besprechen, und erleichtert aufatmend, sobald sie nur den schwarzen Schleier nicht mehr sahen. Manche bildeten kleine Kreise und steckten die Köpfe eng zusammen, und in der Mitte drängten sich flüsternde Münder; andere gingen, in tiefes Schweigen versunken, allein nach Hause; andere wieder redeten laut und schändeten den Sabbat mit aufdringlichem Gelächter. Einige schüttelten die weisen Häupter, damit andeutend, daß sie das Geheimnis sehr wohl zu lösen vermöchten; während ein oder zwei andere behaupteten, hier gäbe es kein Geheimnis, vielmehr seien Mr. Hoopers Augen von der Nachtlampe so geschwächt, daß sie eine Blende brauchten. In der Nachhut seiner Herde kam nach einer kleinen Weile auch der gute Mr. Hooper selber. Das Gesicht von einer Gruppe zur anderen wendend, bezeugte er den weißhaarigen Häuptern die gebotene Ehrfurcht, grüßte die älteren Leute mit freundlicher Würde als ihr Freund und geistlicher Führer, grüßte die Jungen mit einer Mischung aus Würde und Liebe und legte seine Hand auf die Scheitel der kleinen Kinder, um sie zu segnen. So pflegte er es am Sabbat immer zu halten. Doch diesmal lohnten ihm merkwürdige, verstörte Blicke seine Freundlichkeit. Und keiner riß sich heute, wie sonst, um die Ehre, neben dem Pfarrer gehen zu dürfen. Der alte Squire Saunders unterließ es heute, zweifellos aus einer zufälligen Gedächtnisstörung heraus, Mr. Hooper an seinen Tisch zu bitten, wo der gute Gottesmann bisher fast jeden Sonntag seit seinem Amtsantritt das Mahl gesegnet hatte. Er kehrte daher zum Pfarrhof zurück; in dem Augenblick, da er die Tür hinter sich schließen wollte, sah man ihn noch einmal auf seine Gemeinde zurückblicken, die ihren Blick starr auf ihn geheftet hatte. Ein trauriges Lächeln schimmerte undeutlich unter dem schwarzen Schleier, huschte um seinen Mund und glomm dort weiter, bis es verschwand.

„Nein so etwas“, sagte eine Dame, „daß ein einfacher schwarzer Schleier, wie ihn jede Dame auf ihrer Haube tragen könnte, auf Mr. Hoopers Gesicht zu etwas derart Furchtbarem wird!"

„Mit Mr. Hoopers Verstand muß irgend etwas nicht ganz stimmen", bemerkte ihr Gemahl, der Dorfarzt. „Aber das Merkwürdigste an dieser Überspanntheit ist ihre Wirkung, selbst auf einen so nüchternen Mann wie mich. Dieser schwarze Schleier bedeckt zwar nur das Gesicht unseres Pfarrers, aber er verwandelt seine ganze Person, macht ihn geisterhaft von Kopf bis Fuß. Empfindest du es nicht ebenso?"

„Durchaus, durchaus", antwortete die Dame, „und um alles in der Welt möchte ich nicht mit ihm allein sein. Daß er sich denn nicht vor sich selber erschreckt!"

„Das kommt bei Männern durchaus manchmal vor", sagte ihr Gemahl.

Der nachmittägliche Gottesdienst fand unter ähnlichen Umständen statt. Als er zu Ende war, rief die Glocke zum Begräbnis einer jungen Frau. Verwandte und Freunde waren schon im Haus versammelt, entfernte Verwandte standen neben der Tür und redeten über die guten Eigenschaften der Verblichenen, als ihr Gespräch durch Mr. Hoopers Ankunft unterbrochen wurde, den noch immer sein schwarzer Schleier bedeckte. Jetzt allerdings war dieser ein passendes Zeichen. Der Pfarrer trat in den Raum, in dem die Tote aufgebahrt lag, und beugte sich über den Sarg, um seinem verstorbenen Pfarrkind ein letztes Lebewohl zu sagen. Im Niederbeugen hing der Schleier gerade von seiner Stirn herunter, so daß die Tote, wären ihre Augen nicht für immer geschlossen gewesen, sehr wohl sein Gesicht erblickt hätte. Fürchtete sich denn Mr. Hooper vor ihrem Blick, daß er den schwarzen Schleier so hastig zurückzog? Eine Person, die diesem Zwiegespräch zwischen dem Lebendigen und der Toten beiwohnte, scheute sich nicht zu behaupten, daß in dem Augenblick, da des Pfarrers Züge entblößt waren, ein leichter Schauer die Tote überlaufen hätte, daß Totenhemd und Musselinhaube knisterten, obwohl das Gesicht die Ruhe des Todes beibehielt. Einzig ein abergläubisches altes Weib war Zeuge dieses wunderbaren Vorgangs. Mr. Hooper trat vom Sarg weg in die Kammer der Trauernden und von da auf die oberste Stufe der Treppe, um das Totengebet zu sprechen.

Das Gebet war sanft und herzzerreißend, voller Trauer, und dennoch so durchtränkt von himmlischer Hoffnung, daß hinter den traurigsten Worten des Pfarrers die Musik einer himmlischen Harfe, von den Fingern der Toten gespielt, kaum hörbar aufzurauschen schien. Die Leute erbebten, wenn sie ihn auch nur dunkel begriffen, als er darum betete, daß sie alle, er selber und alle Sterblichen, in der furchtbaren Stunde, die ihnen den Schleier vom Gesicht reißen würde, so bereit sein mögen, wie, so hoffe er, diese junge Frau bereit gewesen war. Die Sargträger gingen mit schweren Schritten voran, die Hinterbliebenen folgten, so daß die ganze Straße der Trauer verfiel, allen voran die Tote und hintennach Mr. Hooper mit seinem schwarzen Schleier.

„Warum siehst du zurück?“ fragte einer in der Prozession seinen Nachbarn.

„Weil es mir eben so vorkam“, antwortete er, „als gingen der Pfarrer und der Geist der jungen Frau Hand in Hand nebeneinander.“

„Mir kam es genauso vor, im gleichen Augenblick wie dir“, sagte der andere.

An diesem Abend sollte das hübscheste Paar von ganz Milford getraut werden. Wenn er auch im allgemeinen als melancholisch galt, so zeigte Mr. Hooper doch bei solchen Anlässen eine gelassene Heiterkeit, die oft ein mitfühlendes Lächeln hervorrief, wo lebhaftere Fröhlichkeit nicht am Platz gewesen wäre. Keine der verschiedenen Seiten seiner Persönlichkeit machte ihn liebenswerter als diese. Die Hochzeitsgesellschaft erwartete seine Ankunft mit Ungeduld, in der festen Erwartung, daß die seltsame Furcht, die den ganzen Tag über seiner Person gehangen hatte, nun verschwunden wäre. Davon konnte allerdings keine Rede sein. Als Mr. Hooper kam, war das erste, was ihnen in die Augen fiel, eben jener grauenhafte schwarze Schleier, der das Begräbnis schon verdüstert hatte und der nun hier, bei der Hochzeit, nichts als Schlimmes verhieß. Seine Wirkung auf die Gäste war eine derartige, daß eine dämmrige Wolke unter dem schwarzen Kreppfleck aufzusteigen schien, die jetzt den Schein der Kerzen trübte. Das Hochzeitspaar stand vor dem Pfarrer. Aber die kalten Finger der Braut bebten in der zittrigen Hand des Bräutigams, und sie war so leichenblaß, daß die Leute untereinander flüsterten, das Mädchen, das vor wenigen Stunden begraben worden, sei jetzt aus dem Grab gestiegen, um zu heiraten. Wenn je eine andere Hochzeit schauriger war, dann jene bekannte, wo man das Totenglöcklein läutete. Nachdem Mr. Hooper die feierliche Handlung vollzogen hatte, hob er ein Glas Wein an seine Lippen und wünschte dem jung vermählten Paare Glück, in einem milden, scherzhaften Ton, der die Züge der Gäste hätte erheitern sollen wie der fröhliche Widerschein des Herdfeuers. Aber da fiel sein Blick auf sein eigenes Spiegelbild, und der schwarze Schleier breitete das gleiche Entsetzen über seine Seele, das auch alle anderen in seinen Bann geschlagen hatte. Durch seine Gestalt ging ein Zittern – seine Lippen wurden weiß –, er vergoß den unberührten Wein auf den Teppich – und stürzte hinaus in die Dunkelheit. Denn auch die Erde hatte ihren schwarzen Schleier angelegt.

Am nächsten Tag redete das ganze Dorf Milford kaum von etwas anderem als von Pfarrer Hoopers schwarzem Schleier. Dieser und das Geheimnis, das sich dahinter verbarg, lieferten den Nachbarn, die sich auf der Gasse trafen, und den guten Frauen, die in ihren offenen Fenstern tratschten, Stoff für ihre Unterhaltung: das war die erste Neuigkeit, die der Wirt seinen Gästen mitteilte; die Kinder plapperten darüber auf ihrem Schulweg. Ein nachäffender kleiner Kobold bedeckte sein Gesicht mit einem alten schwarzen Taschentuch, verschreckte damit seine Spielgefährten jedoch so sehr, daß der Schrecken sich seiner selbst bemächtigte und er durch seinen mutwilligen Streich beinahe den Verstand verloren hätte.

Auffallend war, daß von all den Wichtigtuern und Aufschneidern der Pfarrgemeinde kein einziger sich mit der einfachen Frage an Mr. Hooper herantraute, warum er dies denn täte. Bis dahin hatte es ihm nie an Ratgebern ermangelt, sobald auch nur der geringste Anlaß dazu gegeben war, noch hatte er sich abgeneigt gezeigt, gutem Rate zu folgen. Wenn er jemals fehlte, dann nur aus einem schmerzlichen Mangel an Selbstvertrauen heraus, daß auch schon der mildeste Tadel ihn dazu brachte, eine beliebige Handlung als Verbrechen anzusehen. Und obwohl alle mit dieser seiner liebenswürdigen Schwäche wohl vertraut waren, fiel es keinem einzigen unter seinen Pfarrkindern ein, ihm wegen des schwarzen Schleiers freundliche Vorhaltungen zu machen. Ein Gefühl des Grauens, das zwar nicht offen eingestanden, doch auch nicht sorgfältig geheimgehalten wurde, veranlaßte jeden von ihnen, die Verantwortung auf die anderen abzuwälzen, bis man sich schließlich darauf einigte, eine Abordnung der Gemeinde zu Mr. Hooper zu senden, die mit ihm dieses Geheimnis besprechen sollte, ehe es sich zu einem Skandal auswuchs. Niemals jedoch hatte sich eine Gesandtschaft ihrer Mission so unzulänglich entledigt. Der Pfarrer empfing sie mit freundlicher Höflichkeit, verfiel jedoch in Schweigen, sobald sie Platz genommen hatten, und überließ die schwierige Aufgabe, das wichtige Thema anzuschneiden, gänzlich seinen Besuchern. Man konnte annehmen, daß der Grund ihres Kommens ein eindeutiger war. Und da war der schwarze Schleier, rund um Mr. Hoopers Stirn gebunden, sein Gesicht völlig verhüllend, bis auf den sanften Mund, auf dem sie manchmal die Andeutung eines melancholischen Lächelns schimmern sahen. Aber ihnen kam es vor, als hinge dieses Fleckchen Krepp vor seinem Herzen, als Symbol eines furchtbaren Geheimnisses, das zwischen ihm und ihnen stand. Wenn nur der Schleier erst zur Seite geschoben wäre, so würden sie ohne Scheu darüber sprechen können, aber vorher nicht. So saßen sie eine beträchtliche Weile, sprachlos, verstört, verlegen Mr. Hoopers Blick ausweichend, den sie unsichtbar auf sich ruhen fühlten. Endlich kehrte die Abordnung beschämt zu ihren Auftraggebern zurück und verkündete, die Angelegenheit sei zu heikel, um sie anders zu klären als auf einem Kirchentag, falls man nicht überhaupt eine Generalsynode einberufen müsse.

Aber einen Menschen gab es in dem Dorf, der das Grauen, das alle anderen vor dem schwarzen Schleier empfanden, nicht teilte. Als die Abordnung ohne eine Erklärung zurückkehrte, ja ohne überhaupt versucht zu haben, eine solche zu erlangen, da beschloß sie mit der ruhigen Festigkeit ihres Charakters, jene seltsame Wolke, die sich mit jedem Augenblick finsterer um Mr. Hoopers Haupt zusammenzuziehen schien, zu verjagen. Ihr, als dem ihm versprochenen Weibe, schien es zuzustehen zu erfahren, was der schwarze Schleier verbarg. Sobald sie der Pfarrer wieder aufsuchte, schnitt sie den Gegenstand sofort an, mit einer einfachen Direktheit, die die Aufgabe ihm wie auch ihr erleichterte. Nachdem er sich gesetzt hatte, heftete sie ihren Blick fest auf den Schleier, konnte jedoch nichts von der grauenhaften Düsternis erkennen, die die Menge so in Furcht versetzt hatte: da war nichts als ein zusammengelegtes Stück Krepp, das ihm von der Stirn bis zum Mund herunterhing und sich mit seinem Atem leicht bewegte.

„Nein“, sagte sie laut und lächelte, „an diesem Fleckchen Krepp ist nichts Furchtbares, abgesehen davon, daß er mir ein Gesicht verbirgt, das ich zu jeder Zeit gern sehe. Kommt, guter Herr, laßt die Sonne wieder hinter den Wolken hervortreten. Legt zuerst Euren Schleier ab; und dann sagt mir, warum Ihr ihn angelegt habt.“

Mr. Hoopers Lächeln schimmerte schwach.

„Die Stunde wird kommen“, sagte er, „wo wir alle unsere Schleier ablegen. Nehmt es mir nicht übel, geliebte Freundin, wenn ich diesen Flecken Krepp bis zu dieser Stunde trage.“

„Auch Eure Worte sind mir verborgen", antwortete die junge Dame. „Zieht wenigstens vor ihnen den Schleier weg."

„Das werde ich, Elisabeth", sagte er, „wenigstens, soweit mein Gelübde dies zuläßt. Wisse denn, daß dieser Schleier ein Sinnbild, ein Symbol ist, das ich immer tragen muß im Licht wie in der Finsternis, allein und unter den starrenden Blicken der Menge, vor Fremden wie auch vor meinen nächsten Freunden. Kein sterbliches Auge wird mich jemals ohne diesen Schleier erblicken, sein trüber Schirm muß mich von der Welt trennen: auch du, Elisabeth, wirst niemals dahinter kommen."

„Welch schmerzlicher Kummer hat Euch befallen?", drang Elisabeth ernsthaft in ihn, „daß Ihr so Eure Augen für immer verdunkelt?"

„Wenn es denn ein Zeichen der Trauer sein soll", antwortete Mr. Hooper, „so habe vielleicht auch ich, wie die meisten Sterblichen, dunkle Schmerzen genug, um sie in einem schwarzen Schleier zu verkörpern."

„Doch wie, wenn die Welt nicht glauben will, daß er einen unschuldigen Schmerz verkörpert?" fragte Elisabeth. „So geliebt und geachtet Ihr auch seid, so wird es doch Gerüchte geben, daß Ihr Euer Gesicht verbergt, weil geheime Sünden auf Eurem Gewissen lasten. Um Eures Heiligen Amtes willen, macht diesem Ärgernis ein Ende!"

Das Blut schoß ihr in die Wangen, als sie andeutete, welcher Art die Gerüchte waren, die bereits im Dorf die Runde machten. Aber Mr. Hoopers Sanftmut ließ ihn nicht im Stich. Er lächelte sogar – dasselbe traurige Lächeln, das immer wieder erschien und wie ein schwacher Lichtschimmer aus der Finsternis unter dem Schleier hervortrat.

„Wenn ich mein Gesicht aus Schmerz bedecke, so ist das Grund genug", war alles, was er darauf antwortete, „und wenn ich es wegen geheimer Sünde verberge, welcher Sterbliche hätte nicht Ursache, es mir nachzutun?"

Und diesen sanften, aber unnachgiebigen Widerstand setzte er all ihren Beschwörungen entgegen. Endlich schwieg Elisabeth. Einige Augenblicke lang schien sie in Gedanken verloren, überlegend, vielleicht, was sie nun für neue Methoden anwenden sollte, um ihren Liebsten aus dieser dunklen Einbildung zu reißen, die, wenn sie nichts anderes bedeutete, vielleicht das Anzeichen einer geistigen Erkrankung war. Und obwohl ihr Charakter von größerer Festigkeit war als der seine, rollten ihr jetzt doch die Tränen die Wangen herab. Aber gleichsam im Nu trat ein neues Gefühl an die Stelle der Trauer: ihre Augen hefteten sich immer fester auf den schwarzen Schleier, während, wie der plötzliche Einbruch der Dämmerung, seine Schauer auf sie herabfielen. Sie erhob sich und blieb zitternd vor ihm stehen.

„So fühlst auch du es jetzt endlich?" fragte er voller Trauer.

Sie gab keine Antwort, sondern bedeckte die Augen mit den Händen und wandte sich, um das Zimmer zu verlassen. Er stürzte ihr nach und faßte sie am Arm.

„Hab Geduld mit mir, Elisabeth!" rief er leidenschaftlich. „Verlaß mich nicht, wenn auch dieser Schleier hier auf Erden immer zwischen uns sein muß. Sei mein, und im Jenseits wird kein Schleier über meinem Gesicht sein und keine Finsternis zwischen unseren Seelen! Der Schleier ist nur sterblich – er ist nicht für die Ewigkeit! Oh! Du weißt nicht, wie einsam ich bin und wie ich mich davor fürchte, hinter meinem schwarzen Schleier allein zu sein. Laß mich nicht für immer in dieser verzweifelten Finsternis!"

„Lüfte den Schleier ein einziges Mal, und sieh mir ins Gesicht", sagte sie.

„Nie! Es kann nicht sein!" antwortete Mr. Hooper.

„So leb denn wohl!" sagte Elisabeth.

Sie entwand ihren Arm seinem Griff und zog sich langsam zurück, blieb an der Tür stehen und warf einen langen, schaudernden Blick auf ihn, der beinahe hinter das Geheimnis des schwarzen Schleiers zu dringen schien. Aber Mr. Hooper mußte selbst in seinem Schmerze darüber lächeln, daß nichts als ein stoffliches Symbol sich zwischen ihn und das Glück gestellt hatte – wenn auch die Schrecken, die sein Schatten warf, dunkel selbst zwischen den innigst Liebenden hängen mußten. Von da an wurden keine Versuche mehr unternommen, Mr. Hoopers schwarzen Schleier zu entfernen oder durch eine direkte Frage herauszufinden, welches Geheimnis er verbergen sollte. Diejenigen, die sich über die Vorurteile des Volkes erhaben dünkten, hielten das Ganze einfach für eine ausgefallene Marotte, wie sie sich öfter unter die vernünftigen Handlungen von sonst besonnenen Männern drängt und auch diese mit dem eigenen wahnwitzigen Aussehen ansteckt. Der Menge jedoch galt Mr. Hooper ein für allemal als Schreckgespenst. Er konnte nicht einmal in Frieden auf der Straße gehen, weil ihm ständig schmerzlich bewußt war, daß die Sanften und Schüchternen sich abwandten, um ihm nicht zu begegnen, während andere sich viel auf den Mut zugute hielten, mit dem sie sich ihm in den Weg warfen. Die Aufdringlichkeit der letzteren Gruppe zwang ihn, seinen gewohnten Spaziergang, der ihn bei Sonnenuntergang zum Friedhof führte, aufzugeben; denn wenn er nachdenklich am Tor lehnte, dann tauchten immer wieder Gesichter hinter den Grabsteinen hervor und starrten auf seinen schwarzen Schleier. Die Leute munkelten, daß der starre Blick der Toten ihn von dort vertrieb. Es schmerzte ihn bis in die Tiefen seines guten Herzens, wenn er sah, wie die Kinder vor ihm flohen, wie sie mitten im fröhlichsten Spiel aufhörten, wenn seine melancholische Gestalt noch weit entfernt war. Ihre instinktive Angst ließ ihn stärker noch als alles andere fühlen, daß in die Fäden des schwarzen Schleiers ein übernatürlicher Schrecken gewoben war, wie alle wußten, so groß, daß er niemals freiwillig an einem Spiegel vorbeiging noch sich über eine reglose Quelle zum Trinken beugte, damit er nicht in ihrem friedlichen Schoß vor sich selber erschrecke. Das wiederum verlieh jenen Gerüchten einige Glaubwürdigkeit, die behaupteten, daß Mr. Hooper unter den fürchterlichsten Gewissensbissen wegen irgendeines ungeheuren Verbrechens litt, das zu grauenvoll sei, um völlig verborgen zu bleiben, das aber auch nicht anders angedeutet werden konnte, als auf diese undurchsichtige Art. Auf diese Weise rollte hinter dem schwarzen Schleier eine Wolke hervor ins Licht der Sonne, eine zwiespältige Mischung aus Trauer und Sünde, die den armen Pfarrer so einhüllte, daß weder Liebe noch Mitgefühl ihn mehr erreichten. Es hieß, daß Geister und Teufel mit ihm dort Umgang pflogen. Vor sich selber schaudernd, voll äußerer Zeichen des Schreckens, ging er immer im Schatten, tastete sich vorwärts in der Dunkelheit der eigenen Seele oder sandte seine Blicke durch ein Medium, das die ganze Welt bestürzte. Selbst der gesetzlose Wind, so hieß es, ehrte sein furchtbares Geheimnis und blies kein einziges Mal den Schleier zur Seite. Und noch immer lächelte der gute Mr. Hooper über die bleichen Gesichter der weltlich gesinnten Menge, wenn er an ihr vorüberging.

Unter allen diesen schlechten Wirkungen hatte der schwarze Schleier aber auch eine, die sehr wünschenswert war: er machte nämlich aus seinem Träger einen ausgezeichneten Geistlichen. Wegen dieses geheimnisvollen Symbols – ein anderer Grund ließ sich nicht erkennen – gewann er eine furchteinflößende Macht über jene Seelen, die wegen ihrer Sünden Todesqualen litten. Die Leute, die er zum Glauben geführt hatte, empfanden eine ganz besondere Furcht vor ihm, und sie behaupteten, daß sie sozusagen bildlich gesprochen mit ihm hinter dem schwarzen Schleier gewesen seien, bevor er sie ins himmlische Licht geführt hätte. Seine Düsternis verlieh ihm in der Tat die Fähigkeit mitzufühlen mit allen dunklen Neigungen. Sterbende Sünder riefen laut nach Mr. Hooper und hauchten ihren Atem nicht aus, bevor er kam; wenn er sich aber über sie beugte, um ihnen Trost zuzuflüstern, dann schauderten alle vor dem verschleierten Gesicht, das dem ihren nahe war. So stark waren die Schrecken des schwarzen Schleiers selbst dann noch, wenn schon der Tod sein Antlitz zeigte! Fremde kamen von weither, um dem Gottesdienst in der Kirche beizuwohnen, und zwar allein aus dem müßigen Grunde, weil sie eine Gestalt anstarren wollten, deren Gesicht zu sehen verboten war. Aber viele lernten das Fürchten, bevor sie gingen! Einmal, es war unter der Regierung von Gouverneur Belcher, fiel es Mr. Hooper zu, die Wahlpredigt zu halten. Von seinem schwarzen Schleier verhüllt, stand er vor dem obersten Beamten, dem Rat und den Volksvertretern und machte auf alle einen so tiefen Eindruck, daß die gesetzgeberischen Maßnahmen in diesem Jahr sich samt und sonders durch die Gottesfurcht und Düsternis unserer frühesten Anfänge auszeichneten.

Auf diese Weise brachte Mr. Hooper ein langes Leben hinter sich, nach außen hin ohne jeden Tadel, doch gehüllt in finstere Verdächtigungen; gütig und liebevoll, doch ungeliebt, und unklar gefürchtet; ein Mensch außerhalb der Gemeinschaft der Menschen, gemieden im Glück, um Beistand gebeten nur in der Todesangst. Die Jahre vergingen, der Schnee vieler Winter war über seinem finsteren Schleier zerflossen, er hatte sich einen Namen gemacht unter den Frommen Neu-Englands, und man nannte ihn jetzt Vater Hooper. Fast alle seine Pfarrkinder, die bei seinem Amtsantritt bereits erwachsen gewesen waren, hatte der Tod hinweggerafft; die eine, kleinere, Gemeinde saß jetzt in der Kirche, die andere, größere, lag auf dem Kirchhof; und da er so tief hinein in den Abend gewirkt und geschaffen und sein Werk so wohl getan hatte, war es nun an ihm, dem guten Vater Hooper, selber zur Ruhe zu gehen.

Im abgeschirmten Kerzenlicht in der Totenkammer des alten Geistlichen waren mehrere Personen zu erkennen. Verwandte hatte er keine. Aber da war der würdevolle, ernste, wenn auch unbewegte Arzt, der nur darauf bedacht war, die letzten Qualen eines Patienten zu lindern, den er nicht mehr retten konnte. Da waren die Diakone sowie andere durch ihre Frömmigkeit ausgezeichnete Mitglieder der Gemeinde. Da war auch Ehrwürden Mr. Clark von Westbury, ein junger, begeisterter Gottesmann, der hastig herbeigeritten war, um am Bett des sterbenden Pfarrers zu beten. Da war die Krankenwärterin, keine gemietete Magd des Todes, sondern eine, deren stille Zuneigung so lange ausgehalten hatte, im Verborgenen, in der Einsamkeit, in den Kälteschauern des Alters, und die selbst in der Stunde des Todes nicht zurückwich. Wer sonst als Elisabeth! Und da lag das greise Haupt des guten Vater Hooper auf dem Totenkissen, den schwarzen Schleier noch immer um die Stirn gebunden und sein Gesicht bedeckend, so daß die schwachen Atemzüge, die immer mühseliger wurden, ihn bewegten. Das ganze Leben lang hatte dieser Flecken Krepp zwischen ihm und der Welt gehangen, hatte ihn getrennt von heiterer Brüderlichkeit und weiblicher Liebe, hatte ihn im traurigsten aller Gefängnisse festgehalten, in seinem eigenen Herzen; und noch immer lag er auf seinem Gesicht, gleichsam um die trübe Kammer in noch tiefere Düsternis zu tauchen, ein Schirm vor dem Sonnenlicht der Ewigkeit.

Schon seit einer Weile hatte sein Geist sich verwirrt, unsicher zwischen Gegenwart und Vergangenheit schwankend, von Zeit zu Zeit vorausspringend in den Nebel des Jenseits. Fieberanfälle warfen ihn von einer Seite auf die andere und zehrten am letzten Rest seiner Kraft. Aber auch im konvulsivischen Anfall, in den wildesten Abirrungen seines Geistes, wenn kein anderer Gedanke mehr dessen vernünftige Einwirkung zeigte, verließ ihn niemals die heftige Sorge, der Schleier möge zur Seite gleiten. Und hätte seine verwirrte Seele ihn vergessen, so stand ein treues Weib neben seinem Kissen, das mit abgewandten Augen das gealterte Gesicht, das sie zuletzt in der Anmut der Mannesjahre gesehen, wieder bedeckt hätte. Endlich lag der vom Tod gezeichnete alte Mann ruhig da, in der Erstarrung der geistigen und körperlichen Erschöpfung, der Atem wurde schwächer und schwächer, nur hin und wieder ertönte ein langes, tiefes Atemholen, das dem Abschied der Seele vorauszugehen schien.

Jetzt trat der Pfarrer von Westbury ans Bett heran.

„Ehrwürdiger Vater Hooper", sagte er, „der Augenblick Eurer Erlösung ist gekommen. Seid Ihr bereit, den Schleier zu lüften, der die Zeit von der Ewigkeit trennt?"

Zunächst antwortete Vater Hooper nur mit einer schwachen Bewegung des Kopfes; dann jedoch, vielleicht aus Sorge, man könne ihn mißverstehen, raffte er sich auf zu sprechen.

„Ja", sagte er mit matter Stimme, „meine müde Seele wartet in Geduld, daß der Schleier sich hebt."

„Und ziemt es sich denn", fuhr Ehrwürden Clark fort, „daß ein Mann, der so sehr im Gebet gelebt, der ein so makelloses Beispiel gegeben, der heilig war in Gedanken und Werken, soweit ein menschliches Urteil darüber erlaubt ist; ziemt es sich denn, daß ein Vater der Kirche einen Schatten auf seinem Andenken zurückläßt, der ein sonst so reines Leben verdunkelt? Ich bitte Euch, ehrwürdiger Bruder, laßt das nicht zu! Erlaubt, daß wir uns an Eurem triumphierenden Antlitz erfreuen, wie Ihr Eurem gerechten Lohn entgegengeht! Bevor der Schleier der Ewigkeit fällt, laßt mich diesen schwarzen Schleier von Eurem Gesicht ziehen!"

Und mit diesen Worten beugte sich Ehrwürden Clark vor, um das Geheimnis so vieler Jahre zu entschleiern. Doch mit einer jähen Kraftanstrengung, die alle Zuschauer aufs höchste bestürzte, fuhren Vater Hoopers Hände unter der Bettdecke hervor und preßten sich fest auf den Schleier, zum Kampfe entschlossen, sollte der Pfarrer von Westbury ihn mit einem Sterbenden aufnehmen wollen.

„Niemals!" schrie der verschleierte Pfarrer. „Auf Erden niemals!"

„Finsterer alter Mann!" rief der erschrockene Kollege. „Mit welch furchtbarem Verbrechen auf Eurer Seele tretet Ihr jetzt vor Euren Richter?"

Vater Hoopers Atem ging schwer, rasselte in seiner Kehle; aber mit einer ungeheuren Anstrengung streckte er seine Hände nach dem Leben aus und hielt es zurück, um noch einmal zu sprechen. Er richtete sich sogar im Bette auf; und da saß er, fröstelnd in den rund um ihn geschlungenen Armen des Todes, während der schwarze Schleier herabhing, furchtbar, in diesem letzten Augenblick, in den gesammelten Schrecken eines ganzen Lebens. Und doch schien das schwache, traurige Lächeln, das so oft auf seinem Mund gelegen, wieder aus der Finsternis hervorzuschimmern und um Vater Hoopers Lippen zu spielen.

„Warum zittert Ihr vor mir allein?" rief er und drehte das verschleierte Gesicht von einem bleichen Zuschauer zum anderen. „Zittert auch vor einander! Sind die Männer mir ausgewichen, zeigten die Frauen kein Erbarmen, flohen die Kinder mich schreiend, alles nur wegen des schwarzen Schleiers? Was sonst als das Geheimnis, das er dunkel verkörpert, hat diesen Flecken Krepp so furchtbar gemacht? Wenn der Freund dem Freunde sein innerstes Herz zeigt; der Geliebte der Geliebten; wenn der Mensch nicht mehr eitel zurückweicht vor dem Auge des Schöpfers, ekelhaft das Geheimnis seiner Sünde hütend; dann nennt mich ein Ungeheuer, dieses Sinnbildes wegen, unter dem ich lebe und sterbe! Doch ich blicke um mich, und siehe! auf jedem Gesicht liegt ein schwarzer Schleier!"

Während seine Zuhörer in gegenseitigem Entsetzen voreinander zurückfuhren, fiel Vater Hooper auf sein Kissen zurück, ein verschleierter Leichnam, um die Lippen ein schwaches Lächeln. Verschleiert legten sie ihn in den Sarg, und als verschleierten Leichnam legten sie ihn ins Grab. Das Gras vieler Jahre ist über dem Grab gewachsen und wieder verdorrt, der Grabstein von Moos überwachsen, das Anlitz des guten Mr. Hooper zu Staub zerfallen; doch furchtbar ist noch immer die Vorstellung, daß es unter dem schwarzen Schleier modert.

# Die prophetischen Bilder*

„Nein, dieser Maler!“ rief Walter Ludlow lebhaft. „Nicht nur, daß er auf seinem eigenen Gebiet Hervorragendes leistet, er ist auch in allen anderen Wissenschaften und Künsten höchst beschlagen. Mit Doktor Mather spricht er Hebräisch, dem Doktor Boylston hält er Vorlesungen über Anatomie. Mit einem Wort, er nimmt es selbst mit der größten Kapazität unter uns auf deren eigenem Gebiet auf. Außerdem ist er ein vollendeter Gentleman – ein Weltbürger –, ja, ein echter Kosmopolit; über jeden Himmelsstrich, jedes Land auf dem Globus spricht er wie ein Eingeborener – außer über unsere eigenen Wälder, wohin er sich jetzt begibt. Und dabei ist das noch lange nicht das, was ich am meisten an ihm bewundere!“

„In der Tat!“ rief Elinor, die der Beschreibung eines derartigen Mannes mit echt weiblichem Interesse gefolgt war. „Das alles ist doch schon bewundernswert genug!“

„Gewiß“, antwortete ihr Geliebter, „allerdings noch lange nicht so wie seine natürliche Gabe, sich jedem Charakter derart anzupassen, daß jeder Mann – und auch jede Frau, Elinor – in diesem großartigen Maler sein eigenes Spiegelbild erkennt. Aber das Wunderbarste ist noch immer nicht berichtet.“

„Ach, wenn er noch wunderbarere Eigenschaften hat als diese“, antwortete Elinor lachend, „dann ist Boston ein gefährlicher Ort für den Armen. Erzählst du mir von einem Maler – oder aber von einem Hexenmeister?“

* Diese Erzählung wurde durch eine Anekdote von Stuart angeregt, enthalten in „Dunlap's History of the Arts of Design“ – ein Buch, das nicht nur für den gewöhnlichen Leser höchst unterhaltend, sondern auch für den Künstler, wie wir glauben, von bedeutendem Interesse ist.

„Wahrhaftig“, erwiderte er, „diese Frage könnte man mit viel mehr Berechtigung stellen als du glaubst. Man sagt, daß er nicht nur die Gesichtszüge eines Menschen, sondern auch seine Seele und sein Herz malt. Er erfaßt die geheimsten Gefühle und Leidenschaften und wirft sie auf die Leinwand, wie das Licht der Sonne – oder wie einen Abglanz des höllischen Feuers, in Bildern von Menschen mit schwarzer Seele. Es ist eine furchtbare Gabe“, fügte Walter hinzu, und seine Stimme verlor den enthusiastischen Ton. „Fast habe ich Angst davor, ihm zu sitzen.“

„Walter, ist das dein Ernst?“ rief Elinor.

„Um Himmels willen, liebe Elinor, laß ihn dich nicht so malen, wie du jetzt aussiehst“, sagte ihr Geliebter mit einem beinahe bestürzten Lächeln. „Da: jetzt vergeht es wieder, aber als du sprachst, sahst du zu Tode erschrocken drein, und so furchtbar traurig. Woran dachtest du?“

„An gar nichts“, erwiderte Elinor hastig. „Deine eigene Phantasie ist es, die mein Gesicht verändert. Gut, hole mich morgen ab, und wir werden diesen großartigen Künstler besuchen.“

Als aber der junge Mann gegangen war, erschien auf dem schönen jungen Gesicht seiner Geliebten unleugbar wieder ein sehr seltsamer Ausdruck voller Trauer, ja Entsetzen, kaum jenen Gefühlen entsprechend, die man bei einem jungen Mädchen am Vorabend seiner Hochzeit erwarten durfte. Und doch war Walter Ludlow der Erwählte ihres Herzens.

„Mein Gesichtsausdruck!“ sagte Elinor zu sich selber, „kein Wunder, daß er ihn entsetzt hat, wenn er das ausdrückte, was ich manchmal empfinde. Ich weiß aus eigener Anschauung, wie erschreckend der Ausdruck eines Gesichts manchmal sein kann. Aber es war alles nur Einbildung. Ich habe mir damals nichts dabei gedacht – und seither habe ich nie wieder etwas davon bemerkt – ich habe es nur geträumt.“

Und sie vertiefte sich wieder in die Stickerei einer Halskrause, mit der sie sich porträtieren lassen wollte.

Der Maler, von dem sie eben gesprochen hatten, gehörte nicht zu jenen einheimischen Künstlern, die zu einem späteren Zeitpunkt als dem unserer Erzählung ihre Farben den Indianern abschauten und ihre Pinsel aus den Haaren wilder Tiere anfertigten. Es ist nicht unmöglich, daß er, hätte er sein Leben zurücknehmen und selber sein Schicksal vorausbestimmen können, die Zugehörigkeit zu dieser Schule ohne Vorbild und Lehrer gewählt hätte, in der Hoffnung, hier, wo es noch keine Kunstwerke zum Imitieren und keine Regeln zum Befolgen gab, selber originell zu sein. Aber er war in Europa geboren und erzogen. Es hieß, er habe an den berühmtesten Bildern, in Sammlungen und Galerien und an den Wänden der Kirchen Größe und Schönheit des Entwurfs ebenso wie jeden Pinselstrich von der Hand der Meister so lange studiert, bis es für seinen kühnen und mächtigen Geist nichts mehr zu lernen gab. Da ihn die Kunst nichts mehr zu lehren vermochte, wandte er sich der Natur zu und nahm die Welt in Augenschein, auf Pfaden, die vor ihm noch keiner seiner Kollegen betreten hatte; seine Augen weideten sich an edlen und malerischen Erscheinungen der sichtbaren Welt, die nie zuvor auf die Leinwand übertragen worden waren. Amerika war zu arm, um einen großen Künstler in anderer Weise zu versuchen – wenn auch verschiedene Mitglieder der kolonialen Oberschicht bei seiner Ankunft sogleich den Wunsch ausgedrückt hatten, vermittels seiner Geschicklichkeit ihre Züge der Nachwelt zu überliefern. Wurde ein solches Ansinnen an ihn gestellt, dann heftete er seine durchdringenden Augen auf den Bewerber und schien ihm bis auf den Grund der Seele zu blicken. War es ein glattes, bequemes Gesicht, das er vor sich sah, dann lehnte er höflich Lohn und Auftrag ab, auch wenn ein goldbetreßter Rock das Bild geziert und goldene Guineen dafür bezahlt worden wären. Aber wenn sein Gesicht ihm von irgend etwas Außergewöhnlichem sprach, sei es in Gedanken, Gefühlen oder Erfahrungen; oder wenn er auf der Straße einen Bettler mit weißem Bart und zerfurchter Stirn kennenlernte; oder wenn ein Kind auf einmal aufsah und lächelte: dann bemühte er sich, jene Kunst für sie voll auszuschöpfen, die er dem Reichtum verweigerte.

Da die Kunstfertigkeit im Malen in den Kolonien sehr selten war, wurde der Maler bald Gegenstand der allgemeinen Neugierde. Wenn auch wenige oder gar keiner die technischen Feinheiten seiner Werke zu würdigen wußte, so gab es doch auch Dinge, wo die Meinung der Menge genauso wertvoll war wie das kultivierte Urteil des Kenners. Er beobachtete die Wirkung seiner Bilder auf diese ungeschulten Betrachter und lernte aus ihren Bemerkungen, während sie selber eher daran gedacht hätten, die Natur zu belehren als ihn, der mit ihr zu wetteifern schien. Zugegeben, daß ihre Bewunderung von den Vorurteilen ihrer Zeit und ihres Landes gefärbt war. Manche hielten es für einen Verstoß gegen die Gesetze Mosis, ja für eine anmaßende Nachäffung des Schöpfers, derart von Leben durchpulste Abbildungen seiner Geschöpfe zu schaffen. Andere wieder entsetzten sich vor einer Kunst, die offenbar Geister beschwören und die Gestalt der Toten unter den Lebenden festhalten konnte, und neigten daher dazu, den Maler für einen Zauberer zu halten, den berühmten Schwarzen Mann aus den alten Hexenzeiten vielleicht, der in neuer Gestalt auf Verderben sann. Diese närrischen Ideen stießen im Volk auf recht viel guten Glauben, ja selbst in gebildeteren Kreisen begegnete man ihm mit einer gewissen Scheu, die zum Teil wie Rauchringe aus dem Aberglauben des Volkes aufstieg, noch mehr aber von dem vielfältigen Wissen und den Talenten herrührte, die er in den Dienst seiner Kunst gestellt hatte.

Da Walter Ludlow und Elinor kurz vor der Hochzeit standen, waren sie sehr begierig auf ein Porträt, das nur das erste einer, wie sie ohne Zweifel hofften, langen Reihe von Familienbildern sein sollte. Am Tage nach dem oben berichteten Gespräch besuchten sie die Gemächer des Malers. Ein Diener führte sie in eine Wohnung, wo der Künstler selber zwar noch nicht sichtbar war, dafür aber eine Anzahl von Personen, die sie nicht umhin konnten ehrerbietig zu begrüßen. Sie wußten wohl, daß die ganze Versammlung nur aus Bildern bestand, waren aber keineswegs imstande, die Vorstellung von Leben und Bewußtsein von derart überwältigenden Bildern zu trennen. Einige der Porträtierten waren ihnen bekannt, entweder als bedeutende Persönlichkeiten der Zeit oder aber als ihnen persönlich bekannte Figuren. Da war Gouverneur Burnett, mit einem Gesichtsausdruck, als hätte er eben eine höchst respektlose Mitteilung vom Abgeordnetenhaus erhalten und bereite eine scharfe Antwort darauf vor. Mr. Cooke hing neben dem regierenden Politiker, zu dem er in Opposition stand – eine kräftige, robuste Gestalt mit puritanischem Anstrich, wie sich das für einen Führer des Volkes ziemte. Auch die Gemahlin von Sir William Phipps blickte von der Wand auf sie herab, eine herrschsüchtige alte Dame in Reifrock und Halskrause, der ein leiser Geruch von Hexerei anhaftete. John Winslow hatte schon als junger Mann einen Ausdruck jenes kriegerischen Unternehmungsgeistes, der ihn später zu einem berühmten Feldherrn machte. Ihre persönlichen Freunde erkannten sie mit einem Blick. Auf den meisten Bildern traten der ganze Geist und die Veranlagungen des Menschen so deutlich auf dem Gesicht hervor, waren derart in einem einzigen Ausdruck zusammengefaßt, daß man paradoxerweise behaupten konnte, die Originale sähen sich selber kaum in so schlagender Weise ähnlich wie ihre Bilder.

Mitten unter diesen Zelebritäten der Gegenwart hingen auch zwei alte, bärtige Heilige, die fast schon wieder in die nachgedunkelte Leinwand verschwunden waren; außerdem eine blasse, aber nicht verblichene Madonna, die vielleicht einmal in Rom verehrt worden war und jetzt die beiden Liebenden mit einem so milden und heiligen Blick ansah, daß auch sie anbetend auf die Knie sinken wollten.

„Wie seltsam, wenn man bedenkt“, bemerkte Walter Ludlow, „daß dieses schöne Gesicht nun schon seit über zweihundert Jahren schön ist! Wenn doch nur alle Schönheit so lange währte! Beneidest du sie nicht, Elinor?"

„Nur dann, wenn die Erde der Himmel wäre", erwiderte sie. „Aber wie schrecklich wäre es, dort, wo alle Dinge vergehen, als einzige nicht mit ihnen zu vergehen!"

„Dieser dunkle, alte Heilige Petrus schaut so finster und grimmig drein, wenn er auch ein Heiliger ist", fuhr Walter fort. „Er beunruhigt mich. Aber die Jungfrau sieht uns freundlich an."

„Wenn auch recht sorgenvoll, wie mich dünkt", sagte Elinor.

Unter diesen drei alten Bildern stand die Staffelei und auf ihr ein Bild, das erst vor kurzem begonnen worden war. Bei näherem Hinsehen erkannten sie nach und nach die Züge ihres eigenen Geistlichen, des Rev. Dr. Colman, der gleichsam aus einer Wolke heraus Umriß und Leben gewann.

„Der gute alte Mann!" rief Elinor. „Er schaut mich an, als wollte er den Mund zu einem väterlichen Rat öffnen."

„Und mich", sagte Walter, „als wollte er den Kopf schütteln und mir wegen irgendeiner Schlechtigkeit, deren er mich verdächtigt, Vorhaltungen machen. In Wirklichkeit benimmt er sich mir gegenüber genauso. Unter seinem Blick wird mir in meiner Haut so lange nicht wohl sein, bis wir als Braut und Bräutigam vor ihm stehen."

Auf einmal hörten sie Schritte auf dem Boden, und als sie sich umwandten, erblickten sie den Maler, der schon seit einer Weile im Zimmer war und einige ihrer Bemerkungen gehört hatte. Er war ein Mann in mittleren Jahren, mit einem Gesicht, das seines eigenen Pinsels sehr wohl würdig war. Ja, wegen der malerischen, wenn auch etwas nachlässigen Art, in der er sein kostbares Gewand trug, vielleicht auch, weil seine Seele immer nur Umgang mit gemalten Formen hatte, sah er selber fast wie ein Porträt aus. Seine Besucher spürten deutlich eine Verwandtschaft zwischen dem

Künstler und seinen Werken, es war ihnen, als sei eines der Bilder von der Leinwand gestiegen, um sie zu begrüßen.

Walter Ludlow, der mit dem Maler oberflächlich bekannt war, erklärte ihm den Grund für ihren Besuch. Während er sprach, fiel ein Sonnenlicht schräg über seine und Elinors Gestalt, mit so glücklicher Wirkung, daß auch sie wie lebende Bilder der Jugend und Schönheit erschienen, heiter und strahlend vor Glück. Der Künstler war ganz offensichtlich beeindruckt.

„Meine Staffelei ist auf mehrere Tage besetzt, außerdem kann ich nur kurz in Boston bleiben", sagte er nachdenklich; nach einem prüfenden Blick fügte er hinzu: „Aber eure Bitte soll erfüllt werden, auch wenn ich dafür den Oberrichter und Madam Oliver enttäuschen muß. Ich möchte mir diese Gelegenheit nicht entgehen lassen, nur um ein paar Ellen Tuch und Brokat zu malen."

Der Maler äußerte den Wunsch, ihrer beider Porträts auf ein Bild zu bringen und sie in einer passenden Situation zu malen; dieser Plan begeisterte zwar die beiden Liebenden, mußte aber leider zurückgewiesen werden, weil eine derart große Leinwand für den Raum, den das Bild zu schmücken bestimmt war, nicht geeignet wäre. Sie einigten sich daher auf zwei Porträts in Halbfigur. Nachdem sie sich verabschiedet hatten, fragte Walter Ludlow Elinor lächelnd, ob sie auch wisse, welchen Einfluß auf ihrer beider Schicksal der Maler damit zu gewinnen im Begriff war.

„Die alten Weiber in Boston behaupten", fuhr er fort, „wenn er einmal in den Besitz von Gesicht und Gestalt eines Menschen gekommen ist, dann kann er ihn in jeder beliebigen Lage oder Haltung malen – das Bild wird immer prophetisch sein. Glaubst du das?"

„Nicht ganz", sagte Elinor lächelnd. „Und selbst wenn er eine solche Zauberkraft besitzt – in seinem Benehmen ist so viel Güte und Freundlichkeit, daß ich überzeugt bin, er wird nur Gutes damit tun."

Der Maler wollte die beiden Porträts gleichzeitig malen; als Grund dafür gab er, in der mystischen Ausdrucksweise, derer er sich manchmal bediente, an, daß die beiden Gesichter Licht aufeinander würfen. So erhielten bald Elinor, bald Walter einen Strich mit dem Pinsel, bis die Züge der einen wie des anderen so lebhaft aus dem Hintergrund hervortraten, daß es schien, als würde die triumphierende Kunst sie tatsächlich aus der Leinwand herauslösen. In strahlendem Licht und tiefem Schatten erblickten sie ihr zweites geisterhaftes Selbst. Aber wenn auch die Ähnlichkeit eine vollkommene war, so waren sie doch mit dem Ausdruck nicht ganz zufrieden, der unbestimmter schien als in den meisten Bildern des Malers. Dieser selbst jedoch war zufrieden mit der Aussicht auf Erfolg, und da er an dem Paar großes Interesse nahm, machte er zwischendurch, und ohne daß sie es bemerkt hätten, eine Bleistiftskizze von ihnen. Während sie ihm saßen, verwickelte er sie in Gespräche, um auf ihren Gesichtern jene charakteristischen Züge ins Leben zu rufen, die zu verbinden und festzuhalten er sich bemühte, wenn sie auch ständig wechselten. Endlich kündigte er an, daß bei ihrem nächsten Besuch die beiden Porträts fertig sein würden.

„Wenn mein Pinsel in den wenigen Strichen, die ich noch plane, nur meiner Konzeption treu bleibt", bemerkte er, „dann werden diese beiden Bilder das Beste sein, was ich je geschaffen habe. Freilich hat ein Künstler auch nur selten solche Sujets."

Bei diesen Worten lag sein durchdringendes Auge noch immer auf ihnen und ließ sie erst los, als sie den Fuß der Treppe erreicht hatten.

Im gesamten Reigen menschlicher Eitelkeiten nimmt nichts so sehr die Einbildungskraft gefangen als das Unternehmen, sich porträtieren zu lassen. Warum nur? Der Spiegel, die glatt polierten Halbkugeln des Kaminbocks, das spiegelglatte Wasser und alle anderen spiegelnden Oberflächen führen uns ständig unser Porträt vor, oder vielmehr Geisterbilder unseres Selbst, die wir ansehen und sofort wieder vergessen. Aber wir vergessen sie nur deshalb, weil sie verschwinden. Die Idee der Dauer ist es – der irdischen Unsterblichkeit –, die unser eigenes Porträt mit diesem mysteriösen Interesse bekleidet. Auch Walter und Elinor waren nicht frei von diesem Gefühl; pünktlich zur vereinbarten Stunde eilten sie zur Wohnung des Malers, um jene gemalten Gestalten kennenzulernen, die sie bei der Nachwelt vertreten sollten. Hinter ihnen flutete das Sonnenlicht in die Wohnung, die aber, nachdem sie die Türe geschlossen hatten, irgendwie düster wirkte.

Ihre Augen waren sofort von den Porträts angezogen, die an der gegenüberliegenden Wand des Zimmers lehnten. Beim ersten Blick in dem schwachen Licht und aus der Entfernung stießen sie beide gleichzeitig einen Ausruf des Entzückens aus, als sie sich in so völlig natürlicher Haltung und mit einem Ausdruck, der ihnen so gut bekannt war, dargestellt sahen.

„Da stehen wir“, rief Walter begeistert, „auf ewig im Sonnenschein festgehalten! Keine dunklen Leidenschaften werden je unsere Gesichter verfinstern!“

„Nein“, sagte Elinor ruhiger, „keine schmerzliche Veränderung wird uns betrüben.“

Diese Worte äußerten sie im Näherkommen, als sie von den Bildern erst einen unvollkommenen Eindruck gewonnen hatten. Der Maler hatte sie begrüßt und sich dann wieder in eine Bleistiftskizze vertieft, die er auf dem Tisch vor sich liegen hatte; er überließ seine Besucher sich selber, damit sie sich ihr eigenes Urteil über sein vollendetes Werk bildeten. Hin und wieder warf er unter buschigen Augenbrauen einen Blick auf sie, beobachtete ihre Gesichter von der Seite, während der Bleistift über der Skizze stillstand. Sie standen jetzt bereits mehrere Augenblicke lang jeder vor seinem eigenen Bild, in tiefste Aufmerksamkeit versunken, ohne jedoch ein

Wort zu äußern. Endlich trat Walter einen Schritt vor – dann zurück –, betrachtete Elinors Bild von verschiedenen Seiten und machte dann den Mund auf.

„Hat sich da nicht etwas verändert?“ fragte er zweifelnd und nachdenklich. „Ja; ich erkenne es immer deutlicher, je länger ich hinschaue. Es ist sicherlich das gleiche Bild, das ich gestern sah; die Kleidung – die Züge –, alles ist genauso; und dennoch ist etwas anders geworden.“

„Ist das Bild denn nicht mehr so ähnlich, wie es gestern war?“ fragte forschend der Maler und kam voll Aufmerksamkeit näher.

„Die Züge sind Elinor, wie sie leibt und lebt“, antwortete Walter, „und beim ersten Blick schien auch der Ausdruck völlig zu stimmen. Aber ich möchte fast glauben, daß das Bild sich buchstäblich unter meinen Augen verändert hat. Ihr Blick heftet sich mit einem seltsam traurigen, ja angstvollen Ausdruck an meinen. Da, seht! Schmerz und Entsetzen ist es! Ist das denn Elinor?“

„Vergleichen Sie doch das lebende Gesicht mit dem gemalten“, sagte der Maler.

Walter sah seine Geliebte von der Seite an und erstarrte. Wie sie da stand, reglos, gebannt in die Betrachtung von Walters Porträt versunken, hatte ihr Gesicht genau jenen Ausdruck angenommen, über den er sich eben beklagt hatte. Selbst wenn sie stundenlang vor dem Spiegel geübt hätte, sie hätte den Ausdruck nicht genauer treffen können. Wäre das Bild selber ein Spiegel gewesen, es hätte ihr Aussehen in diesem Augenblick nicht stärker, nicht mit mehr melancholischer Wahrheit zurückwerfen können. Sie schien das Gespräch zwischen dem Künstler und ihrem Geliebten nicht gehört zu haben.

„Elinor“, rief Walter verwirrt aus, „wieso hast du dich so verändert?“

Sie hörte ihn nicht und wandte ihren starren Blick nicht ab, bis er ihre Hand ergriff, um ihre Aufmerksamkeit zu gewinnen; da fuhr sie zusammen und blickte zitternd vom Bild auf zum Gesicht des Originals.

„Bemerkst du in deinem Bild keine Veränderung?" fragte sie.

„In meinem? – Nein!" erwiderte Walter und betrachtete es aufmerksam. „Aber laß sehen! Doch; da ist eine geringfügige Veränderung – eine Verbesserung des Bildes selber, wie mir scheint, wenn auch nicht so sehr der Ähnlichkeit. Der Ausdruck ist lebhafter als gestern, als ob ein glänzender Gedanke aus den Augen strahlte und sich auf die Lippen drängte. Jetzt, da ich den Ausdruck erfaßt habe, erscheint er mir sehr deutlich."

Während er in diese Betrachtungen vertieft war, wandte Elinor sich dem Maler mit einem Blick voll Schmerz und Furcht zu und hatte das Gefühl, als erwiderte er den ihren mit Verständnis und Mitleid – doch weshalb eigentlich, das konnte sie nur unklar ahnen.

„Dieser Blick", flüsterte sie schaudernd. „Wie ist er dahin gekommen?"

„Madam", sagte der Maler ernst, faßte sie an der Hand und führte sie zur Seite, „in beiden Bildern habe ich nur gemalt, was ich sah. Der Künstler – der wahre Künstler – muß hinter die Fassade sehen können. Es ist eine Gabe – seine stolzeste, und doch oft auch eine schmerzliche Gabe –, die innerste Seele zu erkennen und sie mit einer Macht, die ihm selber unbegreiflich ist, auf der Leinwand glühen oder dunkeln zu lassen, mit Blicken, die die Gedanken und Gefühle vieler Jahre ausdrücken. Wie gerne würde ich in diesem gegenwärtigen Fall selber an einen Irrtum glauben!"

Sie hatten sich inzwischen dem Tisch genähert, auf dem mit Kreide gezeichnete Köpfe lagen, Hände, die fast so viel Ausdruck besaßen wie sonst Gesichter, efeuüberwachsene Kirchtürme, strohgedeckte, kleine Bauernhäuser, uralte, vom Blitz gespaltene Bäume, orientalische und antike Gewänder und noch mehr dieser pittoresken Sujets, wie sie einem Künstler in unbewachten Augenblicken einfallen. Indem er diese Blätter scheinbar achtlos durcheinanderschob, kam eine Bleistiftskizze von zwei Figuren zum Vorschein.

„Sollte ich mich gerirrt haben", fuhr er fort, „sollte Ihr Herz sich nicht in Ihrem Porträt widergespiegelt sehen – sollten Sie nicht heimlich Ursache haben, meiner Zeichnung des anderen zu vertrauen –, dann ist es noch nicht zu spät, um sie zu ändern. Ich könnte auch die Handlung dieser beiden Figuren ändern. Aber würde das das Ereignis beeinflussen?"

Er wies auf die Skizze. Ein Zittern durchlief Elinors Körper; ein Schrei drängte sich auf ihre Lippen; doch sie hielt ihn zurück, mit jener Selbstbeherrschung, die allen, die Gedanken voll Furcht und Entsetzen in ihrem Busen verbergen, zur zweiten Natur wird. Sich vom Tisch wegdrehend, bemerkte sie, daß Walter inzwischen nahe genug gekommen war, um die Skizze erkennen zu können, wenn sie auch nicht sagen konnte, ob sein Blick wirklich darauf gefallen war.

„Wir möchten nicht, daß Sie die Bilder ändern", sagte sie hastig. „Wenn mein Bild traurig ist, so werde ich in Wirklichkeit durch den Gegensatz nur um so fröhlicher wirken."

„So sei es", antwortete der Maler und verneigte sich. „Mögen eure Leiden so geringfügig sein, daß nur eure Bilder sich darüber kränken! Und eure Freuden – mögen sie tief und echt sein und sich auf diesem lieblichen Gesicht spiegeln, bis es meine Kunst gänzlich Lügen straft!"

Nach der Heirat von Walter und Elinor wurden die beiden Bilder zum herrlichsten Schmuck ihres Heimes. Sie hingen nebeneinander, nur durch ein schmales Stück Täfelung voneinander getrennt. Sie schienen sich beständig anzublikken und sahen doch immer auch dem Beschauer ins Auge. Weitgereiste Herren, die von solchen Dingen etwas zu verstehen behaupteten, zählten die beiden Bilder zu den hervorragendsten Leistungen der modernen Porträtmalerei, während das gewöhnliche Publikum sie mit den Originalen verglich, Zug für Zug, und vor lauter Bewunderung für die

Ähnlichkeit von einer Begeisterung in die andere fiel. Den tiefsten Eindruck machten die Bilder jedoch auf eine dritte Gruppe, die weder aus weitgereisten noch aus gewöhnlichen Leuten bestand, dafür aber aus Menschen, die mit einer natürlichen Sensibilität begabt waren. Diese warfen zuerst vielleicht nur einen achtlosen Blick auf die Bilder, waren aber bald derart daran interessiert, daß sie Tag für Tag wiederkamen und diese gemalten Gesichter studierten, als wären es die Seiten eines Zauberbuchs. Walter Ludlows Porträt zog zuerst ihre Aufmerksamkeit auf sich. In seiner und seiner jungen Frau Abwesenheit diskutierten sie manchmal darüber, was das eigentlich für ein Ausdruck war, den der Maler seinen Zügen hatte verleihen wollen; alle stimmten darin überein, daß es ein Ausdruck von ernster Bedeutsamkeit war, ohne daß auch nur zwei aus diesem Kreis ihn auf gleiche Weise gedeutet hätten. In bezug auf Elinors Bild gab es nicht so viele verschiedene Meinungen. Der Unterschied bestand eher darin, daß sie die Ursache und Stärke der Düsternis auf ihrem Antlitz verschieden einschätzten, aber allen schien es eine Düsternis, wie sie zum natürlichen Temperament ihrer jungen Freundin nicht im geringsten passen wollte. Ein besonders phantasiebegabter Mann verkündete als Ergebnis ausgiebigen Nachdenkens, daß beide Bilder Teil eines einheitlichen Entwurfs sein mußten und daß die melancholische Stärke des Gefühls auf Elinors Gesicht in Beziehung stehe zum Ausdruck lebhafterer Empfindung oder, wie er es nannte, wilder Leidenschaftlichkeit auf Walters Gesicht. Obgleich in der Kunst des Zeichnens nicht bewandert, begann er sogar eine Skizze, auf der Haltung und Gebärde der beiden Gestalten dem beiderseitigen Ausdruck entsprechen sollten.

Die Freunde munkelten inzwischen untereinander, daß Elinors Gesicht von Tag zu Tag nachdenklicher würde, ja, daß sie sich bald zu einem wahren Abbild ihres Porträts zu verwandeln drohe. Walter dagegen nahm keineswegs den lebhaften Ausdruck an, den der Maler ihm auf der Leinwand verliehen hatte, sondern wurde zurückhaltend und niedergeschlagen, ohne alle äußere Anzeichen von Leidenschaft, die vielleicht in seinem Inneren glühte. Nach einiger Zeit hängte Elinor schließlich einen prachtvollen purpurfarbenen Seidenvorhang, mit Blumen bestickt, mit schweren goldenen Quasten besetzt, vor die Bilder, unter dem Vorwand, daß der Staub die Farben verdunkeln oder das Licht sie trüben könnte. Es war genug. Und ihre Besucher begriffen, daß die Falten der schweren Seide nie zurückgezogen, noch die Bilder in ihrer Gegenwart erwähnt werden durften.

Die Zeit verging; und der Maler kehrte zurück. Er war so weit nach Norden gegangen, bis er die silbernen Kaskaden der Crystal Hills gesehen und vom Gipfel des höchsten Berges von Neu-England über den weiten Umkreis von Wolken und Wäldern geblickt hatte. Aber er entweihte diese Szene nicht, indem er sie mit seiner Kunst nachäffte. Auf dem Lake George hatte er lange in einem Kanu gelegen und hatte seine Seele zum Spiegel seiner Lieblichkeit und Majestät gemacht, bis kein Bild des Vatikan deutlicher vor ihm stand als diese Erinnerung. Mit indianischen Jägern war er zum Niagara gegangen und hatte seinen ohnmächtigen Pinsel in den Abgrund geschleudert, in der Erkenntnis, daß er das Tosen des Wassers genausowenig malen konnte wie alles andere, das diesen überwältigenden Katarakt ausmachte. Überhaupt empfand er nur selten den Drang, die Natur zu kopieren, es sei denn als Rahmen für ein Gesicht, eine menschliche Gestalt, erfüllt von Geist, Schmerz, oder Leidenschaft. Davon hatten ihm seine abenteuerlichen Wanderungen reichlichen Vorrat gebracht; die strenge Würde der Indianerhäuptlinge, die dunkle Lieblichkeit indianischer Mädchen, das häusliche Leben in den Wigwams, das verstohlene Anschleichen, der Kampf im Schatten düsterer Fichten, die Grenzfestung mit ihrer Garnison, die Anomalie des alten französischen Hellebardiers, der bei Hofe erzogen, aber in der Wildnis ergraut war – das waren die Szenen und die Porträts, die er festgehalten hatte.

Die Glut gefahrvoller Augenblicke, Blitze heftiger Leidenschaft, Kämpfe voll ungezügelter Wildheit, Liebe, Haß, Schmerz, Wahnsinn – mit einem Wort, das ganze abgenutzte Herz der alten Welt hatte sich ihm in neuer Form geoffenbart. Seine Mappe war voller graphischer Illustrationen zu den Bänden seiner Erinnerung, die sein Genie in die eigene Substanz verwandeln und mit Unsterblichkeit tränken sollte. Er fühlte, daß der tiefe Sinn seiner Kunst, nach dem er überall gesucht hatte, endlich gefunden war.

Doch mitten in der Starre und Lieblichkeit der Landschaft, mitten in den Gefahren der Wälder, mitten in ihrem überwältigenden Frieden hatten zwei Gestalten, zwei Weggenossen ihn immer begleitet. Wie alle Menschen, die in einem alles andere ausschließenden Ziel befangen sind, stand auch er abseits von der Masse der Menschen. Er hatte keine Wünsche, keine Freuden, keine Neigungen, die sich nicht auf seine Kunst bezogen. Obwohl er ein entgegenkommendes Benehmen hatte und gerade war im Denken und Handeln, waren seine Gefühle nicht zärtlich; sein Herz war kalt; kein lebendes Geschöpf konnte ihm so nahe kommen, daß es ihn gewärmt hätte. Diesen beiden jedoch brachte er aufs eindringlichste jenes Interesse entgegen, das ihn immer schon den Objekten seines Pinsels verbunden hatte. Mit intensivster Einfühlung hatte er in ihre Seelen gespäht und, was er dort sah, in ihren Zügen festgehalten, so daß er nur knapp jene Vollkommenheit verfehlte, die kein Genie jemals erreicht, die des eigenen strengen Maßstabs. Er hatte dem Dämmer der Zukunft – so glaubte er wenigstens – ein furchtbares Geheimnis entrissen und es in den Porträts zögernd enthüllt. So viel von sich selbst, seiner Phantasie, allen seinen Kräften hatte er in die Studie von Walter und Elinor gegeben, daß er sie beinahe als seine eigenen Geschöpfe betrachtete, wie alle die tausend anderen, mit denen er das Reich der Bilder bevölkert hatte. Daher huschten sie durch das Zwielicht der Wälder, schwebten im Dunst über den Wasserfällen, blickten ihm aus dem Spiegel des Sees entgegen und schwanden auch nicht im mittäglichen Licht der Sonne. Sie geisterten durch seine malerische Phantasie, aber nicht als Nachäffungen des Lebens oder als bleiche Kobolde der Toten, sondern als Porträts, jedes mit dem unveränderlichen Ausdruck, den seine Magie den Kavernen der Seele entlockt hatte. Er vermochte es nicht, den Atlantik zu überqueren, ohne zuvor noch einmal die Originale dieser luftigen Bilder zu sehen.

„O holde Kunst!" dachte der Maler bei sich, während er durch die Straßen ging. „Du Abbild der Kunst des Schöpfers! Die unzähligen Formen, die im Nichts wandeln, erwachen auf einen Wink von dir zum Leben. Die Toten feiern Auferstehung. Du rufst sie an ihre alten Stätten zurück und gibst ihren grauen Schatten den Widerschein eines besseren Lebens, irdisch und unsterblich zugleich. Du bringst die flüchtigen Augenblicke der Geschichte zurück. Bei dir gibt es keine Vergangenheit, denn unter deiner Berührung wird alles Große auf ewig gegenwärtig; berühmte Männer überdauern die Zeiten in der sichtbaren Vorführung eben jener Taten, die sie zu dem gemacht haben, was sie sind. O du mächtige Kunst! die du kaum mehr bewußte Vergangenheit in jenen schmalen Streifen Sonnenlichtes stellst, den wir das Jetzt nennen, kannst du die gänzlich verhüllte Zukunft zwingen, ihr hier begegnen? Hab ich es denn nicht vollbracht? Bin ich nicht dein Prophet?"

Dergestalt erfüllt von stolzer, wenn auch melancholischer Glut, hätte er beinahe laut aufgeschluchzt, während er durch die geschäftigen Straßen schritt, unter Leuten, die von seinen Träumen nichts wußten, sie nicht begriffen hätten und nichts darum gaben. Es ist nicht gut für den Menschen, nur dem eigenen einsamen Ehrgeiz zu frönen. Wenn nicht andere um ihn sind, an deren Beispiel er sich halten kann, dann werden seine Gedanken, Wünsche und Hoffnungen maßlos und er dem Anschein nach, ja vielleicht in Wahrheit, ein Irrer. Während er, mit beinahe übernatürlichem Scharfsinn, in anderen

Busen las, übersah der Maler das Chaos in seinem eigenen.

„Und das hier müßte das Haus sein", sagte er und betrachtete die Fassade von oben bis unten, bevor er klopfte. „Der Himmel helfe meinem Verstand! Dieses Bild! Mir scheint, es wird nie wieder vergehen. Ob ich die Fenster ansehe oder das Tor, immer steht es da im Rahmen, mit kraftvollen Strichen, in glühenden Farben – die Gesichter der Porträts – die Gestalten und die Handlung auf der Zeichnung!"

Er klopfte.

„Die Porträts! Sind sie hier?" fragte er den Bedienten; und dann, sich fassend – „deine Herrschaft, meine ich. Ist sie zu Hause?"

„Sehr wohl, mein Herr", antwortete dieser, und den malerischen Aufzug bemerkend, in dem der Künstler aufzutreten beliebte, fügte er hinzu: „Und die Porträts ebenfalls."

Der Besuch wurde in einen Empfangsraum geführt, den eine Mitteltür mit einem inneren Raum von gleicher Größe verband. Da das erste Gemach leer war, näherte er sich dem Eingang des zweiten, wo seine Augen jene lebenden Gestalten wie auch ihre gemalten Darsteller grüßten, die so lange Gegenstand seines lebhaftesten Interesses gewesen waren. An der Schwelle hielt er unwillkürlich inne.

Sie hatten sein Kommen nicht bemerkt. Walter und Elinor standen vor ihren Porträts. Er hatte gerade die reichen, schweren Falten des seidenen Vorhangs zurückgeschlagen und hielt dessen goldene Quaste in der einen Hand, während die andere die seiner jungen Frau gefaßt hielt. Die Bilder, monatelang verhangen, strahlten in ungebrochenem Glanz, es schien, als würfen viel mehr sie selber einen düsteren Schein in den Raum, als daß ein erborgtes Licht sie beleuchtete. Elinors Bild hatte sich in Wahrheit als beinahe prophetisch erwiesen. Nachdenklichkeit und sanfte Trauer waren auf ihrem Gesicht einander gefolgt und hatten sich im Fluß der Zeit zu stiller Qual vertieft. Nur eine Beimischung von Schrekken brauchte es noch, dann war der Ausdruck des Bildes vollkommen erfüllt. Walters Gesicht blickte mürrisch und stumpf, nur manchmal von jähen Blitzen durchzuckt, deren rasch schwindendes Licht nur um so tiefere Verfinsterung zurückließ. Sein Blick ging von Elinor zu ihrem Porträt, dann zu seinem eigenen, in dessen Betrachtung er schließlich versank.

Dem Maler war es, als hörte er hinter sich den Schritt des Schicksals, wie es auf sein Ohr zuschritt. Ein seltsamer Gedanke schoß ihm durch den Kopf. Hatte das Schicksal am Ende seine eigene Gestalt angenommen, ihn zum Boten und Handlanger des Unheils gemacht, das er selber vorausgedeutet hatte?

Noch immer stand Walter stumm vor dem Bild, Zwiesprache mit ihm haltend wie mit seinem eigenen Herzen, sich gänzlich dem Bann des Bösen hingebend, das der Maler in seine Züge gelegt hatte. Ein Licht glomm langsam in seinen Augen auf; und während Elinor die zunehmende Wildheit seines Gesichtes beobachtete, nahm ihr eigenes den Ausdruck des Entsetzens an; und als er sich schließlich zu ihr wandte, war die Übereinstimmung mit ihren beiden Porträts vollkommen.

„Unser Schicksal ist über uns!“ schrie Walter. „Stirb!“

Damit zog er ein Messer, stützte sie, da sie zu Boden sinken wollte, und zielte auf ihre Brust. In der Bewegung sowie in Ausdruck und Haltung standen dem Maler jetzt leibhaftig die Gestalten seiner Zeichnung vor Augen. Das Bild in allen seinen furchtbaren Farben war vollendet.

„Halt, Wahnsinniger!“ rief er streng.

Er war aus der Tür hervorgetreten und hatte sich zwischen die beiden Unseligen gestellt, unerschüttert im Glauben an seine Macht, in ihr Geschick ebenso eingreifen zu können, wie er imstande war, eine Szene auf der Leinwand zu ändern. Wie ein Magier stand er da, der die Gespenster bannt, die er beschworen hatte.

„Wie!“ stieß Walter Ludlow hervor und sank von heftiger

Erregung wieder in stumpfe Düsternis. „Fällt das Schicksal seinem eigenen Ratschluß in den Arm?"

„Unglückliche Elinor!" sagte der Maler. „Habe ich Sie nicht gewarnt?"

„Das haben Sie", erwiderte Elinor ruhig, und ihr Entsetzen wich wieder dem stummen Schmerz, den es aufgestört hatte. „Aber ich habe ihn geliebt."

Liegt in dieser Erzählung nicht eine tiefe Moral? Könnte das Ergebnis einer oder aller unserer Taten vorausgeahnt und uns gezeigt werden – so würden manche sagen: Schicksal, und weiterhasten – andere würde ihr heftiges Begehren vor sich hertreiben – aber keinen hielten sie zurück, die „Prophetischen Bilder".

# Das Muttermal

In der zweiten Hälfte des vergangenen Jahrhunderts lebte ein großer Gelehrter, eine Kapazität auf allen Gebieten der Naturphilosophie, der kurz vor dem Zeitpunkt, an dem unsere Geschichte einsetzt, das Erlebnis einer geistigen Anziehung erfahren hatte, die ihm stärker erschienen war als jede chemische. Er hatte sein Laboratorium in der Obhut eines Assistenten gelassen, seine edle Erscheinung vom Ruß des Schmelzofens gereinigt, die Säureflecken von seinen Fingern gewaschen und eine schöne Frau dazu überredet, seine Gemahlin zu werden. In diesen Tagen, als die vergleichsweise junge Entdeckung der Elektrizität sowie anderer verwandter Geheimnisse der Natur Wege in das Gebiet des Wunderbaren zu öffnen schien, war es durchaus nicht ungewöhnlich, daß die Liebe zur Wissenschaft an Tiefe und verzehrender Kraft mit der Liebe zu einer Frau wetteifern konnte. Der höhere Verstand, die Phantasie, der Geist, ja selbst das Herz, alles konnte hier seine Sättigung finden, in Forschungen nämlich, die, wie manche ihrer glühendsten Anhänger glaubten, von einer Stufe erhabenen Wissens zur anderen schreiten würden, bis der Philosoph endlich die Hand an das Geheimnis der Schöpfung zu legen, ja vielleicht selber neue Welten zu erschaffen imstande war. Wir wissen nicht, ob Aylmer diesen Glauben an eine mögliche vollkommene Herrschaft des Menschen über die Natur teilte. Seine Hingabe an das Studium der Natur war allerdings bereits zu tief in ihm verwurzelt, als daß es einer anderen Leidenschaft jemals gelingen konnte, ihn gänzlich davon zu befreien. Vielleicht, daß die Liebe zu seinem jungen Weib sich als das stärkere Gefühl erwies; doch nur, indem sie sich mit seiner Liebe zur Wissenschaft verband und damit die Kraft der letzteren mit der ersteren vereinte.

Tatsächlich fand eine solche Vereinigung statt; woraus sich nicht nur wahrhaft bemerkenswerte Folgen ergaben, sondern auch eine eindrucksvolle Moral. Eines Tages, nicht lange nach ihrer Hochzeit, saß Aylmer seiner Frau gegenüber und starrte sie an, von offensichtlicher Unruhe gequält, die immer stärker wurde, bis er endlich zu sprechen begann.

„Georgiana", sagte er, „hast du nie daran gedacht, das Mal auf deiner Wange entfernen zu lassen?"

„Aber gewiß nicht", versetzte sie lächelnd; doch als sie seinen Ernst sah, errötete sie heftig. „Um dir die Wahrheit zu sagen – man hat mir so oft gesagt, daß mir dieses Mal charmant stünde, daß ich einfältig genug war, daran zu glauben."

„Auf einem anderen Gesicht wäre es vielleicht in der Tat ein zusätzlicher Reiz", antwortete ihr Mann. „Aber nie auf deinem! Nein, liebste Georgiana! Du kamst beinahe vollkommen aus den Händen der Natur, so daß selbst dieser äußerst geringfügige Mangel – von dem wir gar nicht wissen, ob er überhaupt ein Mangel oder nicht doch ein Reiz ist – mich quält, als das sichtbare Zeichen irdischer Unvollkommenheit."

„Dich quält, mein Gemahl!" rief Georgiana, zutiefst verletzt, in vorübergehendem Ärger errötend, dann jedoch in Tränen ausbrechend. „Warum holtest du mich dann von der Seite meiner Mutter? Du kannst doch nicht lieben, was dich quält!"

Zum Verständnis dieser Unterhaltung müssen wir erwähnen, daß mitten auf Georgianas linker Wange ein seltsames Mal war, tief eingewachsen in Haut und Fleisch ihres Gesichtes. Auf der gesunden, wenn auch zarten Rosigkeit ihres Gesichts war das Mal von einem kräftigeren Purpur, der seine Gestalt sich nur undeutlich von der Rosenwange abheben ließ. Wenn sie errötete, wurde das Mal noch undeutlicher, bis es unter dem heftigen Ansturm des Bluts, das die ganze Wange in seine brennende Glut tauchte, endlich vollends verschwand. Wenn aber der Wechsel des Gefühls sie erbleichen ließ, dann war das Mal wieder da, ein purpurner Fleck mitten im Schnee, mit einer Schärfe, die Aylmer manchmal erschauern ließ. In seiner Gestalt ähnelte das Mal einer menschlichen Hand, wenn auch von zwergenhafter Größe. Georgianas Anbeter hatten oft gesagt, daß bei ihrer Geburt eine Fee ihre Hand auf die Wange des Säuglings gelegt und ihren Abdruck hinterlassen habe, zum Zeichen, daß es Georgiana gegeben sein würde, über alle Herzen eine zauberische Macht auszuüben. Gar manch ein verzweifelter Verehrer hätte sein Leben dafür aufs Spiel gesetzt, seine Lippen auf die geheimnisvolle Hand pressen zu dürfen. Allerdings dürfen wir nicht verschweigen, daß dieser feenhafte Handabdruck, je nach Temperament des Betrachters, eine höchst unterschiedliche Wirkung ausüben konnte. Manche überempfindliche Personen – es handelte sich dabei ausschließlich um Georgianas Geschlechtsgenossinnen behaupteten, daß diese Blutige Hand, wie sie das Mal nannten, Georgianas Schönheit nicht nur zerstöre, sondern sie geradezu häßlich erscheinen lasse. Aber genausogut könnte man auch behaupten, daß einer jener kleinen blauen Flecken, die selbst im reinsten Marmor manchmal vorkommen, die Statue der Eva von Powers in ein Ungeheuer, in ein Monstrum verwandelt. Jene männlichen Betrachter, deren Bewunderung das Mal nicht noch erhöhte, begnügten sich damit, es hinwegzuwünschen, auf daß die Welt wenigstens ein Beispiel des vollkommenen Liebreizes ohne den Anschein eines Mangels besäße. Nach der Hochzeit – vorher hatte er der Sache wenig oder keine Beachtung geschenkt – entdeckte Aylmer, daß er zu dieser letzteren Gruppe gehörte.

Wäre sie weniger schön gewesen, hätte der Neid selber etwas anderes an ihr auszusetzen gefunden, so hätte die Zierlichkeit dieser nachgeahmten Hand, die bald undeutlich gezeichnet erschien, bald sich verlor, bald wieder deutlich hervortrat, die mit jeder Welle des Gefühls, die in ihrem Herzen klopfte, an- und abschwoll – so hätte diese Hand seine Zuneigung vielleicht noch verstärkt. Aber da er sie sonst so vollkommen fand, wurde ihm dieser eine Mangel mit jedem Augenblick ihres gemeinsamen Lebens immer unerträglicher. Das Mal wurde zum Kainszeichen der Menschheit, das die Natur einmal in dieser, dann in jener Gestalt jedem ihrer Produkte unauslöschlich aufdrückt, um damit anzudeuten, daß sie zeitlich begrenzt und vergänglich sind, oder daß ihre Vollkommenheit nur unter Schweiß und Schmerzen geboren werden kann. Die purpurne Hand war ein Zeichen des eisernen Griffs, in dem die Sterblichkeit auch die Höchsten und Reinsten der Irdischen gefangenhält und sie damit auf eine Stufe mit den Niedrigsten stellt, auf eine Stufe sogar mit dem Tier, dessen sichtbare Gestalt gleich der ihren wieder zu Staub werden muß. Auf diese Art, indem er das Mal als Symbol dafür ansah, daß auch seine Frau der Sünde, der Trauer, dem Verfall und dem Tod ausgeliefert war, versetzte Aylmers düstere Einbildungskraft ihn bald in einen Zustand, in dem das Mal ihm Angst und Entsetzen einjagte, bis ihm schließlich weit mehr davor graute, als Georgianas seelische oder sinnliche Schönheit ihn jemals entzückt hatte. In all den Stunden, die ihre glücklichsten hätten sein müssen, fing er, ohne es zu wollen – nein, geradezu gegen sein ausdrückliches Bemühen –, immer wieder von diesem einen verhängnisvollen Gegenstand zu sprechen an. Was zunächst ohne Bedeutung schien, verband sich bald mit unzähligen Gedankengängen und Gefühlszuständen, daß es schließlich im Mittelpunkt aller Dinge stand. Wenn er in der Morgendämmerung erwachte, fielen Aylmers Augen auf das Gesicht seiner Frau und erkannten dort das Symbol der Unvollkommenheit; und wenn sie am abendlichen Herd besammensaßen, wanderten seine Augen verstohlen zu ihrer Wange und sahen im flackernden Schein des Holzfeuers die Geisterhand, die von Sterblichkeit kündete, wo er gern anbetend in die Knie gesunken wäre. Es dauerte nicht lang, und Georgiana fing an, unter diesem Blick zu erschauern. Ein Blick, mit dem eigenartigen Ausdruck, den sein Gesicht jetzt oft zeigte, genügte, um die Rosen ihrer Wangen in tödliche Blässe zu verwandeln, auf der die Purpurhand nur um so deutlicher hervortrat, wie ein Relief aus Rubinen auf dem weißesten Marmor.

Spät eines Nachts, als die Lichter schon so spärlich brannten, daß der Fleck auf den Wangen der Armen kaum mehr zu erkennen war, schnitt zum erstenmal sie selber freiwillig den Gegenstand an.

„Weißt du noch, mein lieber Aylmer", sagte sie mit einem schwachen Versuch zu lächeln, „ob – und was – du letzte Nacht von dieser gräßlichen Hand geträumt hast?"

„Keineswegs", antwortete Aylmer voll Unruhe; doch dann fügte er hinzu – trocken und kalt, um die Stärke seiner Erregung zu verbergen: „Wenn ich davon geträumt hätte, wäre es kein Wunder; denn bevor ich einschlief, hatte ich an nichts anderes gedacht."

„Und du hast auch davon geträumt!" fuhr Georgiana fort, hastig, damit nicht ein Tränenstrom ihr das Wort abschneiden konnte. – „Ein furchtbarer Traum! Daß du dich nicht mehr daran erinnerst! Wie ist es möglich, einen solchen Satz zu vergessen: ‚Jetzt ist es in ihrem Herzen – wir müssen es herausreißen!' Denk nach, mein Gemahl. Um alles in der Welt möchte ich, daß du dich an diesen Traum erinnerst!"

Das Gemüt ist in einem traurigen Zustand, wenn der Schlaf, der alles umfangende, seine Schemen nicht mehr in dem düsteren Bezirk seiner Herrschaft halten kann, sondern ihnen erlaubt, hervorzubrechen, so daß sie das Leben des Tages mit Geheimnissen belasten, die einem tieferen Dasein angehören. Jetzt erinnerte Aylmer sich wieder an seinen Traum. Er hatte sich vorgestellt, wie er zusammen mit seinem Diener Aminidab eine Operation durchführte, um das Mal zu entfernen. Aber je tiefer das Messer eindrang, um so tiefer sank auch die Hand, bis endlich ihr winziger Griff sich um Georgianas Herz zu schließen schien; aber auch da noch war ihr Mann unerbittlich entschlossen, sie herauszureißen oder herauszuschneiden.

Als der Traum in seiner vollen Gestalt in sein Gedächtnis

gestiegen war, empfand Aylmer vor seiner Frau ein Gefühl der Schuld. Die Wahrheit bahnt sich oft, vermummt in die Gewänder des Schlafes, einen Weg zum Bewußtsein und spricht dann mit schonungsloser Offenheit von Dingen, über die wir uns in wachem Zustand einer unbewußten Selbsttäuschung hingeben. Bis jetzt war er sich des tyrannischen Einflusses nicht bewußt geworden, den diese eine Vorstellung auf seinen Geist ausübte, noch hatte er erkannt, wie weit zu gehen er bereit war, nur um sich seine Unruhe vom Leibe zu schaffen.

„Aylmer“, begann Georgiana feierlich von neuem, „ich weiß nicht, welches Opfer es uns beide kosten wird, mich von diesem fürchterlichen Mal zu befreien. Vielleicht werde ich nach seiner Entfernung ewig entstellt sein, vielleicht auch geht das Mal so tief wie das Leben selber. Aber wissen wir denn, ob es eine Möglichkeit gibt – zu welchen Bedingungen auch immer –, den eisernen Griff dieser kleinen Hand, die sich auf mich legte, bevor ich noch zur Welt kam, zu lösen?“

„Liebste Georgiana, ich habe an diesen Gegenstand viele Gedanken verwendet“, unterbrach Aylmer sie hastig – „und ich bin überzeugt, daß das Mal ohne weiteres entfernt werden kann.“

„Wenn es auch nur im geringsten möglich erscheint“, fuhr Georgiana fort, „so laß uns den Versuch wagen, was es auch koste! Gefahr bedeutet mir nichts; denn solange dieses gräßliche Zeichen mich zum Gegenstand deines Abscheus und Entsetzens macht, solange ist mir das Leben eine Last, die ich mit Freuden abwerfe. Entferne diese schreckliche Hand, oder nimm mein unglückliches Leben! Du besitzt tiefe wissenschaftliche Erkenntnisse! Die ganze Welt weiß es. Du hast große Wunder vollbracht. Vermagst du nicht, dieses winzige, unscheinbare Mal zu entfernen, das ich mit der Spitze zweier kleiner Finger bedecken kann? Geht das über deine Kraft, wenn du doch damit selber den Frieden zu finden, deine Frau aber vom Wahnsinn zu retten vermöchtest?“

„Edelstes, teuerstes, süßestes Weib!" rief Aylmer hingerissen, „zweifle nicht an meiner Kraft. Ich habe an diese Sache die tiefsten Gedanken verwendet – Gedanken, die mich fast bis zu jenem Punkt führten, an dem ich ein weniger vollkommenes Wesen als dich schon selber erschaffen könnte. Georgiana, du hast mich tiefer als je zuvor zum Herzen der Wissenschaft vordringen lassen. Ich fühle, daß ich imstande bin, diese teure Wange ebenso makellos werden zu lassen wie ihre Schwester; und wie groß wird mein Triumph dann sein, Geliebteste, wenn es mir gelungen ist zu verbessern, was die Natur an ihrem schönsten Werk unvollkommen gelassen hat! Selbst Pygmalion kann kein größeres Entzücken empfunden haben, als sein steinernes Frauenbild zum Leben erwachte, als es dann mir vergönnt sein wird!"

„Dann ist es also beschlossen", sagte Georgiana mit schwachem Lächeln – „Und Aylmer, schone mich nicht, auch wenn du finden solltest, daß das Mal in meinem Herzen Zuflucht sucht." Zart küßte ihr Mann ihre Wange – die rechte Wange –, nicht die, die den Aufdruck der purpurnen Hand trug.

Am nächsten Tag teilte Aylmer seiner Frau jenen Plan mit, der ihm Gelegenheit zu ausgiebigem Studium und dauernder Beobachtung geben sollte, deren die beabsichtigte Operation bedurfte; ebenso würde Georgiana dadurch in den Genuß jener völligen Ruhe gelangen, die für das Gelingen der Operation notwendig war. Sie würden sich beide in jene geräumige Wohnung zurückziehen, die Aylmer als sein Laboratorium eingerichtet hatte und wo er im Lauf seiner arbeitsreichen Jugend jene Entdeckungen gemacht hatte, die ihm die Bewunderung aller gelehrten Gesellschaften in Europa eintrugen. Ruhig in seinem Laboratorium sitzend, hatte der bleiche Denker die Geheimnisse der höchsten Wolkenregionen und der tiefsten Abgründe erforscht, hatte herausgefunden, welche Ursachen die Feuer der Vulkane entzündeten und am Leben erhielten, hatte das Geheimnis der Quellen gelüftet und wie es kommt, daß sie aus dem dunklen Busen der Erde springen, die einen so rein und hell, die anderen wieder reich an heilenden Kräften. Hier auch hatte er noch früher die Wunder des menschlichen Leibes studiert und herauszufinden versucht, wie die Natur es machte, alle die kostbaren Einflüsse aus Luft und Erde und der geistigen Welt so zu vermischen, daß daraus der Mensch, ihr Meisterwerk, geschaffen und genährt wird. Dieses letztere Gebiet hatte Aylmer jedoch seit langem hinter sich gelassen, in unwilliger Anerkennung jener Wahrheit, über die alle Forscher früher oder später stolpern, daß nämlich die große Mutter Natur uns zwar damit unterhält, daß sie scheinbar im hellen Licht der Sonne wirkt, in Wirklichkeit jedoch streng darauf bedacht ist, die Geheimnisse nicht zu verraten, so daß sie, ihrer vorgetäuschten Offenheit zum Trotz, uns in Wirklichkeit nichts zeigt als die Ergebnisse. Zwar erlaubt sie uns, ihr ins Handwerk zu pfuschen, wenn auch selten mit gutem Ausgang; aber wie ein eifersüchtiger Patentinhaber gestattet sie uns niemals, selber etwas zu erschaffen. Nunmehr jedoch nahm Aylmer seine halbvergessenen Studien wieder auf; keineswegs erfüllt von jenen Hoffnungen und Wünschen, die ihn damals geleitet hatten, sondern weil hier manche physiologischen Wahrheiten zu erkennen waren, die in Richtung jener Behandlung lagen, die er für Georgiana geplant hatte. Als er sie über die Schwelle des Laboratoriums führte, fühlte sich Georgiana kalt und zittrig. Aylmer blickte ihr heiter ins Gesicht, um sie zu beruhigen, aber die heftige Glut des Mals auf der Bleichheit ihrer Wangen entsetzte ihn derart, daß er sich eines krampfartigen Schauderns nicht erwehren konnte. Da fiel seine Frau in Ohnmacht.

„Aminidab! Aminidab!" schrie Aylmer und stampfte heftig mit dem Fuß auf den Boden.

Alsbald trat aus einer inneren Kammer ein Mann von kleiner, untersetzter Gestalt, mit zottigem Haar über einem Gesicht, das rußig vom Rauch des Schmelzofens war. Dieser Mensch war Aylmers Gehilfe während seiner ganzen wissenschaftlichen Laufbahn gewesen, zu welchem Amt er in bewundernswerter Weise geeignet war, nicht nur wegen seiner mechanischen Gewandtheit, sondern auch wegen der Geschicklichkeit, mit der er alle praktischen Einzelheiten in den Versuchen seines Herrn ausführen konnte, ohne auch nur das geringste davon zu begreifen. Mit seiner ungeheuren Kraft, dem zottigen Haar, dem verrußten Aussehen und der unbeschreiblichen Erdhaftigkeit, die ihm anhaftete, schien er die physische Natur des Menschen zu verkörpern, während Aylmers schlanke Gestalt, sein bleiches, vom Denken gezeichnetes Gesicht nicht weniger geeignet schienen, seinen geistigen Teil darzustellen.

„Mach die Tür des Boudoirs auf, Aminidab", sagte Aylmer, „und brenne eine Räucherkerze an."

„Ja, Herr", antwortete Aminidab und blickte wie gebannt auf Georgianas reglose Gestalt; dann brummte er in sich hinein: „Wäre sie meine Frau, nie würde ich mich von diesem Mal trennen."

Als Georgiana das Bewußtsein wiedererlangte, bemerkte sie, daß die Luft, die sie einatmete, voll von duftenden Wohlgerüchen war, deren sanfte Eindringlichkeit sie aus der todähnlichen Ohnmacht zurückgerufen hatte. Ihre Umgebung kam ihr wie verzaubert vor. Aylmer hatte die verrußten, schmutzigen, düsteren Räume, in denen er in der Blüte seiner Jahre im Verborgenen geforscht hatte, in eine Flucht von prächtigen Zimmern umgewandelt, dem zurückgezogenen Aufenthalt einer reizenden Dame angemessen. Von den Wänden hingen herrliche Teppiche, Würde und Schönheit miteinander verbindend, wie das sonst kein Schmuck zu erreichen vermag; wie sie so von der Decke zum Boden herabfielen, schien es, als ob ihre reichen, üppigen Falten, alle Ecken und Kanten verhüllend, die Klause hier vom unendlichen Raum abtrennten. Was Georgiana betraf, so hätte dies auch ein Pavillon mitten in den Wolken sein können. Das Licht der Sonne hätte seine chemischen Versuche gestört, deshalb hatte Aylmer es ausgeschlossen und durch wohlriechende Lampen ersetzt, deren Schein verschieden gefärbt war, sich jedoch zu einem weichen, purpurnen Schimmer vereinte. Jetzt kniete er an der Seite seiner Frau und beobachtete sie ernst, aber ohne Besorgnis; er vertraute seiner Kunst, er fühlte, daß er imstande war, einen magischen Kreis um sie zu ziehen, in den kein Übel einzudringen vermochte.

„Wo bin ich? – Ach, ich entsinne mich!“ sagte Georgiana matt und legte die Hand auf die Wange, um das gräßliche Mal vor den Augen ihres Mannes zu verbergen.

„Fürchte nichts, Liebste!“ rief er, „schrick nicht vor mir zurück! Glaube mir, Georgiana, ich bin dir beinahe dankbar für diesen einzigen Makel, weil es mir solches Vergnügen bereitet, ihn zu entfernen!“

„Oh, schone mich!“ antwortete seine Frau traurig. „Ich bitte dich, sieh nicht wieder hin. Ich werde dein krampfhaftes Schaudern nie vergessen.“

Um Georgiana zu trösten, um die Last der Wirklichkeit von ihrem Gemüt zu nehmen, setzte Aylmer jetzt ein paar von den leichten, spielerischen Geheimnissen in Szene, die ihn seine Wissenschaft neben ernsteren und tieferen Dingen gelehrt hatte. Luftige Gestalten, völlig körperlose Ideen, Formen von ungreifbarer Schönheit kamen und tanzten vor ihr, flüchtige Fußspuren auf Lichtstrahlen setzend. Wenn sie auch eine ungefähre Vorstellung von der Methode dieser optischen Täuschungen besaß, so war die Illusion doch beinahe vollkommen genug, um sie glauben zu lassen, ihr Mann sei ein Herrscher in der Welt der Geister. Später, als sie den Wunsch verspürte, einen Blick über die Mauern ihrer Klause zu werfen, da glitt sofort, wie als unmittelbare Erfüllung dieses Wunsches, die Prozession des äußeren Lebens auf einem Schirm an ihr vorbei. Szenen und Gestalten des wirklichen Lebens waren mit größter Vollkommenheit dargestellt, mit jener faszinierenden, wenn auch nicht in Worte zu fassenden Andersartigkeit allerdings, die ein Bild, eine Figur, einen

Schatten immer um so vieles anziehender sein läßt als das Original. Als sie dessen müde war, führte Aylmer ihr ein Gefäß vor Augen, das mit Erde gefüllt war. Sie sah es sich an, mit geringer Neugierde zunächst, entdeckte aber bald zu ihrer größten Überraschung, wie ein Samenkorn aus der Erde emporsproß. Dann kam der schlanke Stengel – langsam entfalteten sich die Blätter – und mitten unter ihnen erblühte eine vollkommene, liebliche Blume.

„Das ist Zauberei!" rief Georgiana. „Ich wage nicht, sie zu berühren."

„Doch, doch, wage es nur", antwortete Aylmer, „pflücke sie und atme ihren Duft ein, solange sie blüht. In wenigen Augenblicken schon wird die Blume verwelken und nichts zurücklassen außer ihren braunen Samenkapseln – doch aus ihnen kann ein Geschlecht sich fortpflanzen, das ebenso vergänglich ist wie sie selber."

Aber kaum hatte Georgiana die Blume berührt, als die Pflanze wie von einem Pesthauch befallen schien; ihre Blätter wurden kohlrabenschwarz, wie im Feuer verkohlt.

„Der Antrieb muß zu stark gewesen sein", sagte Aylmer nachdenklich.

Um sie für das mißlungene Experiment zu entschädigen, schlug Aylmer seiner Frau vor, mittels eines wissenschaftlichen Prozesses, den er selbst erfunden hatte, ihr Bildnis aufzunehmen, indem er nämlich Lichtstrahlen auf eine polierte Metallplatte fallen ließ. Georgiana stimmte zu – doch als sie das Ergebnis sah, war sie erschrocken über die bis zur Unkenntlichkeit verwischten Linien ihrer Züge; wo die Wange hätte sein sollen, war nichts als der winzig kleine Umriß einer Hand. Aylmer riß die Platte an sich und warf sie in einen Krug mit ätzender Säure.

Bald hatte er diese beschämenden Mißerfolge vergessen. In den Pausen zwischen Studium und chemischen Experimenten kam er zu ihr, erschöpft, mit gerötetem Gesicht, jedoch offensichtlich gestärkt von ihrer Gegenwart, und sprach in glühenden Farben von den Möglichkeiten seiner Kunst. Er trug ihr die Geschichte der langen Dynastie der Alchimisten vor, die Jahrhunderte damit zugebracht hatten, nach dem universellen Lösungsmittel zu forschen, durch welches das Goldene Prinzip aus allen rohen und gemeinen Stoffen hervorgelockt werden könnte. Allem Anschein nach glaubte Aylmer, daß es den einfachsten Regeln wissenschaftlicher Logik zufolge durchaus im Bereich des Möglichen läge, dieses langersehnte Mittel zu entdecken; aber, so fügte er hinzu, ein Philosoph, der tief genug in die Dinge eindrang, um diese Macht zu erlangen, würde es dank der erhabenen Weisheit, die damit Hand in Hand ging, unter seiner Würde finden, diese Macht auch auszuüben. Seine Ansichten in bezug auf das Elixier des Lebens waren nicht weniger seltsam. Er ließ sehr deutlich durchblicken, daß es durchaus in seiner Macht stand, eine Flüssigkeit zu brauen, die das Leben auf Jahre, vielleicht auf ewig verlängerte; aber dadurch würde ein Mißton in der Natur entstehen, den die ganze Welt, vor allem aber der, der das Unsterblichkeitsserum getrunken hatte, zu verfluchen Anlaß fände.

„Aylmer, sprichst du im Ernst?“ fragte Georgiana und starrte ihn verwirrt und furchtsam an. „Fürchterlich ist es, solche Macht zu besitzen, ja nur davon zu träumen!“

„Oh, zittre nicht, meine Liebe!“ sagte ihr Mann, „nie würde ich weder dir noch mir Schaden zufügen wollen, indem ich unser beider Leben derart unharmonischen Einflüssen aussetzte. Aber bedenke doch, ich bitte dich, wie wenig im Vergleich damit dazu gehört, diese kleine Hand zu entfernen.“

Bei der Erwähnung des Mals fuhr Georgiana wie immer zusammen, als hätte ein rotglühendes Eisen ihre Wange berührt.

Aylmer wandte sich wieder seiner Arbeit zu. Sie hörte seine Stimme aus der entlegenen Ofenkammer, wie er Aminidab Anweisungen gab, dessen Antworten rauh, grob, mißtönend klangen, mehr wie das Grunzen oder Knurren eines Tieres denn wie menschliche Rede. Nach stundenlanger Abwesenheit erschien Aylmer wieder bei ihr und schlug ihr vor, das Kabinett zu besichtigen, in dem er seine chemischen Produkte und natürlichen Schätze der Erde aufbewahrte. Zur ersteren Gruppe gehörte eine kleine Phiole, die, so erklärte er, einen milden, aber überaus starken Duftstoff enthielt, mit dem man die Winde schwängern konnte, die ein ganzes Königreich durchwehten. Der Inhalt dieser kleinen Phiole war von unschätzbarem Wert; noch während er redete, zerstäubte er ein paar Tropfen in der Luft, die den Raum sofort mit himmlischem, belebendem Zauberduft erfüllten.

„Und was ist dies?“ fragte Georgiana und deutete auf eine kleine Kristallkugel, die eine goldfarbene Flüssigkeit enthielt. „Es ist so herrlich anzusehen, daß ich mir vorstellen könnte, dies sei das Elixier des Lebens.“

„In gewissem Sinn ist es das auch“, antwortete Aylmer, „oder nennen wir es eher das Elixier der Unsterblichkeit. Dies ist das kostbarste Gift, das jemals auf dieser Welt gebraut wurde. Damit kann ich jedem Sterblichen, auf den du etwa mit dem Finger zeigst, eine ganz bestimmte Lebensspanne zumessen. Die Stärke der Dosis entscheidet, ob er jahrelang dahinsiechen oder aber beim nächsten Atemzug tot umfallen wird. Kein König auf seinem bewachten Thron wäre seines Lebens sicher, wenn ich, ein einfacher Bürger, mir dächte, daß das Wohl von Millionen mich dazu berechtigt, es ihm zu rauben.“

„Wozu besitzest du ein so fürchterliches Mittel?“ fragte Georgiana voll Entsetzen.

„Mißtraue mir nicht, Liebste“, antwortete ihr Mann lächelnd; „seine heilende Kraft ist noch größer als seine todbringende. Doch sieh! Hier ist ein starkes Schönheitsmittel. Ein paar Tropfen davon in ein Gefäß mit Wasser gegeben, und schon lassen sich Sommersprossen so leicht abwaschen, als würdest du dir die Hände reinigen. Eine stärkere Lösung allerdings würde alle Farbe von den Wangen nehmen und aus der rosigsten Schönheit ein bleiches Gespenst machen."

„Willst du mit dieser Lösung meine Wange baden?" fragte Georgiana ängstlich.

„O nein!" antwortete ihr Mann hastig – „dieses Mittel wirkt nur oberflächlich. In deinem Fall brauchen wir eine Arznei, die tiefer geht."

In seinen Gesprächen mit Georgiana erkundigte sich Aylmer immer sehr gründlich nach ihren Empfindungen, ob ihr das Eingeschlossensein nicht zu viel würde, ob sie die in den Räumen herrschende Temperatur als angenehm empfände. Diese Fragen kamen ihr so klar gerichtet vor, daß Georgiana allmählich vermutete, bereits jetzt bestimmten physischen Einflüssen ausgesetzt zu sein, die sie entweder mit der wohlriechenden Luft einatmete oder mit den Speisen zu sich nahm. Ebenso schien es ihr – vielleicht war es auch nur reine Einbildung –, als würde ihr Organismus von irgend etwas aufgewühlt; eigenartige, undeutliche Empfindungen krochen durch ihre Adern und prickelten halb schmerz-, halb lustvoll in ihrem Herzen.

Doch sooft sie ihren Mut zusammennahm und in den Spiegel blickte, sah sie ihr Spiegelbild, bleich wie eine weiße Rose, und auf ihrer Wange eingestempelt das Purpurmal. Nicht einmal Aylmer haßte es jetzt so sehr wie sie.

Um die Langeweile jener Stunden zu vertreiben, die ihr Mann seinen Kombinationen und Analysen widmen mußte, beschäftigte sich Georgiana jetzt mit den Büchern in seiner wissenschaftlichen Bibliothek. In vielen alten, geschwärzten Folianten stieß sie auf Kapitel voller Poesie und Romantik. Da gab es die Werke der Philosophen des Mittelalters, wie Albertus Magnus, Cornelius Agrippa, Paracelsus und des berühmten Mönchs, der das prophetische Eherne Haupt geschaffen hatte. Alle diese alten Naturforscher waren ihrem Jahrhundert voraus gewesen, ohne doch gänzlich von seinem Aberglauben frei zu sein, und daher glaubte das Volk – und vielleicht glaubten sie es sogar selber –, daß sie durch ihre Erforschung der Natur Gewalt über die Natur erlangt hatten, übertragen aus dem Reich der Körper in das Reich der Geister. Kaum weniger seltsam und phantastisch waren die ersten Bände der Verhandlungen der Royal Society, in denen die Mitglieder, denen die Grenzen der natürlichen Möglichkeiten kaum bewußt waren, stets aufs neue von Wundern berichteten, oder aber von Methoden, Wunder zu wirken.

Was aber Georgiana den größten Eindruck machte, war ein großer Folio-Band von ihres Gatten eigener Hand, in dem er jedes Experiment seiner Forscherlaufbahn festgehalten hatte: seinen ursprünglichen Zweck, die Methoden, die er für seine Durchführungen ausgewählt hatte, schließlich Erfolg oder Mißerfolg, zusammen mit den Umständen, denen der jeweilige Ausgang zuzuschreiben war. Dieses Buch war in Wahrheit sowohl Geschichte wie auch Symbol seines leidenschaftlichen, ehrgeizigen, phantasievollen, zugleich aber auch diesseitigen arbeitsamen Lebens. Die physikalischen Details behandelte er, als ob es hinter ihnen nichts mehr gäbe; und dennoch gelang es ihm, vermittels seines heftigen Strebens nach dem Unendlichen, nicht nur alles zu vergeistigen, sondern auch sich selber vor dem Materialismus zu retten. Noch der Lehmklumpen gewann unter seinen Händen eine Seele. Georgiana las und las und zollte dabei Aylmer immer größere Verehrung, auch liebte sie ihn jetzt noch mehr als zuvor, aber ihr Glaube an seine Urteilskraft war vielleicht nicht mehr ganz so ungetrübt wie früher. So viel er auch vollbracht hatte, so konnte sie doch unmöglich übersehen, daß seine glänzendsten Erfolge, verglichen mit dem Ideal, das er angestrebt hatte, fast durchweg Fehlschläge waren. Seine strahlendsten Diamanten waren nichts als Kieselsteine und wurden von ihm auch als solche empfunden, wenn man sie mit den Kostbarkeiten verglich, die ihm unerreichbar blieben. Die Aufzeichnungen dieses Bandes voll jener großartigen Leistungen, die seinen Autor berühmt gemacht hatten, waren dennoch von tiefer Melancholie überschattet. Das Buch war nichts als das traurige Eingeständnis, belegt durch eine endlose Reihe von Beispielen, von der Unzulänglichkeit des Menschen als Ganzem – Geist, der, mit Lehm beladen, im Stoffe schaffen muß –, von der Verzweiflung auch, die den höheren Menschen befällt, wenn er alle seine Pläne immer wieder von seinem irdischen Teil vereitelt sieht. Vielleicht erkennt jeder Mensch, den, auf welchem Gebiet auch immer, ein Genius leitet, in Aylmers Berichten das Abbild seiner eigenen Erfahrung.

Georgiana war von diesen Gedanken so tief bewegt, daß sie das Gesicht auf den geöffneten Band legte und in Tränen ausbrach. In dieser Lage fand sie ihr Mann.

„Es ist gefährlich, im Buch eines Zauberers zu lesen“, sagte er, lächelnd zwar, dennoch unruhig und leicht verärgert. „Georgiana, in diesem Band gibt es Seiten, die ich selbst kaum ansehen kann, ohne meinen Verstand zu verlieren. Nimm dich in acht, daß er dir nicht ebenso gefährlich wird!“

„Das Buch hat mich gelehrt, dich mehr denn je zu verehren“, sagte sie.

„Ah! Warte nur auf diesen einen Erfolg“, antwortete er, „und dann verehre mich, wenn du willst. Dann werde ich mich selbst dessen nicht für unwürdig halten. Doch komm! Ich suchte dich auf, um dem himmlischen Glanz deiner Stimme zu lauschen. Singe für mich, Geliebte!“

Und so goß sie die flüssige Musik ihrer Stimme vor ihm aus, um den Durst seines Geistes zu löschen. Darauf nahm er in knabenhaft übermütiger Laune von ihr Abschied, versicherte ihr, daß ihre Abgeschiedenheit nur mehr von kurzer Dauer, das Ergebnis jedoch bereits völlig sicher sei. Kaum war er gegangen, als Georgiana den unwiderstehlichen Drang empfand, ihm zu folgen. Sie hatte vergessen, Aylmer von einem Symptom zu berichten, das seit zwei oder drei Stunden bereits ihre Aufmerksamkeit gefangennahm. Es war eine Empfindung in dem verhängnisvollen Mal, die, ohne schmerzhaft zu sein, ihren ganzen Körper mit Unruhe erfüllte. Hinter ihrem Mann hereilend, drang sie zum erstenmal ins Laboratorium ein. Der erste Gegenstand, der ihr ins Auge fiel, war der Schmelzofen, jener heiße, fieberhafte Werker, in rotem Schein des Feuers erglühend, der, nach den Mengen von Ruß zu schließen, die ihn bedeckten, bereits seit Urzeiten in Gang sein mußte. Ein Destillierapparat war in vollem Betrieb. An den Wänden standen Retorten, Röhren, Zylinder, Schmelztiegel und andere der chemischen Forschung dienende Geräte. Eine elektrische Maschine stand zu sofortigem Gebrauch bereit. Die Luft war drückend schwül, von gasförmigen Gerüchen geschwängert, die durch die Prozesse der Wissenschaft aus den Elementen herausgepreßt worden waren. Die strenge, fast häßliche Einfachheit des Raumes mit seinen nackten Wänden und dem Backsteinpflaster nahm sich in Georgianas Augen, die an die phantastische Eleganz ihres Boudoirs gewöhnt waren, recht seltsam aus. Was aber ihre Aufmerksamkeit mehr als alles andere, ja fast ausschließlich fesselte, war Aylmers Aussehen. Bleich wie der Tod, von Angst erfüllt, beugte er sich selbstvergessen über den Schmelzofen, als ob es von seiner höchsten Wachsamkeit abhing, ob die Flüssigkeit, die hier eben destilliert wurde, zu einem Trank unsterblichen Glücks – oder endlosen Elends wurde. Welch ein Unterschied zu dem heiteren, sorglosen Gebaren, das er angenommen hatte, um Georgiana Mut einzuflößen!

„Vorsicht jetzt, Aminidab! Gib acht, du menschliche Maschine! Vorsicht, du Mann aus Lehm!“ brummte Aylmer, mehr zu sich selber als zu seinem Gehilfen. „Es braucht nur einen Gedanken zu viel, oder einen Gedanken zu wenig, und alles ist vorbei!“

„Ho! Ho!“, murmelte Aminidab – „seht, Herr, seht!“ Hastig hob Aylmer die Augen; als er Georgiana erblickte, errötete er zuerst, dann wurde er noch bleicher als zuvor, endlich stürzte er zu ihr und packte sie so heftig am Arm, daß der Abdruck seiner Finger darauf zurückblieb.

„Was hast du hier zu suchen? Mißtraust du deinem Manne?“ herrschte er sie an. „Willst du den Pesthauch deines verhängnisvollen Males über meine Arbeit blasen? Das ist nicht wohl getan. Geh, Spionin, geh!“

„Mein Aylmer“, sagte Georgiana mit jener Festigkeit, die sie in so hohem Maß ihr eigen nannte, „nicht du hast das Recht, dich zu beklagen. Du bist es, der seinem Weibe mißtraut! Du hast mir verborgen, mit welch schwerer Sorge du dem Fortschritt dieses Experimentes folgst. Denk nicht so unwürdig von mir, mein Gemahl! Sag mir, was es ist, das uns bedroht; und fürchte nicht, daß ich zurückschrecke, denn mein Einsatz ist bei weitem kleiner als der deine!“

„Nein, nein, Georgiana!“, antwortete Aylmer ungeduldig. „Es kann nicht sein.“

„Ich unterwerfe mich“, antwortete sie ruhig. „Und ich werde jeden Trank nehmen, den du mir bringst, Aylmer, wenn auch aus dem gleichen Grund, aus dem ich auch eine Dosis Gift nehmen würde, wenn deine Hand sie mir reichte.“

„Mein edles Weib“, sagte Aylmer, zutiefst bewegt, „erst jetzt erkenne ich die Höhe und Tiefe deines Wesens. Nichts soll dir mehr verborgen sein. Wisse denn, daß diese Purpurhand, so oberflächlich sie erscheint, sich doch in deinem Inneren festgekrallt hat mit einer Kraft, von der ich zuvor nichts ahnte. Schon habe ich Mittel angewandt, die stark genug sind, um alles zu verändern – bis auf deinen gesamten Organismus. Nur eines bleibt uns noch zu tun. Wenn auch das versagt, sind wir verloren.“

„Warum zögertest du, mir dies zu sagen?“ fragte sie.

„Deshalb, Georgiana“, sagte Aylmer leise, „weil Gefahr besteht.“

„Gefahr? Es gibt nur eine Gefahr – daß dieses schreckliche Zeichen auf meiner Wange bleibt!“ rief Georgiana. „Entferne es! Entferne es! – und achte nicht der Gefahr – oder wir verlieren noch beide den Verstand!“

„Gott weiß es, deine Worte sind nur allzu wahr“, sagte Aylmer bedrückt. „Und jetzt, Liebste, geh wieder in dein

Boudoir. Es wird nicht mehr lange dauern, bis alles erprobt ist."

Er geleitete sie zurück und nahm mit einer feierlichen Zärtlichkeit von ihr Abschied, die viel deutlicher noch als seine Worte sagte, wieviel jetzt auf dem Spiele stand. Als er sie verlassen hatte, verfiel Georgiana in tiefes Nachdenken. Sie betrachtete Aylmers Charakter jetzt mit größerem Verständnis als je zuvor, und ihr Herz frohlockte, wenn auch zitternd, über seine hohe Liebe, die so rein und edel war, daß sie nur das Vollkommene annehmen und sich nicht in erbärmlicher Weise mit einem Wesen zufriedengeben konnte, das mehr der Erde verhaftet war, als Aylmer es sich erträumt hatte. Sie fühlte, um wie vieles kostbarer ein solches Gefühl war als jene niedrige Art der Liebe, die sich um ihretwillen mit ihren Mängeln abgefunden und dadurch des Verrats an der heiligen Liebe schuldig gemacht hätte, indem sie das vollkommene Ideal auf die Stufe des Wirklichen herunterzog. Und sie betete mit ihrem ganzen Wesen darum, seine höchste und tiefste Vorstellung einen Augenblick lang zu erfüllen. Länger als einen Augenblick konnte es nicht sein, das wußte sie wohl; denn sein Geist war immer in Bewegung, immer im Steigen, verlangte in jedem neuen Augenblick nach etwas, das über den Umkreis des eben Vergangenen hinausging.

Das Geräusch der Schritte ihres Mannes brachte sie wieder zu sich. Er trug einen kristallenen Becher mit einer Flüssigkeit, die farblos wie Wasser, aber so strahlend war, als sei es der Trank der Unsterblichkeit. Aylmer war bleich; doch schien dies eher die Folge einer höchsten Anspannung seines Geistes zu sein als der Ausdruck von Angst und Zweifel.

„Die Zubereitung des Tranks war vollkommen", sagte er als Antwort auf Georgianas Blick. „Wenn nicht meine ganze Kunst mich im Stich läßt, kann es nicht mißlingen."

„Wäre es nicht um deinetwillen, mein liebster Aylmer", bemerkte seine Frau, „so wünschte ich, ich könnte dieses Muttermal der Sterblichkeit ablegen, indem ich die Sterblichkeit selber gegen eine andere Art des Daseins tauschte. Das Leben ist nur ein trauriger Besitz für jene, die diese Stufe der moralischen Höhe erreicht haben, auf der ich jetzt stehe. Wäre ich schwächer und schwachsichtiger, so wäre ich vielleicht glücklich. Wäre ich stärker, so könnte ich vielleicht in Hoffnung ausharren. Da ich nun aber bin, wie ich bin, so dünkt mich, daß von allen Sterblichen mir das Sterben am leichtesten fiele."

„Du wärest des Himmels würdig, ohne den Tod schmecken zu müssen", antwortete ihr Mann. „Aber warum reden wir vom Sterben! Es ist unmöglich, daß der Trank versagt. Schau, wie er auf diese Pflanze wirkt!"

Auf dem Fensterbrett stand eine Geranie, die Blätter von häßlichen gelben Flecken verunstaltet; Aylmer goß ein paar Tropfen der Flüssigkeit auf die Erde, aus der die Pflanze wuchs. In kürzester Zeit, sobald die Wurzeln der Pflanze die Feuchtigkeit aufgenommen hatten, lösten sich die häßlichen Flecken in ein kräftiges, gesundes Grün auf.

„Es brauchte keines Beweises", sagte Georgiana ruhig. „Gib mir den Becher. In freudiger Zuversicht vertraue ich vollkommen deinem Wort."

„Trinke denn, du edles Wesen!" rief Aylmer in glühender Bewunderung. „Kein Makel der Unvollkommenheit liegt über deinem Geist! Aber auch dein Leib soll bald ganz vollkommen sein!"

Sie trank die Arznei und reichte ihm den leeren Becher.

„Es kommt mir vor wie Wasser aus einem himmlischen Brunnen; denn es enthält ich weiß nicht welch feinen Duft und Wohlgeschmack. Es löscht den fieberhaften Durst, der seit vielen Tagen meine Kehle ausdörrt. Jetzt, Liebster, laß mich schlafen. Meine irdischen Sinne falten sich über meiner Seele wie die Blätter über dem Herzen der Rose bei Sonnenuntergang."

Die letzten Worte sagte sie mit leichtem Widerstand, als koste es sie beinahe mehr Kraft, als sie aufbringen konnte, die schwachen, in die Länge gezogenen Silben auszusprechen. Kaum waren sie ihren Lippen entfallen, da war sie auch schon eingeschlummert. Aylmer saß neben ihr und beobachtete sie mit jenen Gefühlen, die einem Manne zustehen, der den Wert seines gesamten Daseins auf dem Prüfstand sieht. Daneben und zugleich jedoch bewegte ihn der Drang nach philosophischer Erkenntnis, wie er den Mann der Wissenschaft auszeichnet. Nicht das kleinste Symptom entging ihm. Ein höheres Rot der Wange – eine leichte Unregelmäßigkeit des Atems – ein Flattern des Augenlides – ein kaum wahrnehmbares Zittern, das durch den ganzen Leib lief –, das waren die Beobachtungen, die er, während die Augenblicke vorüberzogen, in seinen Folioband eintrug. Tiefstes Nachdenken hatte den vorangegangenen Seiten des Bandes seinen Stempel aufgedrückt; aber die Gedanken vieler Jahre hatten sich alle in dieser letzten versammelt.

Während dieser Beschäftigung verfehlte er nicht, immer wieder auf die verhängnisvolle Hand zu starren, und nie, ohne zu schaudern. Einmal jedoch drückte er, aus einem seltsamen, ihm unbegreiflichen Impuls heraus, seine Lippen auf das Mal. Mitten im Kuß freilich schrak seine Seele davor zurück, und Georgiana fing aus ihrem tiefen Schlaf heraus an, sich unruhig zu bewegen und zu murmeln, als wollte sie sich dagegen wehren. Wieder nahm Aylmer seine Wache auf. Und er sollte nicht enttäuscht werden. Die Purpurhand, die zu Anfang auf Georgianas marmorbleicher Wange besonders deutlich hervorgetreten war, verlor langsam an Deutlichkeit. Nicht, daß Georgianas Gesicht an Farbe gewonnen hätte; aber das Mal wurde bei jedem Ein- und Ausatmen weniger klar erkennbar. Seine Gegenwart war furchtbar gewesen, sein Scheiden war noch fürchterlicher. Wer einmal zusah, wie die Farben des Regenbogens langsam am Himmel verblassen, kann sich vorstellen, auf welche Weise dieses geheimnisvolle Zeichen Abschied nahm.

„Bei Gott, es ist schon fast weg!“ sagte Aylmer zu sich, in

einer Ekstase, die er kaum zu bändigen wußte. „Kaum kann ich die Umrisse erkennen! Erfolg! Erfolg! Jetzt ist es nur mehr vom schwächsten Rosa. Wenn nur ein wenig Farbe in ihr Gesicht stiege, so wäre das Mal verschwunden. Aber sie ist so bleich!" Er zog den Vorhang zur Seite und ließ das helle Tageslicht durchs Fenster in den Raum und auf ihre Wange fallen. In diesem Augenblick hörte er ein gurgelndes, heiseres Gelächter, mit dem, wie er seit langem wußte, sein Diener Aminidab Begeisterung auszudrücken pflegte.

„Ah, du Lehmklumpen! Ah, du erdhafte Masse!" rief Aylmer lachend, wie in einem Rausch. „Gut hast du mir gedient! Materie und Geist – Erde und Himmel – beide haben ihr Teil dabei verrichtet! Lache, du Geschöpf der Sinne! Du hast dir dein Anrecht darauf redlich verdient!"

Diese lauten Worte weckten Georgiana. Langsam öffnete sie die Augen und schaute in den Spiegel, den ihr Mann eigens dafür bereitgehalten hatte. Ein schwaches Lächeln zuckte über ihre Lippen, als sie sah, daß die Purpurhand, die einst mit ihrem verhängnisvollen Glühen ihr gemeinsames Glück verscheucht hatte, kaum noch zu sehen war. Doch dann suchten ihre Augen Aylmers Gesicht – mit einem Ausdruck von Angst und Bestürzung, den Aylmer sich durchaus nicht erklären konnte.

„Mein armer Aylmer!" murmelte sie.

„Arm? Nein, reich! Reicher, glücklicher als alle anderen!" rief er aus. „Meine unvergleichliche Braut, es ist gelungen! Du bist vollkommen!"

„Mein armer Aylmer!" wiederholte sie, mit schier übermenschlicher Zärtlichkeit. „Du hast Hohes gewollt! – Du hast Edles vollbracht! Bereue nicht, daß du mit diesen hohen und reinen Gefühlen das Beste verworfen hast, das die Erde für dich bereithielt. Aylmer, liebster Aylmer – ich sterbe!"

Ach – es war nur zu wahr! Die verhängnisvolle Hand hatte mit dem Geheimnis des Lebens gerungen, sie, die das Band war, das die Seele eines Engels an eine irdische Gestalt geknüpft hatte. Als der letzte Purpurschimmer des Mals – dieses einzigen Zeichens menschlicher Unvollkommenheit – von ihrer Wange wich, da stieg auch der letzte Atemzug der nun vollkommenen Frau in die Atmosphäre, und die Seele zögerte noch einen Augenblick neben ihrem Gatten und flog dann himmelwärts. Dann ertönte wieder das heisere, kichernde Lachen! Immer wieder freut sich auf diese Weise das große irdische Geschick seines sicheren Triumphs über das unsterbliche Wesen, das in dieser Sphäre des Halbausgereiftseins nach der Vollständigkeit eines höheren Zustandes verlangt. Hätte Aylmer tiefere Weisheit erlangt, er hätte jenes Glück, das sein irdisches Leben aus dem gleichen Stoff weben wollte wie das himmlische, nicht von sich geworfen. Doch die besonderen Umstände erwiesen sich als zu stark für ihn; er versäumte es, über den schattigen Bezirk der Zeit zu blicken und ein für allemal in der Ewigkeit zu leben, um so die vollkommene Zukunft in der Gegenwart zu erkennen.

# Das Brandopfer der Erde

Einstmals – ob in der Vergangenheit oder Zukunft, hat wenig oder nichts zu besagen – hatte sich auf dieser weiten Welt abgenutzter Plunder in solcher Überfülle angesammelt, daß die Bewohner beschlossen, sich mittels eines großen Freudenfeuers von ihm zu befreien. Die Gegend, die man auf Anraten der Versicherungsgesellschaften dafür wählte und die genauso zentral gelegen war wie jeder andere Punkt auf dem Globus, war eine der ausgedehntesten Prärien des Westens, wo keine menschliche Ansiedlung durch die Flammen in Gefahr geriet und eine gewaltige Zuschauermenge die Darbietung ungestört bewundern konnte. Da ich für Schauspiele dieser Art etwas übrighabe und mir überdies einbildete, das Aufleuchten des Freudenfeuers könne irgendeine tiefe moralische Wahrheit enthüllen, die sich bisher in Nebel oder Dunkelheit verborgen hatte, richtete ich es so ein, daß ich hinfahren und anwesend sein konnte. Bei meinem Eintreffen hatte man an den Haufen des zum Verbrennen verurteilten Abfalls bereits Feuer gelegt, obwohl er noch verhältnismäßig klein war. Inmitten der grenzenlosen Ebene schimmerte in der Abenddämmerung gleich einem fernen Stern, der einsam am Firmament steht, nur ein einziger flackernder Lichtschein, bei dessen Anblick niemand die mächtige Feuersglut vorausahnen konnte, die noch folgen sollte. Doch unablässig kamen von nah und fern Fußgänger herbei, Frauen mit aufgehaltenen Schürzen, Reiter, Schubkarren, schwerfällige Packwagen und andere große und kleine Fahrzeuge, alle beladen mit Dingen, die sich für nichts anderes mehr eigneten als fürs Verbrennen.

„Welches Material hat man verwendet, um das Feuer zu entzünden?“ erkundigte ich mich bei einem der Umstehenden, denn ich wollte den ganzen Vorgang von Anfang bis Ende kennenlernen.

Die angesprochene Person war ein gesetzter Mann von etwa fünfzig Jahren, der offenbar als Zuschauer hergekommen war; er machte auf mich sofort den Eindruck, als ob er für sich den wahren Wert des Lebens und dessen Wechselfälle erwogen hätte und darum nur geringes persönliches Interesse für die Meinung aufbrächte, welche die Welt darüber hegte. Bevor er meine Frage beantwortete, blickte er mir beim Schein des flackernden Feuers ins Gesicht.

„Ach, irgend so ein sehr trockenes und leicht brennbares Zeug", versetzte er, „das sich für diesen Zweck hervorragend eignet – genaugenommen nichts anderes als Zeitungen von gestern, Zeitschriften vom letzten Monat und welkes Laub vom letzten Jahr. Da kommt gerade wieder ein Haufen alten Plunders, der Feuer fangen wird wie eine Handvoll Holzspäne."

Bei diesen Worten näherten sich einige rauhe Männer dem Rand des Feuers und warfen, so schien es, den ganzen Abfall des Heroldsamtes hinein: kunstvoll gemalte Wappenschilde, die Helmzieren und Sinnbilder berühmter Familien, Stammbäume, die wie Lichterketten weit in den Nebel dunkler Zeiten zurückreichten, zusammen mit Ordenssternen, Hosenbändern und reichbestickten Kragen, die allesamt, sosehr sie auch dem ungeschulten Auge wie nutzloser Tand vorkamen, einst eine erhebliche Bedeutung besessen hatten und von den Verehrern der glorreichen Vergangenheit tatsächlich noch immer zu den wertvollsten moralischen oder materiellen Gütern gezählt wurden. In diesem wirren Haufen, von dem ein Armvoll nach dem anderen in die Flammen geworfen wurde, befanden sich zahllose Embleme von Ritterorden, darunter solche von allen europäischen Herrschern und Napoleons Kreuz der Ehrenlegion, dessen Bänder sich mit denen des alten St.-Ludwigs-Ordens verwickelten. Ins Feuer flogen auch die Medaillen unserer eigenen Gesellschaft der Cincinnati, mit deren

Hilfe, wie uns die Geschichte berichtet, die Königsbezwinger der Revolution beinahe einen erblichen Ritterorden begründet hätten. Und daneben gab es die Adelspatente deutscher Grafen und Barone, spanischer Granden und englischer Peers, von der wurmzerfressenen Urkunde mit der Unterschrift Wilhelm des Eroberers bis hin zum funkelnagelneuen Pergament des letzten Lords, der seine Ehren aus Viktorias schöner Hand empfangen hatte.

Beim Anblick der dichten, von züngelnden Flammen durchzuckten Rauchsäulen, die aus diesem gewaltigen Scheiterhaufen irdischer Auszeichnungen hervorbrachen und emporwirbelten, stieß die Masse der plebejischen Zuschauer einen Freudenschrei aus und klatschte so lautstark in die Hände, daß das Himmelsgewölbe widerhallte. Das war für sie der Augenblick des nach langen Jahren errungenen Triumphs über Geschöpfe aus dem gleichen Staub und mit den gleichen moralischen Schwächen, die sich Vorrechte angemaßt hatten, welche nur den besseren Hervorbringungen des Himmels zustehen. Doch jetzt stürzte auf den lodernden Haufen ein grauhaariger Mann von gebieterischer Statur zu, der einen Rock trug, von dessen Brust augenscheinlich ein Ordensstern oder ein anderes Rangabzeichen gewaltsam abgerissen worden war. Sein Gesicht ließ nicht auf große geistige Fähigkeiten schließen; aber er hatte das Benehmen – die gewohnheitsmäßige und fast angeborene Würde – eines Mannes, der mit der Vorstellung der eigenen sozialen Überlegenheit aufgewachsen ist und bis zu diesem Augenblick noch nie erlebt hat, daß man sie in Frage stellt.

„Leute", rief er, indem er den Untergang dessen, was ihm das Teuerste war, mit Gram und Erstaunen, aber auch mit einer gewissen Größe anstarrte, „Leute, was habt ihr getan? Dieses Feuer verzehrt alles, was euch über die Barbarei erhebt oder verhindert, daß ihr wieder in sie zurücksinkt. Wir, die Vertreter der privilegierten Orden, haben über die Jahrhunderte hinweg den alten ritterlichen Geist lebendig erhalten, das vornehme und großmütige Denken, das höhere, das reinere, das kultiviertere und empfindsamere Leben! Mit dem Adel verwerft ihr auch den Dichter, den Maler, den Bildhauer – alle die schönen Künste; denn wir waren ihre Gönner und schufen die Atmosphäre, in der sie gediehen. Durch die Abschaffung der majestätischen Rangunterschiede verliert die Gesellschaft nicht nur ihre Anmut, sondern auch ihren festen Halt ..."

Er hätte zweifellos noch mehr gesagt, doch da erhob sich ein ausgelassener, verachtungsvoller und empörter Aufschrei, der den Appell des gestürzten Edelmanns völlig ertränkte, so daß dieser mit einem verzweifelten Blick auf seine halb verkohlte Ahnentafel in die Menge zurückwich und froh war, sich hinter seiner soeben erworbenen Bedeutungslosigkeit verschanzen zu können.

„Er soll seinen Sternen danken, daß wir ihn nicht mit ins Feuer geworfen haben!" brüllte ein roher Kerl und versetzte der Glut einen verächtlichen Fußtritt. „Und fortan soll es keiner mehr wagen, ein verschimmeltes Stück Pergament vorzuweisen als Freibrief dafür, daß er seine Mitmenschen schikanieren darf! Wenn er einen starken Arm hat – schön und gut; das ist eine Form der Überlegenheit. Wenn er Geist, Klugheit, Mut, Charakterstärke besitzt, dann soll er sich mit diesen Eigenschaften durchsetzen, so gut er kann. Aber vom heutigen Tage an darf kein Sterblicher mehr auf Rang und Achtung hoffen, der bloß auf die vermoderten Gebeine seiner Vorfahren zählt! Mit diesem Unsinn ist jetzt Schluß!"

„Und gerade zur rechten Zeit", bemerkte der bedächtige Zuschauer neben mir – allerdings mit leiser Stimme, „sofern kein schlimmerer Unsinn an seine Stelle tritt. Aber in jedem Fall hat sich diese Art von Unsinn überlebt."

Es war wenig Zeit, über die Asche dieses altehrwürdigen Abfalls nachzusinnen oder moralische Betrachtungen anzustellen; denn bevor er noch halb verbrannt war, näherte sich von jenseits des Ozeans eine neue Menschenmenge, welche die Pur-

purgewänder von Fürsten und die Kronen, Reichsäpfel und Zepter von Kaisern und Königen mit sich trugen. All diese Dinge waren als nutzloser Tand verworfen worden; sie eigneten sich allenfalls als Spielzeug für die Kindheit der Welt oder als Ruten, mit denen man sie in ihrer Unmündigkeit leiten und züchtigen konnte, aber eine voll erwachsene universale Menschheit nicht mehr beleidigen durfte. Diese königlichen Insignien waren einer solchen Verachtung anheimgefallen, daß die vergoldeten Kronen und Flitterroben des Königsdarstellers vom Drury-Lane-Theater gleichfalls auf den Haufen geworfen wurden, zweifellos in dem Bestreben, damit die königlichen Kollegen auf der großen Bühne der Welt zu verhöhnen. Es war ein seltsames Gefühl, die englischen Kronjuwelen wiederzuerkennen, die im Feuer glühten und funkelten. Einige von ihnen stammten noch aus der Zeit der Sachsenfürsten; andere waren mit riesigen Steuersummen erworben oder vielleicht der toten Stirn hindustanischer Eingeborenenpotentaten entrissen worden; und alle zusammen verglühten nun mit einem blendenden Schein, als wäre ein Stern auf diese Stelle gefallen und in tausend Stücke zerplatzt. Der Glanz der untergegangenen Monarchien spiegelte sich nur noch in diesen unschätzbaren Edelsteinen. Doch genug davon! Es wäre ermüdend zu beschreiben, wie der Mantel des Kaisers von Österreich zu Asche wurde oder wie die Säulen und Pfeiler des französischen Throns sich in ein Häufchen Asche verwandelten, die sich nicht von der Asche irgendeines anderen Holzes unterscheiden ließ. Hinzufügen möchte ich jedoch noch, daß ich einen verbannten Polen bemerkte, der das Freudenfeuer mit dem Zepter des russischen Zaren schürte, das er hinterher in die Flammen schleuderte.

„Der Geruch versengter Kleider ist hier nicht zu ertragen", versetzte mein neuer Bekannter, als der Wind uns in den Rauch einer königlichen Garderobe einhüllte. „Entfernen wir uns aus dem Wind und sehen wir uns einmal an, was sie auf der anderen Seite des Feuers machen!"

Wir gingen also um das Feuer herum und kamen gerade rechtzeitig, um die Ankunft einer langen Prozession von Washingtonern – so nennen sich die Verfechter der Enthaltsamkeit heutzutage – mitzuerleben, die begleitet waren von Tausenden der irischen Anhänger Pater Mathews, welcher große Apostel ihren Zug anführte. Sie leisteten einen reichen Beitrag zum Freudenfeuer, der in nichts Geringerem bestand als sämtlichen Branntweintonnen und -fässern der Welt, welche sie über die Prärie vor sich her rollten.

„Und jetzt, meine Kinder“, rief Pater Mathew, als sie den Rand des Feuers erreicht hatten, „nur noch einen einzigen Schub, und das Werk ist getan! Dann wollen wir zurücktreten und zuschauen, wie Satan mit seinem eigenen Branntwein verfährt!“

Also zog sich die Prozession, nachdem sie ihre hölzernen Behälter in Reichweite der Flammen abgestellt hatte, in eine sichere Entfernung zurück und sah zu, wie sie sehr bald in einer Lohe zerbarsten, die bis zu den Wolken emporschoß und den Himmel selbst in Brand zu stecken drohte. Und das hätte durchaus geschehen können. Denn hier war der Vorrat an geistigen Getränken aus der ganzen Welt vereint, und statt wie vormals ein irres Leuchten in den Augen des einzelnen Trinkers zu entzünden, stieg er nun mit einem sinnverwirrenden Feuerschein, der die gesamte Menschheit aufschreckte, in die Luft empor. Es war der Zusammenschluß all der wilden Feuer, die sonst die Herzen von Millionen versengt hätten. Unterdessen wurden unzählige Flaschen edlen Weins in die Glut geworfen, die den Inhalt verzehrte, als ob sie ihn liebte, und wie alle Trinker immer fröhlicher und hitziger wurde, je mehr sie trank. Nie wieder wird der unersättlich durstige Feuerteufel dergestalt verwöhnt werden! Hier kamen die Schätze berühmter Lebemänner zusammen – Spirituosen, die auf dem Ozean geschaukelt worden waren und in der Sonne heranreiften und lange im Innern der Erde lagerten – der blasse, der goldene, der rötliche Saft der vorzüglichsten Rebenhänge – die gesamte Tokajer Weinernte –, alle vereinigten sich zu einem einzigen Strom mit dem Fusel der ordinären Kneipen und bewirkten, daß die Flammen hoch emporschlugen. Und während sie wie ein riesenhafter Turm aufstiegen, der bis an das Gewölbe des Firmaments heranzureichen und sich im Licht der Sterne zu verlieren schien, johlte die Menge, als frohlocke das weite Erdenrund über seine Erlösung von einem uralten Fluch.

Doch die Freude war nicht allgemein. Viele befürchteten, das menschliche Leben werde düsterer sein als je zuvor, sobald das kurze Feuerwerk in sich zusammengesunken sei. Während die Reformer am Werk waren, vernahm ich die gemurmelten Proteste mehrerer ehrenwerter Herren mit roten Nasen und Gichtschuhen, und ein zerlumpter Ehrenmann, dessen Gesicht einem erloschenen Kaminfeuer glich, äußerte jetzt unverhohlener und kühner seine Unzufriedenheit.

„Wozu taugt denn diese Welt noch“, sagte der treffliche Zecher, „wenn wir nie mehr fröhlich sein können? Womit soll sich der arme Mann in seinem Leid und Kummer trösten? Wie soll er sein Herz warmhalten vor den kalten Winden dieser freudlosen Erde? Und welchen Ersatz bietet ihr ihm für die Erquickung, die ihr ihm raubt? Wie sollen alte Freunde am Kamin beisammensitzen, wenn die Gläser nicht mehr lustig klingen? Die Pest hole eure Reform! Das ist eine traurige Welt, eine gemeine Welt, in der sich für einen ehrlichen Kerl das Leben nicht mehr lohnt, nachdem die alte Gemütlichkeit für immer dahin ist!“

Diese Tirade löste bei den Umstehenden große Heiterkeit aus. Doch so albern die Ansicht auch war, ich konnte nicht umhin, Mitleid mit der aussichtslosen Lage des trefflichen Zechers zu empfinden, dessen Zechkumpane sich einer nach dem anderen davongeschlichen und den armen Kerl allein zurückgelassen hatten, ohne eine Menschenseele, die ihm beim Trinken zugeprostet hätte, ja ohne einen einzigen Schluck Branntwein. Das entsprach freilich nicht ganz dem wahren Sachverhalt; denn ich hatte ihn dabei beobachtet, wie er im entscheidenden Augenblick eine Flasche mit erstklassigem Brandy, die dem Feuer entgangen war, gestohlen und in die Tasche gesteckt hatte.

Nachdem die Reformer alle alkoholischen Getränke auf ihre Weise beseitigt hatten, trieb sie ihr Eifer als nächstes dazu an, das Feuer mit sämtlichen Teekisten und Kaffeesäcken der Welt anzuheizen. Und dann kamen die Pflanzer aus Virginia mit ihren Tabakernten. Als diese auf den Scheiterhaufen des Nutzlosen geworfen wurden, wuchs er zur Größe eines Berges an und erfüllte die Atmosphäre mit einem so mächtigen Geruch, daß ich glaubte, wir könnten nie mehr reine Luft atmen. Die Opferung dieses Krauts schien dessen Liebhaber mehr zu erregen als alle anderen, die sie bislang erlebt hatten.

„Nun ja, sie haben dafür gesorgt, daß meine Pfeife nicht mehr brennt", sagte ein alter Herr, indem er selbige verärgert in die Flammen warf. „Was soll noch aus dieser Welt werden? Alles Köstliche und Urwüchsige – die ganze Würze des Lebens – wird als unnütz verdammt. Wenn sich diese verrückten Reformer, nachdem sie das Feuer geschürt haben, jetzt selber hineinstürzten, wäre alles nur noch halb so schlimm!"

„Nur Geduld", versetzte ein standfester Konservativer, „am Ende kommt es noch so weit. Zuerst werden sie uns hineinschmeißen und zuletzt sich selber."

Nach den allgemeinen und systematischen Reformmaßnahmen wandte ich mich nun den individuellen Beiträgen zu diesem denkwürdigen Freudenfeuer zu. In vielen Fällen hatten sie etwas sehr Belustigendes. Ein armer Teufel warf seinen leeren Geldbeutel hinein und ein anderer ein Päckchen gefälschte oder ungültig gewordene Banknoten. Elegante Damen übergaben den Flammen ihre Hüte der letzten Saison nebst Haufen von Bändern, gelben Spitzen und vielen anderen kaum getragenen Putzartikeln, die sich im Feuer als noch weniger haltbar erwiesen als in der Mode. Zahlreiche Liebesleute beiderlei Geschlechts – sitzengebliebene Jungfern oder Junggesellen sowie Ehepaare, die einander überdrüssig geworden waren – verbrannten bündelweise wohlriechende Liebesbriefe und verliebte Sonette. Ein Hintertreppenpolitiker, der durch den Verlust seines Amtes brotlos geworden war, warf sein Gebiß hinein, das allerdings künstlich war. Der hochwürdige Herr Sidney Smith – der eigens zu diesem Zweck den Atlantik überquert hatte – trat mit bitterem Lächeln an das Feuer heran und überantwortete ihm gewisse Schuldverschreibungen, die nicht eingelöst worden waren, obgleich sie das prächtige Siegel eines souveränen Staates trugen. Ein kleiner Junge von fünf Jahren warf im Bewußtsein seiner für diese Zeit typischen Frühreife seine Spielsachen hinein; ein Hochschulabsolvent sein Diplom; ein Apotheker, den die Ausbreitung der Homöopathie ruiniert hatte, seinen ganzen Vorrat an Drogen und Arzneien; ein Arzt seine Bibliothek; ein Pfarrer seine alten Predigten; und ein feiner Herr der alten Schule seinen Sittenkodex, den er einst zum Nutzen der nachfolgenden Generation verfaßt hatte. Eine Witwe, zu einer zweiten Ehe fest entschlossen, ließ schlauerweise das Miniaturporträt ihres ersten Mannes verschwinden. Ein junger Mann, der von seiner Geliebten einen Korb bekommen hatte, hätte am liebsten sein verzweifeltes Herz in die Flammen geschleudert, wenn er nur gewußt hätte, wie er es sich aus der Brust reißen sollte. Ein amerikanischer Schriftsteller, dessen Werke vom Publikum nicht beachtet wurden, warf Feder und Papier ins Feuer und widmete sich fortan einer weniger zermürbenden Tätigkeit. Ich bekam einen gelinden Schrecken, als ich mit anhörte, wie mehrere höchst respektierlich wirkende Damen den Vorschlag äußerten, ihre Kleider und Unterröcke den Flammen zu übergeben und die Tracht, zugleich aber auch die Manieren, Pflichten, Ämter und Verbindlichkeiten des anderen Geschlechts zu übernehmen.

Welchen Vorteil sie sich von diesem Vorhaben versprachen, vermag ich nicht zu sagen; denn meine Aufmerksamkeit wurde plötzlich auf ein armes, betrogenes und halb dem

Wahnsinn verfallenes Mädchen gelenkt, das sich mit einem Aufschrei, es sei das wertloseste aller lebenden oder toten Geschöpfe, ins Feuer zu stürzen versuchte, inmitten des ganzen verdorbenen und zerbrochenen Plunders der Welt. Doch ein guter Mensch eilte herbei, sie zu retten.

„Geduld, mein armes Kind!“ sagte er, als er sie der heftigen Umarmung des Engels der Zerstörung entriß. „Habe nur Geduld und füge dich in den Willen des Himmels. Solange du noch eine lebendige Seele hast, kann alles wieder so werden, wie es ursprünglich war. Diese materiellen Dinge, diese Erzeugnisse der menschlichen Phantasie, taugen nur noch zum Verbrennen, wenn ihre Zeit vorbei ist. Aber deine Zeit ist die Ewigkeit!“

„Ja“, erwiderte das unglückliche Mädchen, dessen Raserei sich inzwischen in eine tiefe Niedergeschlagenheit verwandelt hatte, „ja – und die Sonne ist in ihnen erloschen.“

Unter den Zuschauern lief unterdessen das Gerücht um, alle Waffen und Kriegsmunition sollten ins Feuer geworfen werden, ausgenommen das gesamte Schießpulver der Welt, das man, weil dies die sicherste Methode sei, bereits im Meer versenkt habe. Bei dieser Kunde erhob sich ein großer Meinungsstreit. Der hoffnungsfrohe Menschenfreund erblickte darin ein Zeichen, daß das Zeitalter des Friedens angebrochen sei, wohingegen Leute anderen Schlages, nach deren Auffassung die Menschheit ein Gezücht von Bulldoggen war, prophezeiten, daß die alte Mannhaftigkeit, Begeisterung, Vornehmheit, Großmütigkeit und Hochherzigkeit des Menschengeschlechts insgesamt verschwinden würden, weil diese Eigenschaften, so behaupteten sie, Blut als Nahrung verlangten. Sie trösteten sich jedoch mit der Überzeugung, daß die vorgeschlagene Abschaffung des Krieges auf die Dauer undurchführbar sei.

Wie dem auch sei, unzählige schwere Kanonen, deren Donner seit langem in der Schlacht den Ton angab – die Artillerie der Armada, der Belagerungstroß Marlboroughs und die gegnerischen Geschütze Napoleons und Wellingtons –, wurden mitten ins Feuer geschoben. Dank der ständigen Zufuhr trockenen Brennmaterials war es inzwischen so mächtig geworden, daß weder Bronze noch Eisen ihm zu widerstehen vermochten. Es war ein wundervoller Anblick, wie diese furchtbaren Mordinstrumente wie Wachsspielzeug dahinschmolzen. Dann zogen die Armeen der Erde, deren Musikkapellen Triumphmärsche spielten, um den Feuerofen herum und schleuderten ihre Musketen und Schwerter hinein. Die Bannerträger warfen noch einen Blick zu ihren Fahnentüchern hinauf, die allesamt von Kugeln durchlöchert und mit den Namen der siegreichen Schlachten bestickt waren, ließen sie noch ein letztes Mal im Wind flattern und senkten sie dann in die Flammen, die sie packten und zu den Wolken emporwirbelten. Als diese Zeremonie vorüber war, hielt die Welt keine einzige Waffe mehr in der Hand, abgesehen vielleicht von ein paar alten königlichen Rüstungen und verrosteten Schwertern sowie anderen Trophäen der Revolution in unseren staatlichen Zeughäusern. Und nun wurden die Trommeln gerührt, und alle Trompeten schmetterten gemeinsam, als Vorspiel zur Proklamation des ewigen Weltfriedens und zu der Ankündigung, daß Ruhm nicht mehr durch Blut zu erringen sei, sondern daß der Wettstreit des Menschengeschlechts hinfort der Förderung des allgemeinen Wohls dienen solle und daß in den künftigen Annalen der Erde nicht mehr die Tapferkeit, sondern die Wohltätigkeit den Preis davontragen werde. Diese segensreiche Botschaft wurde entsprechend schnell verbreitet und löste bei jenen grenzenlosen Jubel aus, welche sich vor den Schrecken und der Sinnlosigkeit des Krieges entsetzt hatten.

Ich bemerkte indes, wie ein grimmiges Lächeln über das narbenbedeckte Gesicht eines würdevollen alten Heerführers huschte – seiner vom Krieg gezeichneten Gestalt und seiner reichen Uniform nach zu schließen, hätte er einer von Napoleons berühmten Marschällen sein können –, der soeben, wie das übrige Militär der Welt, seinen Degen weggeschleudert hatte, welcher ein halbes Jahrhundert lang seiner Rechten so vertraut gewesen war.

„Ja, ja", murrte er. „Laß sie nur verkünden, was sie wollen, aber am Ende werden wir feststellen, daß dieser ganze Unsinn den Waffenschmieden und Kanonengießereien nur mehr Arbeit einbringt!"

„Aber, Sir!" rief ich verwundert aus, „können Sie sich vorstellen, daß das Menschengeschlecht jemals wieder in seinen früheren Wahnsinn verfällt und noch einmal Schwerter schmiedet und Kanonen gießt?"

„Das wird gar nicht nötig sein", bemerkte höhnisch lächelnd ein Mann, der Menschenfreundlichkeit weder kannte noch an sie glaubte. „Als Kain seinen Bruder erschlagen wollte, war eine Waffe schnell gefunden."

„Wir werden ja sehen", versetzte der altgediente Heerführer. „Sollte ich mich geirrt haben, um so besser; doch nach meiner Ansicht – ohne daß ich mir anmaße, diesen Gegenstand philosophisch zu erörtern – hat die Notwendigkeit des Krieges viel tiefere Ursachen, als diese braven Leute annehmen. Wie? Wenn es einen Platz gibt, auf dem die Einzelmenschen ihre kleinen Streitereien austragen, soll es dann keinen großen Gerichtshof für die Regelung nationaler Probleme geben? Das Schlachtfeld ist das einzige Gericht, wo solche Auseinandersetzungen beigelegt werden können."

„Sie vergessen, General", entgegnete ich, „daß auf dieser hohen Stufe der Zivilisation die Verbindung von Vernunft und Menschenliebe genau das Tribunal darstellt, das notwendig ist."

„Ah, das hatte ich allerdings vergessen", sagte der alte Kriegsmann und hinkte davon.

Das Feuer sollte nun mit Gegenständen gespeist werden, denen man bis dahin eine noch größere Bedeutung für das Wohl der Gesellschaft beigemessen hatte als dem bereits verzehrten Kriegsgerät. Eine Abordnung von Reformern war um die ganze Erde gereist auf der Suche nach den Maschinen, mit denen die verschiedenen Nationen üblicherweise die Todesstrafe vollzogen. Ein Erschauern lief durch die Menge, als diese gräßlichen Geräte herbeigeschleppt wurden. Selbst die Flammen schienen zunächst zurückzuschrecken und enthüllten die Form und die mörderischen Vorrichtungen der einzelnen Geräte in ihrem hellen Feuerschein, was allein schon genügte, die Menschheit von dem langwährenden tödlichen Irrtum des Gerichtswesens zu überzeugen. Diese alten Instrumente der Grausamkeit – diese schrecklichen mechanischen Ungeheuer – diese Erfindungen, deren Verwirklichung offenbar etwas Schlimmeres voraussetzte als das natürliche Menschenherz und die, von grausigen Legenden umwoben, in den düsteren Winkeln alter Verliese auf der Lauer gelegen hatten – boten sich jetzt den Blicken dar. Henkersbeile, noch verkrustet von adligem und königlichem Blut, und eine riesige Sammlung von Stricken, mit denen man plebejischen Opfern den Atem abgeschnürt hatte, wanderten gemeinsam ins Feuer. Ein Aufschrei begrüßte die Ankunft der Guillotine, die auf denselben Rädern herangerollt wurde, welche sie einst in Paris von einer blutbesudelten Straße zur anderen befördert hatten. Aber der lauteste Beifallssturm erhob sich und verkündete dem fernen Himmel den Triumph der erlösten Erde, als der Galgen erschien. Ein übel aussehender Bursche stürzte jedoch vor und versuchte, indem er sich unter heiserem Geheul den Reformern in den Weg stellte, deren Vorhaben mit roher Gewalt zu behindern.

Es ist wohl nicht allzu verwunderlich, daß der Henker alles tat, um die Maschine zu schützen und zu retten, der er seinen Lebensunterhalt und edlere Menschen den Tod verdankten. Doch es verdient Beachtung, daß Menschen ganz anderer Herkunft – selbst die Angehörigen jener geheiligten Klasse, deren Obhut die Welt ihr Heil anzuvertrauen geneigt ist – die Auffassung des Henkers teilten.

„Haltet ein, meine Brüder!" rief einer von ihnen. „Ihr seid irregeleitet durch falsche Menschenliebe! Ihr wißt nicht, was ihr tut. Der Galgen ist ein Werkzeug, das dem Himmel dient. Tragt ihn also demütig zurück und richtet ihn an seinem alten Platz auf, damit die Welt nicht schon bald dem Untergang und der Verwüstung anheimfalle!"

„Weiter, weiter!" brüllte ein Anführer der Reformer. „In die Flammen mit dem verfluchten Instrument blutiger politischer Macht! Wie kann die menschliche Gesetzgebung Wohlwollen und Liebe heischen, wenn sie darauf beharrt, als ihr wichtigstes Symbol den Galgen zu errichten? Noch einen kräftigen Stoß, gute Freunde, und die Welt ist erlöst von ihrem größten Irrtum!"

Tausend Helfer, die sich nichtsdestoweniger vor der Berührung ekelten, packten jetzt mit an und stießen die unselige Last weit, weit hinein in die Mitte des tosenden Feuerofens. Dort bot sie nun ihr verhängnisvolles und verabscheuungswürdiges Bild den Blicken dar, zuerst schwarz, dann rot verkohlt und schließlich zu Asche geworden.

„Das war richtig!" rief ich aus.

„Ja, das war richtig", versetzte – jedoch mit weniger Begeisterung, als ich erwartet hatte – der bedächtige Betrachter, der noch immer neben mir stand; „richtig, wenn die Welt für diesen Schritt gut genug wäre. Der Gedanke an den Tod läßt sich freilich nicht so leicht ausschalten im menschlichen Dasein, zwischen der Zeit der ursprünglichen Unschuld und jenem anderen Zustand der Reinheit und Vollkommenheit, den zu erreichen uns vielleicht bestimmt ist, nachdem wir unsere Lebensbahn durchmessen haben. Doch in jedem Fall ist es gut, daß man jetzt den Versuch unternimmt."

„Zu nüchtern gesprochen! Viel zu nüchtern!" rief voller Ungeduld der hitzige junge Anführer des Triumphes. „Hier soll das Herz ebenso sprechen wie der Verstand. Und was die Reife – und was den Fortschritt angeht, so soll die Menschheit stets das tun, was sie zum gegebenen Zeitpunkt als das Höchste, Gütigste und Edelste erkannt hat; und dies kann gewiß nicht falsch sein oder zur falschen Zeit geschehen!"

Ich weiß nicht, ob es an der allgemeinen Erregung lag oder ob die guten Leute rings um das Freudenfeuer mit jedem Augenblick tatsächlich mehr erleuchtet wurden – jedenfalls ergriffen sie nun Maßnahmen, bei denen ich ihnen auf die Dauer kaum noch folgen konnte. So warfen beispielsweise einige ihre Heiratsurkunden in die Flammen und erklärten sich zu Anhängern einer höheren, heiligeren und umfassenderen Bindung, als es jene ist, die seit Anbeginn der Zeiten in Form des ehelichen Bandes bestanden hat. Andere begaben sich eilends in die Gewölbe der Banken und die Schatzkammern der Reichen – die allesamt in dieser schicksalhaften Stunde dem ersten, der kam, offenstanden – und holten ganze Ballen Papiergeld, um die Glut zu entfachen, und Tonnen von Münzen, die in ihr dahinschmolzen. Hinfort, so sagten sie, solle die universale Nächstenliebe, ungemünzt und unerschöpflich, die goldene Währung der Welt sein. Bei dieser Botschaft erbleichten die Bankiers und die Börsenspekulanten, und ein Taschendieb, der in der Menschenmenge reiche Ernte gehalten hatte, fiel, vom Schlag getroffen, tot um. Einige Geschäftsleute verbrannten ihre Journale und Hauptbücher, die Quittungen und Schuldverschreibungen ihrer Gläubiger sowie alle übrigen Belege für die Außenstände, während eine wohl noch größere Gruppe ihren Reformeifer dadurch befriedigte, daß sie jede unangenehme Erinnerung an eigene Schulden hinopferte. Dann wurde der Ruf laut, es sei an der Zeit, die Grundbesitzurkunden den Flammen zu übergeben und alles Land der Erde der Allgemeinheit zurückzuerstatten, da man es ihr unrechtmäßig genommen und höchst ungleich an Einzelpersonen verteilt habe. Eine andere Partei forderte, daß alle geschriebenen Verfassungen, Regierungserklärungen, Rechtsvorschriften, Gesetzbücher und alles andere, dem menschliche Findigkeit ihre willkürlichen Gesetze aufzuprägen gewagt habe, sogleich vernichtet werden müßten, damit die vollkommene Welt so frei sei wie der Mensch bei seiner Erschaffung.

Ob diesen Vorschlägen entsprechende Taten folgten, weiß

ich nicht; denn soeben bahnte sich etwas an, was meine Anteilnahme unmittelbarer erregte.

„Seht! Seht! Was für Haufen von Büchern und Broschüren!“ rief ein Kerl, der offenbar kein Literaturfreund war. „Jetzt werden wir ein prächtiges Feuerwerk erleben!“

„Das ist recht“, sagte ein moderner Philosoph. „Jetzt befreien wir uns endlich von der Gedankenfracht der Toten, die bisher so schwer auf dem Verstand der Lebenden gelastet hat, daß er unfähig war, sich wirkungsvoll zu betätigen. So ist's recht, meine Freunde! Ins Feuer damit! Jetzt wird die Welt tatsächlich erleuchtet!“

„Aber was soll aus dem Handel werden?“ schrie ein aufgebrachter Buchhändler.

„Oh, die Händler sollen ihre Waren auf jeden Fall begleiten“, bemerkte ein Schriftsteller kühl. „Das gibt einen vornehmen Scheiterhaufen!“

Das Menschengeschlecht hatte mittlerweile wahrhaftig eine Entwicklungsstufe erreicht, die so weit über das hinausging, was die weisesten und geistreichsten Männer früherer Zeiten je erträumt hatten, daß es einfach absurd gewesen wäre, die Erde noch länger mit deren armseligen Hervorbringungen auf literarischem Gebiet zu belasten. Demgemäß hatte man die Buchhandlungen, die Bücherstände, die öffentlichen und privaten Bibliotheken und sogar die kleinen Bücherborde am ländlichen Kamin gründlich durchsucht und alles bedruckte Papier der Welt, ob gebunden oder ungebunden, herbeigeholt, damit unser ruhmreiches Freudenfeuer, das bereits so groß wie ein Berg war, noch höher anschwelle. Dickleibige Folianten, in denen die mühselige Arbeit von Lexikographen, Kommentatoren und Enzyklopädisten steckte, wurden hineingeworfen, versanken bleischwer in der Glut und verkohlten zu Asche wie morsches Holz. Die kleinen reichvergoldeten französischen Bücher des vorigen Jahrhunderts, unter ihnen die hundert Bände von Voltaire, verschwanden unter einem leuchtenden Funkenregen und kleinen Stichflammen, wohingegen die Gegenwartsliteratur derselben Nation mit rotem und blauem Schein verbrannte und die Gesichter der Zuschauer in ein infernalisches Licht tauchte, so daß sie alle wie gescheckte Teufel aussahen. Von einer Sammlung deutscher Erzählungen stieg ein schwefliger Gestank auf. Die englischen Klassiker gaben ein ausgezeichnetes Brennmaterial ab und wiesen insgesamt die Eigenschaften solider Eichenholzscheite auf. Miltons Werke zumal warfen einen mächtigen Feuerschein und verwandelten sich allmählich in rote Kohle, die länger vorzuhalten schien als fast alle anderen Bestandteile des Scheiterhaufens. Shakespeare sandte eine Flamme von so wunderbarem Glanz empor, daß die Menschen die Augen beschatteten wie gegen die Strahlen der Mittagssonne; selbst als die Werke seiner Ausdeuter auf ihn fielen, hörte er nicht auf, aus dem hochgetürmten Haufen heraus ein sinnbetörendes Licht zu verbreiten. Es ist meine Überzeugung, daß er noch immer so hell leuchtet wie einstmals.

„Könnte ein Dichter doch eine Lampe an dieser herrlichen Flamme enzünden", bemerkte ich, „er würde dann sein mitternächtliches Öl zu einem guten Zweck verbrauchen."

„Ebendies haben die modernen Dichter nur zu gern getan – oder wenigstens versucht", entgegnete ein Kritiker. „Der größte Vorteil, den man von dieser Verbrennung alter Literatur erwarten kann, ist zweifellos der, daß die Schriftsteller fortan gezwungen sind, ihre Lampen an der Sonne oder an den Sternen zu entzünden."

„Sofern sie so hoch hinaufreichen können", sagte ich. „Aber diese Aufgabe verlangt einen Riesen, der hinterher das Licht unter die kleinen Menschen verteilt. Nicht jeder kann das Feuer vom Himmel stehlen wie Prometheus; doch als dieser seine Tat vollbracht hatte, wurde das Feuer in tausend Herden entzündet."

Ich beobachtete voller Staunen, wie wenig sich das Verhältnis zwischen dem Umfang des Werkes eines bestimmten Autors und der Leuchtkraft und Dauer der Verbrennung voraussagen ließ. So gab es zum Beispiel keinen einzigen Quartband aus dem letzten Jahrhundert – geschweige denn aus dem gegenwärtigen –, der es in diesem Punkt mit einem kleinen goldverzierten Kinderbuch, den „Melodien der Mutter Gans", hätte aufnehmen können. Das „Leben und Sterben des Tom Thumb" überdauerte die Biographie Marlboroughs. Ein Heldenepos – nein, gleich ein Dutzend davon – wurde zu weißer Asche, ehe noch das einzelne Blatt einer alten Ballade zur Hälfte verzehrt war. In mehr als einem Fall brachten dicke Bände mit hochgerühmten Versen nicht mehr zustande als erstickenden Qualm, während das unbeachtete Lied eines namenlosen Sängers, das vielleicht in der Ecke einer Zeitung stand, zu den Sternen emporschwebte, getragen von einer Flamme, die nicht weniger leuchtete als diese. Was die Eigenschaften der Flamme angeht, so schien mir Shelleys Dichtung ein reineres Licht auszusenden als nahezu alle anderen Werke seiner Zeit; es bildete einen schönen Gegensatz zu den unregelmäßigen und gespenstischen Strahlen und Rauchschwaden, die von den Bänden Lord Byrons hervorgingen und hochwirbelten. Und einige Gedichte von Tom Moore verbreiteten einen Duft wie von brennenden Räucherkerzen.

Mit besonderem Interesse beobachtete ich die Verbrennung amerikanischer Schriftsteller, und mit der Uhr in der Hand notierte ich mir, wie lange die meisten von ihnen brauchten, um sich aus schäbig gedruckten Büchern in gleichförmige Asche zu verwandeln. Es wäre allerdings gehässig, wenn nicht gefährlich, diese furchtbaren Geheimnisse zu verraten, so daß ich mich mit der Bemerkung begnüge, daß es nicht immer der am meisten beredete Autor war, der auf dem Scheiterhaufen den glänzendsten Eindruck machte. Im besonderen erinnere ich mich, daß sich ein schmaler Gedichtband von Ellery Channing als außerordentlich leicht entflammbar erwies, obwohl, die Wahrheit zu sagen, einzelne Partien auf sehr unangenehme Weise zischten und spuckten. Ein merkwürdiges Phänomen zeigte sich bei verschiedenen einheimischen und ausländischen Schriftstellern. Ihre Bücher gingen, obgleich sie höchst ansehnlich wirkten, nicht in Flammen auf oder schieden ihren Geist in schwelenden Rauch aus, sondern schmolzen plötzlich dahin, als ob sie aus Eis bestanden hätten.

Falls es kein Mangel an Bescheidenheit ist, meine eigenen Werke zu erwähnen, so muß ich hier bekennen, daß ich mit väterlicher Anteilnahme nach ihnen Ausschau hielt, doch vergebens. Höchstwahrscheinlich werden sie sich beim ersten Ansturm der Glut in Rauch aufgelöst haben; bestenfalls kann ich hoffen, daß sie in ihrer stillen Art ein paar schimmernde Funken zu diesem abendlichen Schaugepränge beitrugen.

„Ach, wehe mir!" so bemitleidete sich ein bedrückt dreinschauender Mann mit einer grünen Brille. „Die Welt ist völlig zugrunde gerichtet, und es gibt nichts mehr, wofür sich zu leben lohnte! Mein Dasein hat seinen Sinn verloren. Weder für Geld noch für gute Worte kann man jetzt noch ein Buch bekommen!"

„Dies", bemerkte der gelassene Beobachter neben mir, „ist ein Bücherwurm – einer von denen, die dazu geboren sind, an toten Gedanken herumzunagen. Seine Kleider sind, wie Sie sehen, mit dem Staub der Bibliotheken bedeckt. Er hat keine innere Ideenquelle, und nachdem nun die alten Bestände vernichtet sind, kann ich mir beim besten Willen nicht vorstellen, was aus dem armen Kerl werden soll. Haben Sie kein Wort des Trostes für ihn?"

„Mein werter Herr", sagte ich zu dem verzweifelten Bücherwurm, „ist nicht die Natur besser als ein Buch? ist nicht das Menschenherz tiefgründiger als alle philosophischen Lehrmeinungen? ist nicht das Leben reicher an Wissen, als die Weltbetrachter der Vergangenheit in Maximen zu fassen vermochten? Seien Sie guten Mutes! Das große Buch der Zeit liegt noch immer weit aufgeschlagen vor uns, und wenn wir es richtig lesen, wird es für uns zu einem Band voll ewiger Wahrheit."

„O meine Bücher, meine Bücher, meine kostbaren gedruckten Bücher!" wiederholte der hilflose Bücherwurm. „Meine einzige Wirklichkeit war ein gebundenes Buch; und jetzt wollen sie mir nicht einmal mehr eine unscheinbare Broschüre lassen!"

Tatsächlich gingen soeben die letzten Überreste der Literatur aller Zeiten auf den flackernden Haufen nieder, und zwar in Gestalt eines Schauers von Broschüren aus den Druckerpressen der Neuen Welt. Auch sie wurden augenblicklich verzehrt, und zum erstenmal seit Kadmos' Tagen war die Welt frei von der Seuche des geschriebenen Worts – eine beneidenswerte Lage für die Schriftsteller der nächsten Generation!

„Nun – was bleibt jetzt noch zu tun?" fragte ich ein wenig beunruhigt. „Wenn wir nicht die Erde selbst in Brand stecken und uns dann mutig in den unendlichen Raum stürzen, können wir meines Erachtens die Reform nicht mehr weiter vorantreiben."

„Sie irren sich gewaltig, guter Freund", sagte der Beobachter. „Glauben Sie mir, das Feuer wird nicht erlöschen, ehe man es mit einem Brennmaterial versorgt hat, das viele Menschen, die bis jetzt bereitwillig mitgemacht haben, erschrekken wird."

Desungeachtet schien der Eifer für ein Weilchen nachzulassen, während die Anführer der Bewegung vermutlich überlegten, was sie als nächstes tun sollten. In dieser Pause warf ein Philosoph seine Hypothese in die Flammen – ein Opfer, das von denen, die es zu würdigen verstanden, als das bedeutendste bezeichnet wurde, das bislang dargebracht worden war. Die Verbrennung war indes keineswegs beeindruckend. Einige Unermüdliche, die es verschmähten, sich auch nur einen Augenblick lang auszuruhen, sammelten inzwischen im Wald alle dürren Blätter und herabgefallenden Äste, die das Freudenfeuer höher emporlodern ließen als je zuvor. Doch das war nur eine Nebenhandlung.

„Da kommt das frische Brennmaterial, das ich gemeint habe", sagte mein Nebenmann.

Zu meinem Erstaunen trugen die Leute, die jetzt den leeren Platz rings um das berghohe Feuer betraten, Chorhemden und andere Priestergewänder, Mitren, Krummstäbe und allerlei papistische und protestantische Embleme, mit denen sie offensichtlich dieses große Autodafé zu krönen gedachten. Kreuze von den Turmspitzen alter Kathedralen wurden so bedenkenlos auf den Scheiterhaufen geworfen, als hätten die Gläubigen vieler Jahrhunderte, die in langen Reihen an den hoch aufragenden Türmen vorübergezogen waren, nicht zu ihnen als den heiligsten Symbolen aufgeblickt. Die Taufbekken, in denen die Kinder Gott geweiht wurden, und die Abendmahlskelche, aus denen die Frommen den heiligen Trank empfangen hatten, fielen gleichfalls der Vernichtung anheim. Vielleicht am stärksten wurde mein Herz gerührt, als ich unter diesen geweihten Gegenständen Bruchstücke der schlichten Kommuniontische und schmucklosen Kanzeln erkannte, die man aus den Bethäusern in Neu-England herausgebrochen hatte. Diesen einfachen Bauwerken hätte man gestatten sollen, ihren sakralen Zierat, den ihre puritanischen Gründer gestiftet haben, unversehrt zu behalten, auch wenn selbst der mächtige Bau von St. Peter seine geplünderten Schätze zu dem furchtbaren Brandopfer beitrug. Doch ich spürte, daß dies nur die Äußerlichkeiten der Religion waren, die am leichtesten von jenen Geistern, die ihre tiefe Bedeutung am besten kannten, aufgegeben werden konnten.

„Alles ist gut", sagte ich heiter. „Die Waldpfade sollen die Schiffe unserer Kathedrale sein – das Firmament selbst soll ihre Decke bilden! Wozu ist ein irdisches Dach zwischen der Gottheit und ihren Anbetern erforderlich? Unser Glaube kann es sich leisten, auf alle Dekorationen zu verzichten, mit denen ihn sogar die heiligsten Menschen umkleidet haben, und er wird in seiner Einfachheit nur um so erhabener dastehen."

„Gewiß", sagte mein Gefährte. „Doch werden sie es dabei bewenden lassen?"

Der Zweifel, der in dieser Frage steckte, war wohl begründet. Bei der bereits beschriebenen allgemeinen Bücherverbrennung war ein heiliges Buch – das nicht zum Katalog der menschlichen Literatur gehörte und dennoch in einem bestimmten Sinne an seiner Spitze stand – verschont geblieben. Aber der Titan der Erneuerung – ein Engel oder Teufel, in seiner Doppelnatur zu Taten fähig, die beiden Charakteren wohl anstanden – schien nunmehr, nachdem er zunächst nur die alten und brüchigen Formen zerschmettert hatte, seine furchtbare Hand an die Hauptpfeiler zu legen, die das gesamte Gebäude unseres moralischen und religiösen Systems trugen. Die Bewohner der Erde waren mittlerweile viel zu aufgeklärt, um ihren Glauben noch in starre Formeln zu fassen oder das Spirituelle durch irgendwelche Analogien zu unserer materiellen Existenz einzugrenzen. Wahrheiten, von denen einmal die Himmel erzitterten, waren jetzt nur noch Legenden von der Kindheit der Welt. Was blieb demnach als letztes Opfer menschlichen Irrens für diesen schrecklichen Scheiterhaufen noch übrig als jenes Buch, das in früheren Jahrhunderten als himmlische Offenbarung galt, für die gegenwärtige Menschheit aber nur noch eine Stimme aus einer niederen Sphäre war? So geschah es! Auf den lodernden Haufen der Irrtümer und der überlebten Wahrheiten – jener Dinge also, welche die Erde nie gebraucht hatte oder nicht mehr brauchte oder deren sie wie ein Kind überdrüssig geworden war – sank nun die schwere Kirchenbibel, das große alte Buch, das so lange auf dem Samtkissen der Kanzel gelegen und aus dem die feierliche Stimme des Pastors an so manchem Sabbat heilige Texte vorgetragen hatte. Genauso verfuhr man mit der Familienbibel, die der längst im Grabe ruhende Hausvater seinen Kindern in Freud und Leid, am Kamin und im sommerlichen Schatten der Bäume, vorgelesen hatte und die von einer Generation zur anderen weitervererbt worden war. Nicht anders erging es der kleinen Taschenbibel, dem Seelenfreund irgendeines leidgeprüften Erdenbürgers, der in einer standhaft ertragenen Prüfung auf Leben und Tod aus ihr Mut geschöpft hatte, im festen Glauben an die Unsterblichkeit.

Sie alle flogen in die wilde, rebellische Feuersglut; und dann raste mit verzweifeltem Geheul, das wie die empörte Klage der Erde über den Verlust des himmlischen Sonnenlichts klang, ein heftiger Sturm über die Ebene; und er schüttelte die gigantische Flammenpyramide und verstreute die Asche der halbverkohlten Greuel über die Zuschauer ringsum.

„Das ist entsetzlich!" sagte ich, und ich spürte, wie meine Wangen erbleichten, und sah, daß eine ähnliche Veränderung in den Gesichtern der Umstehenden vorging.

„Seien Sie dennoch guten Mutes", entgegnete der Mann, mit dem ich schon so oft gesprochen hatte. „Seien Sie guten Mutes – aber frohlocken Sie auch noch nicht allzusehr; denn die Wirkung dieses Freudenfeuers ist bei weitem nicht so gut oder schlimm, wie die Welt gerne glauben möchte."

„Wie kann das zugehen?" rief ich ungeduldig. „Hat es nicht alles verzehrt? Hat es nicht alle irdischen oder göttlichen Attribute unseres Menschseins, die genügend Substanz besaßen, um den Flammen Nahrung zu bieten, verschlungen oder zum Schmelzen gebracht? Bleibt uns morgen früh noch etwas, was besser oder schlechter ist als ein Haufen Glut oder Asche?"

„Ganz gewißlich", sagte mein bedächtiger Freund. „Kommen Sie morgen früh hierher – oder dann, wenn die brennbaren Bestandteile des Scheiterhaufens völlig ausgebrannt sind –, und Sie werden in der Asche alles wirklich Wertvolle wiederfinden, das Sie haben ins Feuer fliegen sehen. Glauben Sie mir: Die Welt von morgen wird sich mit dem Gold und den Edelsteinen bereichern, welche die Welt von heute weggeworfen hat. Keine einzige Wahrheit ist zerstört oder unter der Asche so tief begraben, als daß sie nicht schließlich wieder ausgescharrt werden würde."

Das war eine merkwürdige Versicherung. Und doch war ich geneigt, sie zu glauben, und das um so mehr, als ich zwischen den lodernden Flammen ein Exemplar der Heiligen

Schrift bemerkte, dessen Seiten nicht zu schwarzem Zunder geworden waren, sondern ein noch blendenderes Weiß annahmen, da nun die Fingerabdrücke der menschlichen Unvollkommenheit ausgetilgt waren. Gewisse Randbemerkungen und Kommentare hielten freilich der Hitzeprobe nicht stand, aber nicht eine Silbe, die der Feder der Inspiration entflossen war, litt den geringsten Schaden.

„Ja – das ist der Beweis für das, was Sie gesagt haben", antwortete ich dem Beobachter. „Aber wenn nur das Böse die Macht des Feuers zu spüren bekommt, dann war ja die Verbrennung von unschätzbarem Nutzen. Ja, wenn ich es recht verstehe, so haben Sie Ihre Zweifel, ob durch sie die Hoffnung auf eine bessere Welt erfüllt werden könne."

„Hören Sie sich einmal an, was diese würdigen Herren reden", sagte er und zeigte auf eine Gruppe, die vor dem flakkernden Scheiterhaufen stand. „Möglicherweise verraten sie Ihnen wider Willen etwas Wissenswertes."

Die Personengruppe, auf die er deutete, bestand aus der brutalen und höchst erdverbundenen Gestalt, die sich so wütend zum Verteidiger des Galgens aufgeschwungen hatte – kurzum, aus dem Henker –, sowie dem letzten Dieb und dem letzten Mörder, die sich alle drei um den letzten Säufer geschart hatten. Der zuletzt Genannte ließ gerade großzügig die Branntweinflasche herumgehen, die er vor der allgemeinen Vernichtung der Weine und Spirituosen gerettet hatte. Diese kleine Gesellschaft schien auf der untersten Stufe der Niedergeschlagenheit angelangt zu sein; denn die drei dachten, daß die geläuterte Welt notwendigerweise ganz anders aussehen müsse als die Zustände, die sie bisher gekannt hatten, und deshalb nur ein sonderbarer und trübseliger Aufenthalt für Leute ihres Schlages sein könne.

„Das Beste, was ich uns allen raten kann, ist dies", meinte der Henker, „daß ich, sobald wir den letzten Tropfen Branntwein vertilgt haben, euch, meinen drei Freunden, am nächsten Baum zu einem gemütlichen Ende verhelfe und mich dann ebenfalls am selben Ast aufhänge. Diese Welt ist nichts mehr für unsereinen."

„Na, na, meine guten Leute!" sagte ein dunkelhäutiger Mensch, der sich jetzt zu der Gruppe gesellte – sein Gesicht war in der Tat erschreckend dunkel, und seine Augen glühten röter als das Freudenfeuer. „Seid nicht so bedrückt, meine lieben Freunde; ihr werdet noch gute Tage erleben. Es gibt nämlich etwas, was diese Besserwisser vergessen haben ins Feuer zu werfen, und darum taugt die ganze Feuersbrunst überhaupt nichts – ja, selbst wenn sie die Erde insgesamt zu Asche verbrannt hätten!"

„Und was könnte das sein?" fragte eifrig der letzte Mörder.

„Nun denn, nichts anderes als das menschliche Herz!" erwiderte der dunkelgesichtige Fremdling mit einem unheilverkündenden Grinsen. „Und wenn ihnen keine Methode einfällt, diese üble Höhle zu läutern, dann werden aus ihr abermals alle Formen des Unrechts und Elends hervorgehen – die gleichen alten Formen, vielleicht gar noch schlimmere –, die sie heute mit so gewaltigem Aufwand in Asche verwandelt haben. Ich habe die ganze lange Nacht dabeigestanden und mir ins Fäustchen gelacht, während ich ihnen bei der Arbeit zuschaute. Ja, ich gebe euch mein Wort darauf, daß die Welt dennoch die alte bleibt!"

Dieses kurze Gespräch gab mir reichlich Stoff zum Nachdenken. Welch traurige Wahrheit – falls es denn eine Wahrheit war –, daß das uralte Streben des Menschen nach Vollkommenheit lediglich dazu gedient haben sollte, ihn dem Spott des bösen Prinzips auszusetzen, nur weil an der eigentlichen Wurzel des Ganzen ein verhängnisvoller Irrtum geschehen war! Das Herz – das Herz: dies war der kleine, doch grenzenlose Raum, in dem das Urübel steckte, von dem das Verbrechen und Elend der äußeren Welt bloße Ausprägungen waren. Wird dieser innere Raum geläutert, so werden sich die vielen Formen des Bösen, welche die Außenwelt heimsuchen und uns heute fast als unsere einzige Wirklichkeit erscheinen, in schattenhafte Phantome verwandeln und von selber verschwinden. Doch wenn wir nicht tiefer eindringen als unser Verstand und nur mit diesem schwachen Instrument das Böse zu erkennen und zu überwinden trachten, wird unser ganzes Vorhaben nur ein so wesenloser Traum bleiben, daß es wenig bedeutet, ob das Freudenfeuer, das ich so getreulich beschrieben habe, etwas war, was wir gerne als eine wahre Begebenheit bezeichnen, also eine Flamme, an der man sich die Finger verbrennen kann – oder nur ein phosphorisches Aufleuchten und ein Gleichnis, das ich mir ausgedacht habe!

# Rappaccinis Tochter

Vor sehr langer Zeit kam ein junger Mann namens Giovanni Guasconti aus dem südlicheren Teil Italiens nach Padua, um an der dortigen Universität zu studieren. Giovanni, der nur einen bescheidenen Vorrat an Golddukaten in der Tasche hatte, quartierte sich in einem hohen, düsteren Zimmer eines alten Gebäudes ein, das so würdig aussah, als ob es der Palast eines paduanischen Edelmanns gewesen wäre, und das tatsächlich über dem Portal das Wappen einer längst ausgestorbenen Familie trug. Der junge Fremdling, der in dem großen Gedicht seines Landes nicht unbewandert war, erinnnerte sich, daß Dante einen Ahnherrn dieser Familie und vielleicht sogar einen Bewohner ebendieses Hauses als einen Teilhaber an den unendlichen Qualen seines „Inferno" geschildert hatte. Diese Erinnerungen und Gedankenverbindungen sowie die Neigung zu Herzenskummer, die bei einem jungen Mann, der zum erstenmal von seiner Heimat getrennt ist, ganz natürlich ist, bewogen Giovanni, einen tiefen Seufzer auszustoßen, als er sich in dem trostlosen und schlecht möblierten Zimmer umsah.

„Heilige Jungfrau, Signore", rief die alte Dame Lisabetta, die, bezaubert durch die auffallend schöne Gestalt des Jünglings, freundlich bemüht war, dem Zimmer ein wohnliches Aussehen zu geben, „was für ein Seufzer aus der Brust eines jungen Mannes! Kommt Ihnen dieses alte Bauwerk düster vor? Dann stecken Sie um Himmels willen den Kopf zum Fenster hinaus, und Sie werden sehen, daß die Sonne hier genauso hell scheint wie in Neapel."

Guasconti befolgte mechanisch den Rat der alten Frau, aber er war nicht ganz ihrer Meinung, daß die Sonne in der Lombardei so heiter sei wie in Süditalien. Immerhin fiel ihr Licht auf einen Garten unter dem Fenster und umfing mit ihrem wohltuenden Einfluß eine Vielzahl von Pflanzen, die offenbar mit ungewöhnlicher Sorgfalt gepflegt wurden.

„Gehört dieser Garten zum Haus?" fragte Giovanni.

„Gott bewahre, Signore – es sei denn, er brächte bessere Küchenkräuter hervor als die, welche jetzt da unten wachsen", antwortete die alte Lisabetta. „Nein; der Garten wird eigenhändig von Signor Giacomo Rappaccini besorgt, dem berühmten Arzt, von dem man gewiß bis hinunter nach Neapel gehört hat. Es heißt, daß er aus diesen Pflanzen Arzneien destilliert, die so heilkräftig sind wie Zaubertränke. Sie können den Signor Doktor oft bei der Arbeit sehen, vielleicht auch die Signorina, seine Tochter, wenn sie die seltsamen Blumen pflückt, die in dem Garten wachsen."

Die alte Frau hatte nun für das Äußere des Zimmers so viel getan, wie sie nur konnte, und entfernte sich, indem sie den jungen Mann dem Schutz der Heiligen anbefahl.

Giovanni wußte vorerst nichts Besseres zu tun, als auf den Garten unter seinem Fenster hinabzuschauen. Aus dessen Aussehen schloß er, daß es sich um einen jener botanischen Gärten handelte, die es in Padua früher gab als anderswo in Italien, ja in der ganzen Welt. Möglicherweise war er einstmals auch der Lustgarten einer reichen Familie, denn in der Mitte stand die Ruine eines Marmorbrunnens, der mit erlesener Kunst gestaltet, aber so elend verfallen war, daß man aus den übriggebliebenen Resten den ursprünglichen Entwurf nicht mehr erschließen konnte. Das Wasser sprudelte und glitzerte im Sonnenlicht noch immer so fröhlich wie einst. Ein leises Plätschern stieg zum Fenster des jungen Mannes empor und gab ihm das Gefühl, als wäre der Brunnen ein unsterblicher Geist, der unaufhörlich und ohne Rücksicht auf die Veränderungen um ihn her sein Lied sang – in einem Jahrhundert in Marmor eingefaßt, in einem anderen als vergängliche Fragmente auf der Erde zerstreut. Rings um den Teich, in den sich das Wasser ergoß, wuchsen verschiedene Pflanzen, die sehr viel Feuchtigkeit zu benötigen schienen, um ihre riesigen Blätter und in einigen Fällen hinreißend prächtige Blüten zu ernähren. Ein Strauch vor allem, der aus einer Marmorschale in der Mitte des Teiches hervorwuchs, trug eine verschwenderische Fülle purpurner Blüten, von denen jede einzelne den Schimmer und die Üppigkeit eines Edelsteins hatte; und alle zusammen erzeugten einen solchen Glanz, daß er wohl genügt hätte, den Garten zu erhellen, selbst wenn die Sonne nicht geschienen hätte. Jedes kleinste Stück des Bodens war bestanden mit Pflanzen und Kräutern, die, wenn auch weniger schön, dennoch von eifriger Pflege zeugten, als besäßen sie alle individuellen Vorzüge, die dem wissenschaftlichen Geist, der sie betreute, wohl bekannt waren. Einige standen in reich mit alten Bildwerken verzierten Urnen, andere in gewöhnlichen Blumentöpfen; manche krochen schlangengleich über den Boden oder rankten sich hoch empor, wobei sie beim Klettern jede Möglichkeit ausnutzten, die sich ihnen bot. Eine Pflanze hatte sich um eine Statue des Vertumnus gewunden, die von dem hängenden Laubwerk, welches so geschickt angeordnet war, daß es einem Bildhauer als Vorlage hätte dienen können, gänzlich verschleiert und umhüllt war.

Während Giovanni noch am Fenster stand, vernahm er ein Rascheln hinter einem Laubvorhang und erkannte, daß jemand im Garten bei der Arbeit war. Bald darauf kam die Gestalt in Sicht, und es zeigte sich, daß es kein gewöhnlicher Arbeiter war, sondern ein hochgewachsener, abgezehrter, fahl und kränklich aussehender Mann, der ein schwarzes Gelehrtengewand trug. Er hatte die Mitte des Lebens überschritten, hatte graues Haar, einen schütteren grauen Bart und ein Gesicht, das von Intelligenz und Bildung in einzigartiger Weise geprägt war, aber wohl niemals, selbst nicht in jungen Jahren, viel Herzenswärme ausgestrahlt hatte.

Nichts hätte die Aufmerksamkeit überbieten können, mit der dieser wissenschaftliche Gärtner alle Pflanzen untersuchte, die an seinem Weg standen; es war, als dränge sein Blick in ihr innerstes Wesen ein, um ihre schöpferische Natur zu beobachten und zu ergründen, warum ein Blatt diese Form und ein anderes jene angenommen hatte und weshalb sich die einzelnen Blüten in Färbung und Duft unterschieden. Doch trotz seines scharfen Wahrnehmungsvermögens gab es keinen Ansatz zu einer vertrauten Beziehung zwischen ihm und diesen pflanzlichen Wesen. Im Gegenteil, er vermied es, sie tatsächlich zu berühren oder ihre Düfte unmittelbar einzuatmen, und das mit solcher Vorsicht, daß es Giovanni höchst unangenehm auffiel; denn der Mann benahm sich wie jemand, der zwischen feindlichen Mächten umherwandelt, etwa zwischen wilden Tieren oder tödlich giftigen Schlangen oder bösen Geistern, die ihm ein furchtbares Ende bereiten würden, falls er sie auch nur einen Augenblick lang gewähren ließe. Auf die Phantasie des jungen Mannes wirkte es seltsam erschreckend, dieses unsichere Gebaren an einem Mann zu bemerken, der einen Garten hegte, sich also der einfachsten und unschuldigsten menschlichen Beschäftigung hingab, die für die Stammeltern des Menschengeschlechts vor dem Fall Freude und Mühe zugleich bedeutet hatte. War dieser Garten vielleicht das Paradies der modernen Welt? und war dieser Mann, der in dem, was unter seinen Händen gedieh, soviel Böses verspürte, der Adam?

Während der mißtrauische Gärtner die toten Blätter abriß oder den allzu üppigen Wuchs der Sträucher beschnitt, waren seine Hände von dicken Handschuhen geschützt. Als er auf seinem Gang durch den Garten zu der prachtvollen Pflanze kam, die ihre purpurnen Edelsteine neben dem Marmorbrunnen herabhängen ließ, bedeckte er Mund und Nasenlöcher mit einer Art Maske, als verberge sich in all dieser Schönheit ein noch tödlicheres Unheil. Doch als ihm selbst dann noch seine Aufgabe zu gefährlich erschien, trat er zurück, legte die Maske wieder ab und rief laut, aber mit der unsicheren Stimme eines von einem inneren Leiden befallenen Menschen: „Beatrice! – Beatrice!“

„Hier bin ich, Vater! Was möchtest du?“ rief eine kräftige, jugendliche Stimme aus dem Fenster des gegenüberliegenden Hauses, eine Stimme, die so kräftig war wie ein Sonnenuntergang in den Tropen und Giovanni, der nicht wußte, warum, an tiefe Purpur- oder Scharlachtöne und an köstliche Wohlgerüche gemahnte. „Bist du im Garten?“

„Ja, Beatrice“, erwiderte der Gärtner, „und ich brauche deine Hilfe.“

Kurz darauf erschien in einem reliefverzierten Portal die Gestalt eines jungen Mädchens, mit ebensoviel Geschmack geschmückt wie die prächtigste der Blumen, schön wie der Tag und in so voller und lebhafter Jugendblüte, daß eine Nuance mehr schon zuviel gewesen wäre. Sie strotzte vor Leben, Gesundheit und Energie, welche Eigenschaften indes alle in ihrer Fülle gleichsam durch den Gürtel der Jungfräulichkeit zusammengehalten und eingeengt und zusammengeschnürt waren. Doch Giovannis Phantasie schien sich krankhaft verändert zu haben, während er in den Garten hinabschaute; denn die fremde Schöne machte auf ihn den Eindruck, als wäre sie ebenfalls eine Blume, eine menschliche Schwester der Pflanzenwesen, ebenso schön wie diese, ja noch schöner als die herrlichste von ihnen, die man aber auch nur mit Handschuhen berühren und der man sich nicht ohne Maske nähern dürfe. Als Beatrice den Gartenweg entlangschritt, war zu erkennen, daß sie mehrere Pflanzen berührte und deren Duft einatmete, denen ihr Vater so beharrlich ausgewichen war.

„Hier, Beatrice“, sagte der letztere, „sieh einmal, wieviel Pflege unser kostbarster Schatz dringend verlangt. Doch da ich so hinfällig bin, müßte ich es vielleicht mit dem Tode bezahlen, wenn ich mich ihm so weit näherte, wie es die Umstände erfordern. Deshalb muß ich wohl diese Pflanze deiner alleinigen Obhut anvertrauen.“

„Das tue ich doch mit Freuden“, erklang wiederum die volle Stimme der jungen Dame, indem sie sich zu der prächtigen Pflanze niederbeugte und die Arme ausbreitete, als ob sie sie umarmen wollte. „Ja, meine Schwester, mein Augenstern, es wird Beatrices Aufgabe sein, dich zu hegen und zu pflegen; und du wirst es ihr lohnen mit deinen Küssen und deinem wohlriechenden Atem, der für sie der Odem des Lebens ist!"

Dann wandte sie mit der ganzen Zärtlichkeit ihres Wesens, die schon in ihren Worten so deutlich zum Ausdruck gekommen war, der Pflanze all jene Aufmerksamkeit zu, die diese zu verlangen schien; und hoch oben am Fenster rieb sich Giovanni die Augen und begann fast zu zweifeln, ob dort unten ein Mädchen seine Lieblingsblume pflegte oder ob eine Schwester der anderen ihre Zuneigung bekundete. Die Szene dauerte nicht lange. Ob nun Doktor Rappaccini seine Gartenarbeit beendet oder ob sein wachsames Auge das Gesicht des Fremden erspäht hatte, jedenfalls nahm er jetzt seine Tochter beim Arm und zog sich mit ihr zurück. Schon brach der Abend herein; bedrückende Ausdünstungen schienen von den Pflanzen aufzusteigen und am offenen Fenster vorbeizustreichen, und Giovanni schloß den Laden, legte sich zu Bett und träumte von einer üppigen Blume und einem schönen Mädchen. Blume und Mädchen waren verschieden und dennoch gleich und beide umgeben von einer seltsamen Gefahr.

Aber das Licht des Morgens hat die Eigenschaft, die Verirrungen der Phantasie oder selbst des Urteilsvermögens wieder zu klären, denen wir beim Niedergang der Sonne oder in den Schatten der Nacht oder im weniger bekömmlichen Mondenschein verfallen können. Als Giovanni aus dem Schlaf auffuhr, stieß er als erstes das Fenster auf und schaute hinunter auf den Garten, den er in seinen Träumen so reich mit Geheimnissen erfüllt hatte. Er war überrascht und ein wenig beschämt, als er sah, wie real und handfest er sich in den ersten Strahlen der Sonne erwies, welche die Tautropfen an Blättern und Blüten vergoldeten und, indem sie jeder seltsamen Blume eine leuchtendere Schönheit verliehen, alles wieder in die Grenzen der alltäglichen Erfahrung rückten. Der junge Mann freute sich, daß er inmitten der öden Stadt das Vorrecht besaß, seinen Blick an diesem Fleckchen Erde mit seiner lieblichen und üppigen Vegetation weiden zu können. Es würde ihm, so sagte er sich, als eine symbolische Sprache dienen und seine Verbindung mit der Natur aufrechterhalten. Freilich waren jetzt weder der kränkliche und vom Denken verzehrte Doktor Giacomo Rappacini noch dessen wunderschöne Tochter zu sehen, so daß Giovanni nicht zu entscheiden vermochte, wieviel von der Einzigartigkeit, die er den beiden zugestand, ihren eigenen Eigenschaften und wieviel seiner persönlichen wunderwirkenden Phantasie zuzuschreiben war. Doch er war bestrebt, das ganze so nüchtern wie möglich zu betrachten.

Im Lauf des Tages suchte Giovanni Signor Pietro Baglioni auf, Professor der Medizin an der Universität und Arzt von hervorragendem Ruf, dem er ein Empfehlungsschreiben überbracht hatte. Der Professor war ein älterer Herr von augenscheinlich heiterer Gemütsart und mit einem Benehmen, das beinahe aufgeräumt genannt werden konnte; er hielt den jungen Mann zum Mittagessen da und vertrieb ihm die Zeit sehr angenehm durch seine freimütige und anregende Unterhaltung, vor allem nachdem er sich mit ein oder zwei Flaschen Toskanerwein aufgewärmt hatte. Da Giovanni annahm, daß Vertreter der Wissenschaft, die in derselben Stadt wohnten, miteinander verkehren müßten, benutzte er die Gelegenheit, den Namen von Doktor Rappaccini zu erwähnen. Aber der Professor reagierte darauf nicht mit der erwarteten Herzlichkeit.

„Es stünde einem Lehrer der göttlichen Heilkunst schlecht an", entgegnete Professor Pietro Baglioni auf eine Frage Giovannis, „bei einem so hervorragend tüchtigen Arzt wie Rappaccini mit verdientem und wohlerwogenem Lob zu sparen. Doch andererseits könnte ich es schwerlich mit meinem Gewissen vereinbaren, wenn ich es zuließe, daß ein vortrefflicher Jüngling wie Sie, Signor Giovanni, der Sohn meines alten Freundes, irrige Vorstellungen von einem Mann hegt, der vielleicht einmal Ihr Leben und Sterben in der Hand haben wird. Die Wahrheit ist, daß unser verehrter Doktor Rappaccini ein ebenso bedeutender Wissenschaftler ist wie nur irgendein Mitglied unserer Fakultät – von einer einzigen Ausnahme vielleicht abgesehen – in Padua oder in ganz Italien. Aber es bestehen gewisse schwere Bedenken gegen seine Berufsauffassung."

„Und welche wären das?" fragte der junge Mann.

„Leidet mein Freund Giovanni an irgendwelchen körperlichen oder seelischen Krankheiten, daß er sich so eifrig nach Ärzten erkundigt?" sagte der Professor mit einem Lächeln. „Doch was Rappaccini angeht, so heißt es von ihm – und ich, der ich den Mann gut kenne, kann bezeugen, daß es wahr ist –, er kümmere sich unendlich viel mehr um die Wissenschaft als um die Menschen. Seine Patienten interessieren ihn nur als Objekte für irgendein neues Experiment. Er würde menschliches Leben, übrigens auch sein eigenes, oder das, was ihm am teuersten ist, opfern, um den Berg des von ihm angehäuften Wissens auch nur um den Umfang eines Senfkorns zu vergrößern."

„Er scheint mir in der Tat ein schrecklicher Mann zu sein", versetzte Guasconti, der sich das kalte und rein intellektuelle Erscheinungsbild Rappaccinis ins Gedächtnis rief. „Und doch, verehrter Professor, ist er nicht ein edler Geist? Sind denn viele Menschen einer so durchgeistigten Liebe zur Wissenschaft fähig?"

„Gott behüte!" antwortete der Professor etwas gereizt, „es sei denn, sie haben eine vernünftigere Auffassung von der Heilkunst, als sie Rappaccini vertritt. Nach seiner Theorie sind alle heilkräftigen Wirkungen in jenen Stoffen vereinigt, die wir als vegetabilische Gifte bezeichnen. Diese erzeugt er mit eigener Hand, und er soll sogar neue Giftarten hervorgebracht haben, noch zerstörerischer als alle, mit welchen die Natur ohne den Beistand dieses gelehrten Herrn jemals die Welt heimgesucht hätte. Daß der Signor Doktor mit derlei gefährlichen Substanzen weniger Unheil anrichtet, als man erwarten könnte, ist unbestritten. Hin und wieder, das muß man zugeben, hat er tatsächlich – oder scheinbar – wunderbare Heilerfolge erzielt. Doch wenn Sie meine persönliche Meinung wissen wollen, Signor Giovanni: Man sollte diese vereinzelten Erfolge nicht zu hoch bewerten – sie waren wahrscheinlich ein Werk des Zufalls –, sondern ihn streng zur Verantwortung ziehen für seine Mißerfolge, die man zu Recht als sein eigenes Werk betrachten muß."

Der Jüngling hätte Baglionis Ansichten wohl mit mancherlei Vorbehalten aufgenommen, wenn er gewußt hätte, daß dieser und Doktor Rappaccini seit langem einen akademischen Streit miteinander austrugen, in dem der letztere nach allgemeiner Auffassung der Überlegene war. Wenn der Leser sich selber ein Urteil bilden möchte, so können wir ihn auf gewisse in Fraktur gedruckte Traktate von beiden Parteien hinweisen, die in der medizinischen Fakultät der Universität Padua aufbewahrt werden.

„Ich weiß nicht, hochgelehrter Herr Professor", entgegnete Giovanni, nachdem er über das, was er von Rappaccinis ausschließlichem wissenschaftlichen Streben gehört hatte, gründlich nachgedacht hatte, „ich weiß nicht, wie sehr dieser Arzt seine Kunst liebt, aber sicherlich gibt es etwas, was ihm noch teurer ist. Er hat eine Tochter."

„Aha!" rief der Professor lachend. „Jetzt ist unser Freund Giovanni mit seinem Geheimnis herausgerückt. Sie haben von seiner Tochter gehört, nach der alle jungen Männer in Padua verrückt sind, obwohl nicht einmal ein halbes Dutzend das Glück gehabt hat, sie von Angesicht zu sehen. Ich weiß nicht viel über Signorina Beatrice, außer daß Rappaccini sie tief in seine Wissenschaft eingeführt haben soll und daß sie, jung und schön, wie die Fama sie beschreibt, schon jetzt befähigt wäre, einen Lehrstuhl zu besetzen. Vielleicht hat ihr Vater sie für den meinen bestimmt! Es mögen noch andere absurde Gerüchte umgehen, über die zu reden oder auf die zu hören sich nicht lohnt. Doch nun, Signor Giovanni, trinken Sie Ihr Glas Lacrimae Christi aus!“

Guasconti kehrte zu seinem Quartier zurück, ein wenig erhitzt von dem Wein, dem er kräftig zugesprochen hatte und der nun sein Gehirn mit absonderlichen Phantasien überschwemmte, die alle um Doktor Rappaccini und die schöne Beatrice kreisten. Als er unterwegs an einem Blumenladen vorbeikam, erstand er einen frischen Strauß.

Oben in seinem Zimmer angekommen, nahm er am Fenster Platz, doch im Schatten der dicken Mauer, so daß er in den Garten hinabschauen konnte, ohne große Gefahr zu laufen, entdeckt zu werden. Alles, worauf sein Blick fiel, lag in tiefer Einsamkeit da. Die seltsamen Pflanzen badeten sich im Sonnenlicht und nickten einander zuweilen sanft zu, als wollten sie sich ihrer Anteilnahme und Zusammengehörigkeit versichern. In der Mitte, neben dem verfallenen Brunnen, stand der herrliche Strauch, dicht behängt mit seinen purpurnen Edelsteinen; sie funkelten in der Luft und strahlten zurück aus der Tiefe des Teiches, der überzufließen schien vor dem farbigen Schimmer des üppigen Spiegelbildes, das in ihn eingetaucht war. Zunächst lag, wie gesagt, der Garten ganz einsam da. Doch schon bald – wie Giovanni es halb gehofft, halb befürchtet hatte – tauchte in dem reliefgeschmückten antiken Portal eine Gestalt auf und kam zwischen den Reihen der Pflanzen näher, deren unterschiedliche Düfte sie einatmete wie eines jener alten klassischen Fabelwesen, die von süßen Wohlgerüchen lebten. Als der junge Mann Beatrice nun zum zweitenmal betrachtete, wurde er mit einem jähen Erschrekken gewahr, wie sehr ihre Schönheit das Bild seiner Erinnerung übertraf; so leuchtend, so lebhaft war der Charakter dieser Schönheit, daß das Mädchen im Sonnenschein strahlte und, wie sich Giovanni selber zuflüsterte, die schattigen Stellen des Gartenwegs regelrecht erhellte. Da er ihr Gesicht jetzt deutlicher erkennen konnte als bei der ersten Gelegenheit, überwältigte ihn der Ausdruck der Schlichtheit und Lieblichkeit – Eigenschaften, die in seine Vorstellung von ihrem Wesen noch nicht eingegangen waren und ihn aufs neue fragen ließen, was für eine Art Mensch sie wohl sein möge. Auch diesmal konnte er nicht umhin, eine Analogie zwischen dem schönen Mädchen und dem herrlichen Strauch, der seine juwelengleichen Blüten über den Brunnen niederhängen ließ, festzustellen oder sich einzubilden, eine Ähnlichkeit, die Beatrice in einer phantastischen Laune offensichtlich durch den Schnitt ihres Kleides und die Auswahl seiner Farben noch zu steigern trachtete.

Als sie sich dem Strauch näherte, breitete sie wie mit leidenschaftlicher Inbrunst die Arme aus und drückte die Zweige in einer so innigen Umarmung an sich, daß ihre Züge in diesem Blätterbusen verschwanden und ihre schimmernden Locken sich gänzlich mit den Blüten vermischten.

„Gib mir deinen Hauch, Schwester“, rief Beatrice aus; „denn ich vergehe in der gewöhnlichen Luft! Und gib mir diese deine Blüte, die ich mit sanftester Hand vom Stengel löse und dicht an meinem Herzen berge.“

Mit diesen Worten pflückte Rappaccinis schöne Tochter eine der vollsten Blüten vom Strauch und wollte sie gerade an ihrem Busen befestigen. Doch in diesem Augenblick, sofern der Weingenuß Giovannis Sinne nicht verwirrt hatte, geschah etwas Eigenartiges. Ein kleines orangefarbenes Reptil, eine Eidechsen- oder Chamäleonart, kroch zufällig unmittelbar vor Beatrices Füßen über den Weg. Es kam Giovanni so vor – doch aus dieser Entfernung hätte er eigentlich etwas so Winziges kaum erkennen können –, es kam ihm jedenfalls so vor, als ob ein paar Tropfen von dem abgebrochenen Blütenstengel auf den Kopf der Eidechse fielen. Einen Augenblick lang wand sich das Reptil heftig und lag dann reglos in der Sonne. Beatrice beobachtete dieses erstaunliche Phänomen und bekreuzigte sich traurig, aber ohne Überraschung; und sie zögerte deswegen auch nicht, sich die todbringende Blume an den Busen zu stecken. Dort wirkte sie noch röter und funkelte fast mit der blendenden Wirkung eines kostbaren Steins, und sie fügte damit dem Kleid und der Erscheinung des Mädchens den einzigen angemessenen Zauber hinzu, den nichts auf der Welt hätte ersetzen können. Giovanni beugte sich indes aus dem Schatten des Fensters vor und schrak murmelnd und zitternd wieder zurück.

„Bin ich wach? Habe ich meine Sinne beisammen?“ sprach er zu sich selber. „Was für ein Geschöpf ist das? Soll ich es schön nennen – oder unausprechlich schrecklich?“

Beatrice schlenderte unterdessen unbekümmert durch den Garten und näherte sich immer mehr der Stelle unter Giovannis Fenster, so daß er den Kopf ganz aus seinem Versteck vorrecken mußte, um die gespannte und schmerzliche Neugier befriedigen zu können, die sie in ihm erregte. Im selben Augenblick kam ein wunderschönes Insekt über die Gartenmauer geflogen; es war vielleicht durch die Stadt geirrt und hatte zwischen den alten Behausungen der Menschen weder Blüten noch Grün gefunden, bis die schweren Düfte von Doktor Rappaccinis Gewächsen es aus der Ferne herlockten. Das geflügelte Leuchtwesen ließ sich nicht auf den Blüten nieder, sondern schien von Beatrice angezogen zu werden, hielt zögernd in der Luft inne und umschwirrte ihren Kopf. Nun, in diesem Fall mußten sich Giovanni Guascontis Augen wirklich getäuscht haben. Doch wie dem auch sei, er hatte den Eindruck, daß das Insekt, während Beatrice es noch mit kindlichem Entzücken betrachtete, ermattete und zu ihren Füßen niederfiel; seine leuchtenden Flügel erbebten, dann war es tot – und er konnte dafür keine andere Ursache entdecken als die Wirkung ihres Atems. Beatrice bekreuzigte sich abermals und seufzte tief auf, als sie sich über das tote Insekt beugte.

Eine impulsive Bewegung Giovannis veranlaßte sie, die Augen zum Fenster zu erheben. Dort erblickte sie den schönen Kopf des jungen Mannes – eher einen griechischen als italienischen Kopf, mit feinen, ebenmäßigen Zügen und golden schimmernden Locken –, der auf sie hinabstarrte, wie ein in der Luft schwebendes Wesen. Ohne recht zu wissen, was er tat, warf Giovanni den Blumenstrauß hinunter, den er bisher in der Hand gehalten hatte.

„Signorina", sagte er, „dies sind reine und gesunde Blumen. Tragen Sie sie Giovanni Guasconti zuliebe!"

„Danke, Signore", erwiderte Beatrice mit ihrer volltönenden Stimme, die wie Musik aus ihr hervorströmte, und mit einer fröhlichen, halb kindlichen und halb fraulichen Miene. „Ich nehme Ihr Geschenk an und würde es gerne mit dieser kostbaren Purpurblüte vergelten; doch wenn ich sie in die Luft werfe, wird sie nicht bis zu Ihnen gelangen. So muß sich Signor Guasconti eben mit meinem Dank begnügen."

Sie hob den Strauß vom Boden auf und eilte dann, als schäme sie sich innerlich, ihre jungfräuliche Zurückhaltung aufgegeben und den Gruß eines Fremden erwidert zu haben, durch den Garten zurück ins Haus. Doch so wenige Augenblicke auch indessen vergingen, es schien Giovanni, daß sein schöner Strauß in ihrem Griff bereits zu welken begann, als sie gerade in dem reliefgeschmückten Portal verschwinden wollte. Es war ein müßiger Gedanke, denn er konnte auf diese große Entfernung unmöglich eine welke Blume von einer frischen unterscheiden.

Viele Tage nach dieser Begebenheit mied der junge Mann das Fenster, das auf Doktor Rappaccinis Garten hinausging, als könnte ihm, wenn er sich zu einem Blick verführen ließe, durch etwas Häßliches und Ungeheuerliches das Augenlicht geraubt werden. Ihm war bewußt, daß er sich durch die Aufnahme der Beziehung zu Beatrice bis zu einem gewissen Grade dem Einfluß einer unbegreiflichen Macht ausgesetzt hatte. Sollte sich sein Herz in einer echten Gefahr befinden, so wäre es das klügste gewesen, seine Wohnung und sogar Padua auf der Stelle zu verlassen, das nächstklügste, sich soweit wie möglich an den vertrauten und alltäglichen Anblick Beatrices zu gewöhnen, um sie auf diese Weise entschieden und systematisch in den Bereich der gewöhnlichen Erfahrung einzubeziehen. Am allerwenigsten durfte Giovanni ihren Anblick meiden und dennoch gleichzeitig diesem außerordentlichen Wesen so nahe bleiben, daß die Nähe und die Möglichkeit gar des vertrauten Umgangs den wilden Phantasiegebilden, die seine Vorstellungskraft ihm unablässig vorgaukelte, eine Art Substanz und Realität verleihen würden. Guasconti hatte kein tief empfindendes Herz – oder zumindest waren dessen Tiefen noch nicht ausgelotet worden –, aber er verfügte über eine lebhafte Phantasie und ein leidenschaftliches südländisches Temperament, das jeden Augenblick einen höheren Fiebergrad erstieg. Ob nun Beatrice diese schrecklichen Eigenschaften besaß oder nicht – den todbringenden Atemhauch, die Verwandtschaft mit jenen so schönen und unheilvollen Blumen, auf die Giovannis Beobachtungen hindeuteten –, auf jeden Fall hatte sie seinem Organismus ein brennendes und subtiles Gift eingeflößt. Es war nicht Liebe, obgleich ihre üppige Schönheit ihn rasend machte, auch nicht Entsetzen, selbst wenn er glaubte, daß ihr Geist von derselben verderblichen Essenz durchsetzt sei, die auch ihren Leib zu durchdringen schien, sondern ein wilder Trieb der Liebe und des Entsetzens, der beiden entstammte und wie die eine brannte und wie das andere erschauerte. Giovanni wußte nicht, was er fürchten, und noch weniger, was er hoffen sollte; doch Hoffnung und Furcht bekriegten sich ständig in seiner Brust, abwechselnd einander besiegend und immer wieder sich erhebend, um den Kampf zu erneuern. Gesegnet seien alle einfachen Gefühle, ob sie nun dunkel oder hell sind! Die unziemliche Mischung aus beiden ist es, welche die flackernde Lohe der höllischen Regionen hervorbringt.

Zuweilen versuchte er das Fieber seines Geistes durch einen raschen Gang in den Straßen Paduas oder vor den Stadttoren zu lindern; seine Schritte paßten sich dem Pochen in seinem Gehirn an, so daß sich der Spaziergang gewöhnlich zu einem Wettrennen steigerte. Eines Tages jedoch hielt ihn jemand an; sein Arm wurde von einem würdevollen Herrn ergriffen, der sich, als er den jungen Mann erkannt hatte, umwandte und ihn heftig atmend einholte.

„Signor Giovanni! bleiben Sie doch stehen, mein junger Freund!" rief er. „Kennen Sie mich denn nicht mehr? Das könnte schon sein, wenn ich mich ebenso verändert hätte wie Sie."

Es war Baglioni, dem Giovanni seit ihrem ersten Zusammentreffen ausgewichen war, da er befürchtete, der scharfsinnige Professor könne zu tief in seine Geheimnisse eindringen. Um Fassung ringend, starrte er wild aus seiner inneren Welt hinaus in die äußere und sagte, wie in einem Traum befangen:

„Ja, ich bin Giovanni Guasconti. Und Sie sind Professor Pietro Baglioni. Doch jetzt lassen Sie mich gehen!"

„Noch nicht – noch nicht, Signor Giovanni Guasconti", sagte der Professor lächelnd, aber den Jüngling zugleich mit einem ernsten Blick musternd. „Wie? Bin ich Seite an Seite mit Ihrem Vater aufgewachsen und soll nun seinen Sohn in diesen alten Straßen Paduas wie einen Fremden vorüberlassen? Bleiben Sie stehen, Signor Giovanni, denn wir müssen ein paar Worte wechseln, ehe wir auseinandergehen."

„Dann aber schnell, hochverehrter Herr Professor, schnell!" sagte Giovanni mit fieberhafter Ungeduld. „Sehen Euer Gnaden denn nicht, daß ich es eilig habe?"

Während er noch sprach, kam ein schwarzgekleideter Mann die Straße entlang, vornübergebeugt und mit unsicheren Schritten wie ein Kranker. Sein Gesicht war ganz von einer kränklichen und fahlen Farbe überzogen, aber dennoch so stark vom Ausdruck eines durchdringenden und lebhaften Verstandes geprägt, daß ein Betrachter leicht die bloß physischen Merkmale hätte übersehen und nur diese wunderbare Kraft bemerken können. Im Vorübergehen wechselte diese Person einen kühlen und distanzierten Gruß mit Baglioni, richtete jedoch seine Augen mit solcher Schärfe auf Giovanni, als wollte er alles, was an diesem bemerkenswert war, genau erfassen. Nichtsdestoweniger lag in dem Blick eine eigentümliche Gelassenheit, die nur ein spekulatives, aber kein menschliches Interesse an dem jungen Mann zu verraten schien.

„Das ist Doktor Rappaccini!" flüsterte der Professor, als der Fremde vorbeigegangen war. „Hat er jemals zuvor Ihr Gesicht gesehen?"

„Nicht, daß ich wüßte", antwortete Giovanni, der bei dem Namen zusammengefahren war.

„Er *hat* Sie gesehen! er muß Sie gesehen haben!" versetzte Baglioni hastig. „Aus irgendeinem Grunde sind Sie für diesen Mann der Wissenschaft ein Studienobjekt. Ich kenne diesen Blick an ihm. Es ist der gleiche, der sein Gesicht kalt erhellt, wenn er sich über einen Vogel, eine Maus oder einen Schmetterling beugt, die er bei der Durchführung irgendeines Experiments durch den Duft einer Blume getötet hat – ein Blick, so tief wie die Natur selber, aber ohne die wärmende Liebe der Natur. Signor Giovanni, ich setze mein Leben dagegen, daß sie das Objekt in einem Experiment Rappaccinis sind!"

„Wollen Sie mich zum Narren halten?" rief Giovanni leidenschaftlich aus. „*Dies,* Signor Professor, wäre ein ungehöriges Experiment."

„Geduld, nur Geduld!" entgegnete der Professor unbeirrt. „Ich sage Ihnen, mein armer Giovanni, daß Rappaccini ein wissenschaftliches Interesse an Ihnen hat. Sie sind in schreckliche Hände gefallen! Und die Signorina Beatrice? Welche Rolle spielt sie in diesem mysteriösen Vorgang?" Doch hier riß sich Guasconti los, weil er Baglionis Hartnäckigkeit unerträglich fand, und er war schon verschwunden, bevor ihn der Professor abermals beim Arm packen konnte. Dieser sah dem jungen Mann aufmerksam nach und schüttelte den Kopf.

„Das darf nicht sein", sagte Baglioni zu sich selber. „Der Jüngling ist der Sohn meines alten Freundes, und ihm soll kein Leid geschehen, vor dem ihn die Elixiere der Heilkunst bewahren können. Im übrigen ist es eine unerhörte Unverschämtheit von Rappaccini, mir den Burschen gewissermaßen aus den Händen zu reißen und ihn für seine teuflischen Experimente zu benutzen. Und dann seine Tochter! Man muß auf der Hut sein. Vielleicht, hochgelehrter Rappaccini, kann ich dich dort treffen, wo du nicht einmal im Traum daran denkst!"

Unterdessen war Giovanni auf Umwegen weitergewandert und stand schließlich vor der Tür seiner Wohnung. Als er die Schwelle betrat, begegnete ihm die alte Lisabetta, die schmunzelte und lächelte und offenkundig darauf bedacht war, seine Aufmerksamkeit zu erregen – allerdings vergebens, denn die Aufwallung seiner Gefühle war vorübergehend einer kalten, dumpfen Leere gewichen. Er wandte den Blick voll dem verwelkten Gesicht zu, das sich zu einem Lächeln verzog, schien es jedoch nicht wahrzunehmen. Die alte Dame hielt ihn deshalb am Mantel fest.

„Signore! – Signore!" flüsterte sie, noch immer übers ganze Gesicht lächelnd, so daß es einer grotesken, in Jahrhunderten nachgedunkelten Holzschnitzerei nicht unähnlich sah. „Hören Sie, Signore! Es gibt einen privaten Eingang zum Garten!"

„Was sagen Sie da?" rief Giovanni und drehte sich schnell um, als ob ein lebloser Gegenstand jäh zu fieberischem Leben erwacht wäre. „Ein privater Eingang zu Doktor Rappaccinis Garten?"

„Pst! pst! – nicht so laut!" wisperte Lisabetta, indem sie ihm ihre Hand auf den Mund legte. „Ja, in den Garten des ehrwürdigen Doktors, wo Sie alle seine schönen Gewächse sehen können. So mancher junge Mann in Padua würde Gold dafür geben, wenn er Zugang zu diesen Blumen fände." Giovanni drückte ihr ein Goldstück in die Hand.

„Zeigen Sie mir den Weg!" sagte er.

Ein Verdacht, wahrscheinlich geweckt durch seine Unterredung mit Baglioni, fuhr ihm durch den Kopf, daß nämlich das Eingreifen der alten Lisabetta vielleicht mit der Intrige, welcher Art sie auch sei, zusammenhängen könne, in die nach Ansicht des Professors Doktor Rappaccini ihn hineinzuziehen trachtete. Doch obwohl ein solcher Argwohn Giovanni verwirrte, war er nicht geeignet, ihn zurückzuhalten. Sobald er die Möglichkeit erkannte, sich Beatrice zu nähern, erschien es ihm absolut lebensnotwendig, dies zu versuchen. Es war ihm gleichgültig, ob sie ein Engel oder ein Dämon war; er befand sich unwiderruflich in ihrem Bann und mußte dem Gesetz gehorchen, das ihn in immer enger werdenden Kreisen einem Ziel entgegenwirbelte, welches er nicht vorauszuahnen wagte. Und doch befiel ihn seltsamerweise plötzlich ein Zweifel, ob sein starkes Interesse ihn nicht täuschte – ob es wirklich so tief und aufrichtig war, daß es ihm das Recht gab, sich jetzt auf eine unberechenbare Situation einzulassen –, ob es nicht nur die Phantasievorstellung eines jugendlichen Gehirns war, die bloß oberflächlich oder überhaupt nicht mit seinem Herzen in Beziehung stand!

Er blieb stehen – zögerte – drehte sich halb um – ging dann aber weiter. Seine verrunzelte Führerin geleitete ihn durch mehrere finstere Gänge und schloß endlich eine Tür auf, durch die, sobald sie sich auftat, der Anblick und das Geräusch raschelnder, im gebrochenen Sonnenlicht schimmernder Blätter drangen. Giovanni trat vor, und nachdem er sich einen Weg durch das Laubgewirr eines Busches gebahnt hatte, der mit seinen Ranken den verborgenen Eingang umhüllte, stand er unter seinem Fenster, auf dem freien Platz in Doktor Rappaccinis Garten.

Wie oft kommt es vor, daß wir uns, wenn Unmögliches geschieht und Träume ihre flüchtige Substanz zu greifbarer Wirklichkeit verdichten, gelassen, ja kalt-selbstbeherrscht inmitten von Umständen wiederfinden, deren Vorahnung uns in einen Taumel der Freude oder Qual versetzen würde. Dem Schicksal gefällt es, uns auf solche Weise zu hintergehen. Die Leidenschaft wählt sich selber die Zeit aus, wann sie auf die Bühne stürzen will, und hält sich träge zurück, wenn ein günstiges Zusammentreffen von Ereignissen ihren Auftritt zu fordern scheint. Genauso verhielt es sich jetzt mit Giovanni. Tag für Tag hatte sein fieberndes Blut in den Pulsen gepocht bei dem unwahrscheinlichen Gedanken, mit Beatrice zu sprechen, ihr von Angesicht zu Angesicht in ebendiesem Garten gegenüberzustehen, eingetaucht in das orientalische Sonnenlicht ihrer Schönheit, und ihrem unverstellten Blick das Geheimnis zu entreißen, das er für das Rätsel seines eigenen Daseins hielt. Doch jetzt war seine Brust von einem sonderbaren und unangemessenen Gleichmut erfüllt. Er ließ seinen Blick über den Garten schweifen, um festzustellen, ob Beatrice oder ihr Vater zugegen sei, und als er erkannt hatte, daß er allein war, begann er die Pflanzen kritisch zu untersuchen.

Er betrachtete sie samt und sonders mit Unbehagen; ihre Pracht erschien ihm wild, hemmungslos und sogar unnatürlich. Da gab es kaum ein Gewächs, vor dem ein Wanderer, der einsam durch einen Wald streift, nicht entsetzt zurückweichen würde, wenn er es wild wachsend anträfe, so als starre ihn ein unirdisches Gesicht aus dem Dickicht an. Manche würden ein zartfühlendes Gemüt durch den Schein der Künstlichkeit abstoßen, denn sie ließen auf eine solche Vermischung, ja gleichsam auf ein so ehebrecherisches Verhalten verschiedener Pflanzenarten schließen, daß das Ergebnis nicht mehr Gottes Schöpfung war, sondern die monströse Ausgeburt einer verderbten menschlichen Phantasie, die nur auf eine böswillige Verhöhnung der Schönheit aus war. Sie waren wahrscheinlich das Resultat von Versuchen, bei denen es in einigen Fällen gelungen war, Pflanzen, die an und für sich lieblich waren, zu einer Mischung von jener fragwürdigen und unseligen Art zu vereinen, die für die gesamte Vegetation des Gartens bezeichnend war. Kurzum, Giovanni erkannte nur zwei oder drei Pflanzen der Sammlung, und diese gehörten, wie er sehr wohl wußte, giftigen Arten an. Während er noch eifrig mit solchen Betrachtungen beschäftigt war, vernahm er das Rascheln eines seidenen Gewandes und, sich umwendend, erblickte er Beatrice, die gerade aus dem reliefgeschmückten Portal heraustrat.

Giovanni hatte sich keine Gedanken darüber gemacht, wie er sich verhalten solle; ob er sich wegen seines Eindringens in den Garten entschuldigen müßte oder ob er so tun sollte, als befinde er sich hier mit dem geheimen Einverständnis, wenn nicht gar auf Wunsch von Doktor Rappaccini oder dessen Tochter. Doch Beatrices Benehmen beruhigte ihn, obwohl es ihn noch immer im Zweifel darüber ließ, auf wessen Betreiben er hier Zugang erlangt hatte. Sie schritt leichtfüßig den Pfad entlang und traf neben dem verfallenen Brunnen mit ihm zusammen. Ihr Gesicht verriet Überraschung, die sich jedoch bald durch einen schlichten und freundlichen Ausdruck der Freude aufhellte.

„Sie sind ein Blumenkenner, Signore", sagte Beatrice lächelnd und spielte damit auf den Strauß an, den er ihr aus dem Fenster zugeworfen hatte. „Es ist deshalb nicht verwunderlich, daß der Anblick der kostbaren Sammlung meines Vaters Sie gereizt hat, sie sich einmal näher anzuschauen. Wenn er hier wäre, könnte er Ihnen viele merkwürdige und interessante Dinge über das Wesen und die Lebensgewohnheiten dieser Gewächse erzählen, denn er hat sich ein Leben lang mit solchen Forschungen befaßt, und dieser Garten ist seine Welt."

„Und Sie selber, mein Fräulein", bemerkte Giovanni, „auch Sie kennen sich, wenn man dem Gerede glauben darf, gründlich aus mit den Eigenschaften, welche diese reichen Blüten und diese würzigen Wohlgerüche anzeigen. Wenn Sie sich herabließen, meine Lehrerin zu werden, so würde ich mich als ein tüchtigerer Schüler erweisen, als wenn mich Signor Rappaccini persönlich unterwiese."

„Gibt es solche müßigen Gerüchte?" fragte Beatrice, die ihre Worte mit der Musik eines freundlichen Lachens begleitete. „Meinen die Leute wirklich, ich sei bewandert in der Pflanzenwissenschaft meines Vaters? Was für ein Witz! Nein; obgleich ich zwischen diesen Blumen aufgewachsen bin, kenne ich von ihnen nicht mehr als ihre Farben und Düfte; und manchmal kommt es mir vor, als würde ich selbst diese geringen Kenntnisse gern wieder loswerden. Es gibt viele Blumen hier, und zwar ganz unauffällige, die mich erschrecken und beleidigen, wenn mein Blick auf sie fällt. Doch bitte, Signore, glauben Sie nicht diese Geschichten über mein Wissen! Glauben Sie von mir nichts, was Sie nicht mit eigenen Augen sehen!"

„Und muß ich alles glauben, was ich mit eigenen Augen gesehen habe?" fragte Giovanni anzüglich, während ihn die Erinnerung an die voraufgegangenen Szenen schaudern ließ. „Nein, Signorina, Sie verlangen zu wenig von mir. Heißen Sie mich nichts glauben, außer was von Ihren eigenen Lippen kommt!"

Es schien, als habe Beatrice ihn verstanden. Eine tiefe Röte schoß in ihre Wangen, aber sie sah Giovanni offen in die Augen und erwiderte seinen unbehaglich argwöhnischen Blick so hoheitsvoll wie eine Königin.

„Ich bitte Sie darum, Signore!" entgegnete sie. „Vergessen Sie alles, was Sie sich in bezug auf mich eingebildet haben. Es mag zwar den äußeren Sinnen wahr erscheinen, kann aber dennoch in seinem Wesen falsch sein. Doch die Worte, die von Beatrice Rappaccinis Lippen kommen, gelangen wahr aus den Tiefen des Herzens nach außen. Ihnen können Sie glauben!!"

Ein leidenschaftlicher Ernst durchglühte ihre ganze Erscheinung und strahlte auf Giovannis Bewußtsein aus wie das Licht der Wahrheit selber. Doch während sie sprach, war die Luft um sie her erfüllt von einem reichen und köstlichen, wenngleich flüchtigen Duft, den der junge Mann aus einem unbestimmten Widerwillen dennoch kaum in seine Lunge einzusaugen wagte. Es war vielleicht der Geruch der Blumen. Konnte es aber nicht auch Beatrices Atem sein, der ihre Worte mit einer seltsamen Kraft erfüllte, als hätte sie sie mit ihrem Herzblut durchtränkt? Eine Schwäche überkam Giovanni wie ein Schatten und verging wieder; es war ihm, als blicke er durch die schönen Augen des Mädchens in ihre durchsichtige Seele, und seine Zweifel und Ängste verflogen.

Der Anflug der Leidenschaft, der Beatrices Verhalten bestimmt hatte, verschwand; sie gab sich jetzt heiter und schien an dem Umgang mit dem Jüngling ein reines Vergnügen zu finden, ganz wie ein Mädchen auf einer einsamen Insel empfinden mag, wenn es sich mit einem Reisenden aus der zivilisierten Welt unterhält. Augenscheinlich waren ihre Lebenserfahrungen auf den Umkreis dieses Gartens beschränkt. Sie sprach nun über so einfache Dinge wie das Tageslicht oder die Sommerwolken und stellte Fragen, die sich auf die Stadt oder auf Giovannis ferne Heimat, seine Freunde, seine Mutter und seine Schwestern bezogen – Fragen, in denen sich eine solche Abgeschiedenheit und ein solcher Mangel an Vertrautheit mit Gebräuchen und Gegenständen kundtaten, daß Giovanni ihr antwortete wie einem kleinen Kind. Ihr Geist verströmte vor ihm wie ein frisches Bächlein, das gerade den ersten Sonnenstrahl auffängt und sich über die Spiegelbilder der Erde und des Himmels wundert, die auf seine Oberfläche fallen. Doch es stiegen auch Gedanken aus einer tiefen Quelle auf und juwelengleich funkelnde Phantasien, als ob Diamanten und Rubine mit den Blasen des Brunnenwassers emporsprudelten. Hin und wieder durchzuckte die Seele des jungen Mannes ein Gefühl der Verwunderung, daß er Seite an Seite mit dem Wesen schritt, das seine Vorstellungskraft so stark beeinflußt, das er sich in solchen Schreckensfarben ausgemalt und in dem er so eindeutige Anzeichen furchtbarer Eigenschaften beobachtet hatte – und daß er sich nun mit Beatrice wie ein Bruder unterhielt und sie ihm so menschlich und mädchenhaft vorkam. Derartige Überlegungen währten indes nicht lange; die Ausstrahlung ihres Charakters war zu real, als daß er einem nicht sogleich vertraut gewesen wäre.

Unter solch freimütigen Gesprächen waren sie durch den Garten gewandert und nach mancherlei Umwegen bei dem verfallenen Brunnen angelangt, neben dem der prachtvolle Busch mit seinem Reichtum glühender Blüten stand. Er verströmte einen Duft, in dem Giovanni den gleichen erkannte, den er Beatrices Atem zugeschrieben hatte, nur daß er unvergleichlich viel kräftiger war. Als ihr Blick auf den Busch fiel, bemerkte Giovanni, wie sie ihre Hand an den Busen preßte, als ob ihr Herz plötzlich schmerzhaft pochte.

„Zum erstenmal in meinem Leben“, murmelte sie, zu dem Busch gewandt, „habe ich dich vergessen!“

„Ich erinnere mich, Signorina“, sagte Giovanni, „daß Sie mir neulich versprochen haben, mich mit einem dieser lebenden Edelsteine für den Strauß zu belohnen, den ich, vor Glück kühn geworden, Ihnen vor die Füße geworfen habe. Gestatten Sie mir, daß ich mir jetzt als Andenken an diese Begegnung einen abpflücke.“

Mit ausgestreckter Hand machte er einen Schritt auf den Busch zu. Doch Beatrice stürzte vor und stieß einen Schrei aus, der ihm wie ein Dolch durchs Herz fuhr. Sie ergriff seine Hand und zog sie mit der ganzen Kraft ihrer schmalen Gestalt zurück. Giovanni erschauerte bei ihrer Berührung bis in die letzte Faser.

„Fassen Sie ihn nicht an!“ rief sie mit einer Stimme voller Todesangst. „Nicht um Ihr Leben! Er bringt Unheil!“

Damit entfloh sie, ihr Gesicht verhüllend, und verschwand in dem reliefgeschmückten Portal. Als Giovanni ihr mit den Augen folgte, gewahrte er die abgezehrte Gestalt und das bleiche durchgeistigte Gesicht Doktor Rappaccinis, der – wer weiß, wie lange schon – im Schatten des Eingangs die Szene beobachtet hatte.

Kaum war Guasconti allein in seinem Zimmer, als das Bild Beatrices in seine leidenschaftlich aufgewühlten Gedanken zurückkehrte, erfüllt von all dem Zauber, der es umgab, seit er sie zum erstenmal erblickt hatte, und nun gleichermaßen durchdrungen von der milden Wärme mädchenhafter Fraulichkeit. Sie war ein Mensch: In ihrer Natur waren alle sanften weiblichen Eigenschaften vereint; sie war im höchsten Maße verehrungswürdig; sie war gewiß der größten und heroischsten Liebe fähig. Jene Zeichen, die er bislang als Beweise für eine erschreckende Absonderlichkeit ihrer körperlichen und moralischen Verfassung angesehen hatte, waren nunmehr entweder vergessen oder hatten sich dank der subtilen Selbsttäuschung der Leidenschaft in eine goldene Zauberkrone verwandelt, die Beatrice um so bewunderswerter machte, je einzigartiger sie war. Was häßlich gewirkt hatte, war jetzt schön, oder es schlich sich, falls ein solcher Wandel nicht gelang, davon und verbarg sich unter jenen formlosen Halbgedanken, die sich in dem dunklen Bereich jenseits des Tageslichts unseres vollen Bewußtseins zusammendrängen. So verbrachte er die Nacht und schlief nicht eher ein, als bis die Morgendämmerung die schlummernden Blumen in Doktor Rappaccinis Garten aufzuwecken begann, wohin die Träume Giovanni unfehlbar führten. Die Sonne ging auf zu der ihr vorgeschriebenen Zeit, und als ihre Strahlen auf die Lider des jungen Mannes fielen, erwachte er mit einem Gefühl des Schmerzes. Sobald er hellwach war, verspürte er ein Brennen und Stechen in der Hand – in der rechten Hand – in jener Hand also, die Beatrice mit der ihrigen ergriffen hatte, als er eine der juwelengleichen Blüten pflücken wollte. Auf dem Rücken dieser Hand war jetzt ein purpurnes Mal, wie der Abdruck von vier schmalen Fingern, und am Handgelenk das Zeichen eines schlanken Daumens sichtbar.

Oh, wie eigensinnig hält doch die Liebe – oder selbst das heimtückische Trugbild der Liebe, das in der Phantasie erblüht, aber im Herzen keine tiefen Wurzeln schlägt –, wie eigensinnig hält sie an ihrem Glauben fest, bis der Augenblick kommt, da sie sich in dünnen Nebel auflösen muß! Giovanni wickelte ein Taschentuch um die Hand und fragte sich, was für ein böses Wesen ihn wohl gestochen haben mochte, doch vergaß er bald seinen Schmerz, weil er wieder seinem Traum von Beatrice nachhing.

Auf die erste Begegnung folgte eine zweite im unausweichlichen Ablauf dessen, was wir Schicksal nennen. Eine dritte; eine vierte; und schließlich war das Zusammensein mit Beatrice im Garten kein besonderes Ereignis mehr in Giovannis

Alltag, sondern machte gleichsam den ganzen Zeitraum aus, in dem er lebte; denn die Vorfreude auf diese verzückte Stunde und die Erinnerung an sie füllten den Rest seiner Tage aus. Nicht anders erging es auch Rappaccinis Tochter. Sie wartete auf das Erscheinen des Jünglings und flog mit so vorbehaltlosem Vertrauen an seine Seite, als ob sie seit frühester Kindheit Spielgefährten gewesen wären – als ob sie immer noch solche Spielgefährten wären. Wenn ihn ein ungewöhnlicher Zufall daran hinderte, zur verabredeten Zeit zu kommen, stand sie unter seinem Fenster und ließ den lieblichen Klang ihrer Stimme emporsteigen, der ihn in seinem Zimmer umschwebte und in seinem Herzen widerhallte: „Giovanni! Giovanni! Warum zögerst du? Komm herunter!“ – und er eilte hinab in dieses Paradies der giftigen Blumen.

Doch trotz all dieser innigen Vertrautheit lag in Beatrices Benehmen eine gewisse Zurückhaltung, die sie so streng und unveränderlich beibehielt, daß der Gedanke, sie zu durchbrechen, ihm kaum kam. Nach allen erkennbaren Zeichen zu urteilen, liebten sie einander; Liebe sprach aus ihren Augen, die das heilige Geheimnis aus den Tiefen der einen Seele in die Tiefen der anderen übertragen, als wäre es zu kostbar, um einem beiläufigen Flüstern anvertraut zu werden; Liebe lag auch in ihren Worten, in jenen Ausbrüchen der Leidenschaft, da aus ihren Herzen geformte Laute hervorbrachen wie die Zungen einer lange verborgenen Flamme; und doch hatte es kein Lippensiegel, keinen Händedruck und nicht einmal die leiseste Liebkosung gegeben, wie sie die Liebe fordert und heiligt. Er hatte noch nie eine ihrer schimmernden Locken berührt; ihr Kleid – so streng war beider Körper durch eine Schranke getrennt – hatte ihn noch nie in einem Windhauch gestreift. In den wenigen Fällen, in denen Giovanni versucht zu sein schien, die Grenze zu überschreiten, wurde Beatrice so traurig, so ernst, und ihr Gesicht nahm dann einen Ausdruck so hoffnungsloser, vor sich selbst schaudernder Einsamkeit an, daß kein gesprochenes Wort nötig war, ihn zurückzuhalten.

In solchen Augenblicken erschrak er über den furchtbaren Verdacht, der gleich einem Ungeheuer aus den Höhlen seines Herzens aufstieg und ihm ins Gesicht starrte; seine Liebe wurde dann schwach und matt wie der Morgennebel; nur seine Zweifel hatten noch Gewicht. Doch wenn sich Beatrices Gesicht nach dieser flüchtigen Beschattung aufhellte, ging in dem rätselhaften undurchsichtigen Wesen, das er mit soviel Scheu und Entsetzen betrachtet hatte, eine jähe Verwandlung vor; sie war nun wieder das schöne und ungekünstelte Mädchen, und er fühlte, daß sein Geist sie mit einer Sicherheit kannte, die alles andere Wissen überstieg.

Geraume Zeit war unterdessen seit Giovannis letzter Begegnung mit Baglioni vergangen. Eines Morgens wurde er jedoch unangenehm überrascht durch einen Besuch des Professors, an den er seit Wochen kaum gedacht hatte und den er gerne noch länger vergessen hätte. Da er sich so lange einer ihn völlig beherrschenden Erregung überlassen hatte, ertrug er keine anderen Menschen, es sei denn, sie nähmen uneingeschränkt Anteil an seinem gegenwärtigen Gefühlszustand. Doch eine solche Anteilnahme war von Professor Baglioni nicht zu erwarten.

Der Besucher plauderte ein Weilchen unbekümmert über den Klatsch, der in der Stadt und in der Universität umging, und wandte sich dann einem anderen Thema zu.

„Ich habe kürzlich einen alten Klassiker gelesen“, sagte er, „und bin dabei auf eine Geschichte gestoßen, die mich sonderbar gefesselt hat. Vielleicht kennen Sie sie. Sie handelt von einem indischen Prinzen, der Alexander dem Großen eine schöne Frau als Geschenk sandte. Sie war so lieblich wie die Morgenröte und so prächtig wie der Sonnenuntergang; doch was sie besonders auszeichnete, war ein gewisser köstlicher Wohlgeruch ihres Atems – köstlicher als ein Garten voll persischer Rosen. Alexander verliebte sich, wie es einem jugendlichen Eroberer wohl ansteht, auf den ersten Blick in diese wunderbare Fremde. Doch ein zufällig anwesender weiser

Arzt entdeckte ein furchtbares Geheimnis, das diese Frau betraf."

„Und worin bestand es?" fragte Giovanni, der die Augen niederschlug, um denen des Professors auszuweichen.

„Daß diese schöne Frau", fuhr Baglioni mit Nachdruck fort, „seit ihrer Geburt mit Giften genährt worden war, bis sich ihr ganzer Organismus damit so vollgesogen hatte, daß sie selber zum tödlichsten Gift wurde, das es je gegeben hat. Gift war ihr Lebenselement. Mit dem köstlichen Hauch ihres Atems verpestete sie selbst die Luft. Ihre Liebe wäre Gift gewesen! ihre Umarmung der Tod! Ist das nicht eine wunderliche Geschichte?"

„Eine kindische Fabel", erwiderte Giovanni, der nervös von seinem Stuhl aufsprang. „Ich wundere mich, daß Euer Gnaden neben Ihren ernsthafteren Studien noch Zeit finden, solchen Unsinn zu lesen."

„Übrigens", versetzte der Professor, der sich beunruhigt umschaute, „was für ein sonderbarer Duft ist hier in Ihrer Wohnung? Ist das der Geruch Ihrer Handschuhe? Er ist schwach, aber köstlich und trotzdem durchaus nicht angenehm. Wenn ich ihn länger einatmen müßte, würde mir vermutlich übel. Er ist wie der Duft einer Blume – aber ich sehe nirgendwo Blumen im Zimmer."

„Es sind auch keine da", entgegnete Giovanni, der bei den Worten des Professors blaß geworden war, „und es gibt, glaube ich, hier auch keinen Duft, außer in Euer Gnaden Einbildung. Gerüche, die ja eine Art Element aus sinnlichen und geistigen Bestandteilen sind, täuschen uns gern auf diese Weise. Die Erinnerung an einen Duft, ja die bloße Vorstellung eines solchen, kann leicht für bare Wirklichkeit gehalten werden."

„Gewiß; aber meine nüchterne Einbildungskraft spielt mir nur selten einen solchen Streich", sagte Baglioni, „und wenn ich mir schon irgendeinen Geruch einbilde, dann ist es bestimmt der einer scheußlichen Arznei, der höchstwahrscheinlich an meinen Fingern haftet. Unser verehrungswürdiger Freund Rappaccini versetzt, wie ich gehört habe, seine Medikamente mit Essenzen, die köstlicher sind als die Wohlgerüche Arabiens. Ebenso wird zweifellos die schöne und gelehrte Signorina Beatrice ihren Patienten Tränke verabreichen, die so süß sind wie der Atem einer Jungfrau. Aber wehe dem, der sie schluckt!"

In Giovannis Gesicht spiegelten sich viele widerstreitende Empfindungen. Der Ton, in dem der Professor auf die reine und liebliche Tochter Rappaccinis angespielt hatte, war eine Folter für seine Seele; und dennoch verlieh die angedeutete Auffassung ihres Charakters, die seiner eigenen widersprach, mit einemmal tausend vagen Verdächtigungen einen festen Umriß, die ihn nun angrinsten wie ebenso viele Dämonen. Doch er gab sich alle Mühe, sie zu unterdrücken und Baglioni mit dem unerschütterlichen Glauben eines wahren Liebenden zu antworten.

„Signor Professor", sagte er, „Sie waren der Freund meines Vaters – vielleicht haben Sie die Absicht, sich auch seinem Sohn gegenüber freundlich zu erweisen. Ich möchte Ihnen keine anderen Gefühle entgegenbringen als Ehrerbietung und Ergebenheit. Aber ich bitte Sie zu bedenken, Signore, daß es ein Thema gibt, über das wir uns nicht unterhalten sollten. Sie kennen die Signorina Beatrice nicht. Sie können deshalb nicht das Unrecht – ich könnte sogar sagen, die Lästerung – ermessen, das man ihrem Charakter durch ein leichtfertiges oder verletzendes Wort antut."

„Giovanni! mein armer Giovanni!" erwiderte der Professor mit einer sanften Miene des Mitleids. „Ich kenne dieses unglückliche Mädchen weit besser als Sie. Sie werden jetzt die Wahrheit über den Giftmischer Rappaccini und seine giftige Tochter erfahren. Ja, sie ist ebenso giftig wie schön! Hören Sie mich an; denn selbst wenn Sie meinem grauen Haar Gewalt antun sollten, so werden Sie mich damit nicht zum Schweigen bringen. Die alte Fabel von der indischen Frau ist durch die tiefe und tödliche Wissenschaft Rappaccinis und in der Person der holden Beatrice Wirklichkeit geworden!"

Giovanni stöhnte und verbarg dabei sein Gesicht in den Händen.

„Ihr Vater", fuhr Baglioni fort, „ließ sich durch natürliche Zuneigung nicht davon abhalten, sein Kind auf diese entsetzliche Weise seinem krankhaften Wissensdrang zu opfern. Denn er ist – wir wollen ihm Gerechtigkeit widerfahren lassen – ein so wahrer Wissenschaftler wie jeder, der jemals sein eigenes Herz in einer Retorte destilliert hat. Welches Schicksal steht nun aber Ihnen bevor? Ohne jeden Zweifel sind Sie als Material für irgendein neues Experiment ausersehen. Vielleicht wird der Tod das Resultat sein – vielleicht aber auch ein noch furchtbareres Geschick! Wenn Rappaccini das vor Augen hat, was er das Interesse der Wissenschaft nennt, schreckt er vor nichts zurück!"

„Das ist ein Traum!" murmelte Giovanni vor sich hin. „Es ist bestimmt nur ein Traum!"

„Aber", versetzte der Professor, „seien Sie guten Mutes, Sohn meines Freundes! Für die Rettung ist es noch nicht zu spät. Möglicherweise gelingt es uns sogar, dieses unselige Kind in die Grenzen der normalen Natur zurückzubringen, denen ihres Vaters Wahnsinn sie entfremdet hat. Betrachten Sie dieses kleine Silbergefäß! Der berühmte Benvenuto Cellini hat es mit eigener Hand gearbeitet, und es ist gewiß würdig, der schönsten Dame in Italien als Liebesgabe überreicht zu werden. Doch sein Inhalt ist von unschätzbarem Wert. Ein einziger kleiner Schluck dieses Gegengifts hätte die stärksten Gifte der Borgias unschädlich gemacht. Zweifeln Sie nicht, daß es gegen die eines Rappaccini genauso wirksam sein wird. Schenken Sie das Gefäß und die darin enthaltene kostbare Flüssigkeit Ihrer Beatrice, und warten Sie das Ergebnis hoffnungsvoll ab."

Baglioni legte eine kleine, kunstvoll gearbeitete Silberphiole auf den Tisch und zog sich zurück, damit das, was er gesagt hatte, seine Wirkung auf das Gemüt des jungen Mannes tun möge.

„Wir werden Rappaccini schon noch in die Quere kommen!“ sagte er kichernd zu sich selber, als er die Treppe hinabstieg. „Aber wenn wir die Wahrheit über ihn bekennen sollen, so ist er ein wunderbarer Mann! – wirklich ein wunderbarer Mann! Allerdings auch ein schändlicher Empiriker in seinen Methoden und darum untragbar für all jene, welche die guten alten Regeln des ärztlichen Berufs achten!“

Seit Giovanni mit Beatrice bekannt war, hatten ihn zuweilen, wie gesagt, dunkle Zweifel an ihrem Charakter geplagt. Doch sie hatte sich ihm so eindringlich als ein schlichtes, natürliches, höchst liebevolles und argloses Geschöpf zu erkennen gegeben, daß ihm das Bild, das Professor Baglioni entworfen hatte, so fremd und unglaubwürdig vorkam, als befände es sich nicht in Übereinstimmung mit seiner eigenen ursprünglichen Auffassung. Gewiß, es verbanden sich häßliche Erinnerungen mit dem Augenblick, in dem er das schöne Mädchen zum erstenmal flüchtig gesehen hatte; er konnte nicht völlig den Blumenstrauß vergessen, der in ihrer Hand welkte, und auch nicht das Insekt, das augenscheinlich durch keine andere Einwirkung als den Duft ihres Atems in der sonnigen Luft verendet war. Aber diese Vorfälle, die sich im lauteren Licht ihres Charakters auflösten, besaßen nicht mehr die Beweiskraft von Tatsachen, sondern waren inzwischen als fehlgedeutete Phantasien erkannt worden, durch welches Zeugnis der Sinne sie auch scheinbar bestätigt worden sein mochten. Es gibt etwas, was wahrer und wirklicher ist als das, was wir mit den Augen sehen und mit dem Finger berühren können. Auf solche besseren Beweise hatte Giovanni sein Vertrauen in Beatrice gegründet, auch wenn er sich dabei eher von der bezwingenden Macht ihrer guten Eigenschaften als von einem tiefen und großmütigen Glauben auf seiner Seite bestimmen ließ. Doch nunmehr vermochte sich sein Geist nicht mehr auf der Höhe zu halten, zu der ihn der anfängliche Enthusiasmus der Leidenschaft emporgetragen hatte; er sank hinab, wühlte im Schmutz irdischer Zweifel umher und besudelte damit die lichte Reinheit von Beatrices Bild. Nicht, daß er sie aufgegeben hätte; er war nur von Mißtrauen erfüllt. Er beschloß, sie einer entscheidenden Probe zu unterwerfen, die ihm ein für allemal Gewißheit darüber verschaffen sollte, ob es in ihrer physischen Natur jene schrecklichen Eigenarten gab, von denen man annehmen mußte, daß sie ohne eine entsprechende Entartung der Seele nicht existieren konnten. Was die Eidechse, das Insekt und die Blumen betraf, so hätten ihn bei der großen Entfernung seine Augen täuschen können. Wenn er jedoch in einem Abstand von nur wenigen Schritten das plötzliche Absterben einer einzigen frischen und gesunden Blume in Beatrices Hand beobachten könnte, dann wäre jede weitere Frage überflüssig. Mit diesem Gedanken eilte er zum Blumenladen und erstand einen Strauß, auf dem noch die Juwelen der morgendlichen Tautropfen funkelten.

Es war die gewohnte Stunde der täglichen Zusammenkunft mit Beatrice. Ehe Giovanni in den Garten hinabstieg, versäumte er es nicht, seine Gestalt im Spiegel zu betrachten – eine Eitelkeit, die bei einem schönen jungen Mann zu erwarten war, die aber, da sie in diesem aufgeregten und fieberhaften Augenblick zutage trat, auf eine gewisse Oberflächlichkeit des Gefühls und Unaufrichtigkeit des Charakters hindeutete. Jedenfalls blickte er in den Spiegel und sprach zu sich selber, daß nie vorher seine Züge eine so reiche Anmut, seine Augen ein solches Feuer und seine Wangen einen so warmen Schimmer überschäumenden Lebens besessen hatten.

„Zumindest“, sagte er sich, „ist ihr Gift noch nicht in meinen Organismus eingedrungen. Ich bin keine Blume, die in ihrer Hand verdorrt!“

Bei diesem Gedanken wandte er seinen Blick dem Strauß zu, den er noch nicht aus der Hand gelegt hatte. Ein Schauer unbeschreiblichen Entsetzens durchzuckte seinen Körper, als er bemerkte, daß die betauten Blumen bereits die Köpfe hängen ließen; sie sahen aus wie etwas, was tags zuvor noch frisch und lieblich gewesen war. Giovanni wurde bleich wie Marmor und stand regungslos vor dem Spiegel, in dem er sein Abbild anstarrte wie die Erscheinung eines Ungeheuers. Ihm fiel Baglionis Bemerkung über den Duft ein, der angeblich das Zimmer erfüllte. Es mußte das Gift in seinem Atem gewesen sein! Dann schauderte ihn – es schauderte ihn vor sich selbst! Aus seiner Erstarrung erwachend, beobachtete er mit neugierigen Augen eine Spinne, die eifrig damit beschäftigt war, ihr Netz am altertümlichen Gesims des Zimmers aufzuhängen, und das kunstvolle Gewebe der sich kreuzenden Fäden so tatkräftig und lebhaft hin und her spann wie nur je eine Spinne, die von einer alten Decke herabbaumelte. Giovanni beugte sich dem Tier entgegen und hauchte tief und lange seinen Atem aus. Die Spinne hielt plötzlich in ihrer Arbeit inne; das Netz erzitterte unter einem Beben, das vom Körper der kleinen Künstlerin ausging. Noch einmal stieß Giovanni seinen Atem aus, tiefer, länger und durchsetzt mit einem giftigen Gefühl, das aus seinem Herzen kam; er wußte nicht, ob es aus Bosheit oder nur aus Verzweiflung geschah. Die Spinne zuckte krampfhaft mit den Gliedern und hing tot über dem Fenster.

„Verfluchter! Verfluchter!“ murmelte Giovanni, sich selber anredend. „Bist du schon so giftig geworden, daß dieses widerliche Tier durch deinen Atem verendet?“

Im selben Augenblick stieg der Klang einer vollen, süßen Stimme aus dem Garten empor: „Giovanni! Giovanni! Die Stunde ist schon angebrochen! Warum zögerst du? Komm herab!“

„Ja“, murmelte Giovanni wieder. „Sie ist das einzige Geschöpf, das mein Atem nicht umbringen kann! Ich wollte, er könnte es!“

Er stürzte hinunter und stand einen Augenblick später vor Beatrices leuchtenden und liebevollen Augen. Eben noch waren sein Zorn und seine Verzweiflung so heftig in ihm aufgeflackert, daß er nichts sehnlicher gewünscht hätte, als sie mit einem Blick zu vernichten. Doch in ihrer unmittelbaren Gegenwart wurden Einflüsse spürbar, die zu wirklich waren, als daß er sie sogleich hätte abschütteln können: Erinnerungen an die zarte und gütige Macht ihrer weiblichen Natur, die ihn so oft in fromme Ruhe eingehüllt hatte; Erinnerungen an so viele heilige und leidenschaftliche Ergießungen ihres Herzens, wenn die lautere Quelle aus ihren Tiefen hervorbrach und sich in ihrer Klarheit seinem inneren Auge zu erkennen gab; Erinnerungen, welche Giovanni, wenn er sie zu schätzen gewußt hätte, davon überzeugt haben würden, daß dieses ganze häßliche Geheimnis nichts als eine irdische Täuschung und die wahre Beatrice ein himmlischer Engel war, trotz des Nebels des Bösen, der sich über ihr zusammengezogen zu haben schien. Auch wenn er zu solch hohem Glauben nicht fähig war, so hatte ihre Gegenwart doch noch nicht gänzlich ihren Zauber verloren. Giovannis Wut wurde herabgemildert zu einem Ausdruck düsterer Empfindungslosigkeit. Mit ihren wachen Sinnen spürte Beatrice sofort, daß sich zwischen ihnen ein schwarzer Abgrund aufgetan hatte, den weder er noch sie zu überschreiten vermochten. Sie gingen nebeneinander her, traurig und schweigsam, und kamen so zu dem Marmorbrunnen und zum Teich, in dessen Mitte der Busch mit den juwelengleichen Blüten wuchs. Giovanni erschrak, als ihm bewußt wurde, mit welchem Genuß – ja, mit welchem Heißhunger – er den Duft der Blumen einatmete.

„Beatrice", fragte er unvermittelt, „woher stammt dieses Gewächs?"

„Mein Vater hat es erschaffen", antwortete sie einfach.

„Erschaffen! erschaffen!" wiederholte Giovanni. „Was meinst du damit, Beatrice?"

„Er ist auf eine erschreckende Weise vertraut mit den Geheimnissen der Natur", entgegnete Beatrice, „und in derselben Stunde, in der ich den ersten Atemzug tat, brach diese

Pflanze aus der Erde hervor, der Sproß seiner Wissenschaft, seines Geistes, während ich nur sein irdisches Kind war. Komm ihr nicht zu nah!" fuhr sie fort, als sie mit Schrecken bemerkte, daß Giovanni sich dem Busch nähern wollte. „Sie besitzt Eigenschaften, von denen du kaum etwas ahnst. Aber ich, liebster Giovanni – ich wuchs auf und erblühte mit dieser Pflanze und wurde genährt mit ihrem Atem. Sie war meine Schwester, und ich liebte sie mit menschlicher Zuneigung, denn – ach! hast du es nicht vermutet? – da war ein furchtbares Verhängnis."

Hier blickte Giovanni sie so finster an, daß sie innehielt und zu zittern begann. Doch ihr Glaube an seine zärtliche Liebe beruhigte sie wieder und ließ sie erröten, weil sie einen Augenblick an ihm gezweifelt hatte.

„Da war ein furchtbares Verhängnis", fuhr sie fort, „die Folge von meines Vaters unseliger Liebe zur Wissenschaft, die mich am Umgang mit meinesgleichen hinderte. Bis der Himmel mir dich gesandt hat, liebster Giovanni – oh, wie einsam war deine arme Beatrice!"

„War das ein schlimmes Verhängnis?" fragte Giovanni und blickte sie fest an.

„Erst seit kurzem weiß ich, wie schlimm es war", erwiderte sie zärtlich. „O ja, aber mein Herz war erstarrt und darum ruhig."

Aus Giovannis düsterer Bedrücktheit brach seine Wut hervor wie ein Blitzstrahl aus einer dunklen Wolke.

„Verfluchte!" schrie er voll bösartigem Hohn und Ingrimm. „Und weil dir deine Einsamkeit lästig wurde, hast du mich ebenfalls von der Wärme des Lebens getrennt und in dein Reich der unaussprechlichen Schrecken gelockt!"

„Giovanni!" rief Beatrice und wandte ihre großen leuchtenden Augen seinem Gesicht zu. Die Gewalt seiner Worte hatte ihre Seele noch nicht erreicht; sie war nur wie vom Donner gerührt.

„Ja, du giftiges Geschöpf!" fuhr Giovanni fort, vor Erregung außer sich. „Das hast du getan! Du hast mich zugrunde gerichtet! Du hast meine Adern mit Gift gefüllt! Du hast aus mir eine ebenso hassenswerte, häßliche, widerliche und todbringende Kreatur gemacht, wie du selber bist – ein Weltwunder von ungeheuerlicher Abscheulichkeit! Nun, wenn uns schon das Glück beschieden ist, daß unser Atem auf uns selber genauso tödlich wirkt wie auf andere, wollen wir unsere Lippen in einem einzigen Kuß unsäglichen Hasses vereinen und so sterben!"

„Was ist über mich gekommen?" murmelte Beatrice, und ein leises Stöhnen entrang sich ihrer Brust. „Heilige Jungfrau, erbarme dich meiner, eines armen Kindes mit gebrochenem Herzen!"

„Du! Du betest?" rief Giovanni, noch immer mit dem gleichen teuflischen Hohn. „Sogar die Gebete, die von deinen Lippen kommen, verpesten die Luft mit Tod. Ja, ja; laß uns beten! Gehen wir zur Kirche und tauchen wir unsere Finger in das geweihte Wasser am Portal! Die nach uns kommen, werden dann sterben wie an der Pest. Laß uns das Kreuzzeichen in der Luft machen! Sie wird den Fluch in der Gestalt des heiligen Symbols überallhin verbreiten!"

„Giovanni", sagte Beatrice ruhig, denn ihr Gram überstieg ihre Leidenschaft, „warum machst du dich mit mir gemein durch diese schrecklichen Worte? Ich, das ist wahr, ich bin das entsetzliche Wesen, als das du mich bezeichnest. Aber du! – was brauchst du anderes zu tun, als dich schaudernd von meinem gräßlichen Elend abzuwenden, fortzugehen aus diesem Garten, dich unter Menschen deines Schlages zu mischen und zu vergessen, daß auf Erden jemals ein solches Ungeheuer umherkroch wie die arme Beatrice?"

„Willst du dich unwissend stellen?" fragte Giovanni, der sie finster betrachtete. „Sieh her! Diese Macht verdanke ich der reinen Tochter Rappaccinis!"

Ein Schwarm sommerlicher Insekten schwirrte durch die Luft auf der Suche nach der Nahrung, die ihnen die Blumendüfte des verhängnisvollen Gartens verhießen. Sie umkreisten Giovannis Kopf und wurden offensichtlich aus dem gleichen Grund von ihm angezogen, der sie einen Augenblick lang in den Bannkreis verschiedener Büsche gelockt hatte. Er hauchte sie mit seinem Atem an und lächelte Beatrice bitter zu, als mindestens zwanzig Insekten tot zu Boden fielen.

„Ich sehe es! Ich sehe es!“ schrie Beatrice auf. „Das ist die todbringende Wissenschaft meines Vaters! Nein, nein, Giovanni; ich war es nicht! Niemals, niemals! Ich habe nur davon geträumt, dich zu lieben und eine Weile mit dir zusammenzusein und dich dann gehen zu lassen, um nur dein Bild in meinem Herzen zu behalten. Denn, Giovanni, glaube mir, wenn auch mein Körper mit Gift ernährt worden sein mag, mein Geist ist Gottes Schöpfung und verlangt nach Liebe wie nach dem täglichen Brot. Doch mein Vater! – er hat uns in diesem entsetzlichen Bund der Sympathie vereint. Ja, verachte mich! – zertritt mich! – töte mich! Oh, was bedeutet schon der Tod nach solchen Worten aus deinem Mund? Aber ich war es nicht! Nicht um eine Welt der Wonne hätte ich das tun können!“

Giovannis leidenschaftliche Erregung hatte sich in ihrem Ausbruch erschöpft. Jetzt überkam ihn ein Gefühl der Trauer, vermischt mit Zärtlichkeit, über die innige und einzigartige Verbindung zwischen Beatrice und ihm. Sie standen da, gleichsam umfangen von einer äußersten Einsamkeit, die auch der heftigste Andrang menschlichen Lebens nicht hätte verschlimmern können. Doch hätte nicht die Wüste der Menschheit ringsum dieses verlassene Paar enger zusammenschließen müssen? Wenn die beiden grausam zueinander waren, wer sollte dann freundlich zu ihnen sein? Im übrigen, so dachte Giovanni, bestand denn für ihn nicht noch die Hoffnung, in die Grenzen der gewöhnlichen Natur zurückzukehren und dabei Beatrice – die erlöste Beatrice – an der Hand zu führen? O schwacher und selbstsüchtiger und unwürdiger Geist, der noch von der Möglichkeit einer irdischen Vereinigung und eines irdischen Glücks träumen konnte, nachdem eine so tiefe Liebe wie die Beatrices durch Giovannis zerstörerische Worte so bitter geschmäht worden war! Nein, nein; eine solche Hoffnung konnte es nicht geben. Beatrice mußte mit gebrochenem Herzen traurig die Schwelle der Zeitlichkeit überschreiten – sie mußte ihre Wunden in einer Quelle des Paradieses kühlen und ihren Gram im Licht der Unsterblichkeit vergessen – und *dort* wieder gesunden!

Aber Giovanni wußte das nicht.

„Liebe Beatrice“, sagte er und trat auf sie zu, während sie wie stets bei seiner Annäherung zurückwich, doch diesmal aus einem anderen Grund, „liebste Beatrice, unser Schicksal ist noch nicht ganz so aussichtslos. Schau! Hier habe ich eine Arznei, die, wie mir ein weiser Arzt versichert hat, mächtig und fast göttlich in ihrer Wirkung ist. Sie besteht aus Ingredienzien, die jenen, mit denen dein entsetzlicher Vater dieses Unheil über dich und mich gebracht hat, genau entgegengesetzt sind. Sie wurde aus geweihten Kräutern destilliert. Sollten wir sie nicht gemeinsam trinken und uns so von allem Bösen befreien?“

„Gib sie mir!“ sagte Beatrice, die Hand nach der kleinen Silberphiole ausstreckend, die Giovanni aus seinem Busen zog. Mit sonderbarem Nachdruck fügte sie hinzu: „Ich will davon trinken – aber warte du das Ergebnis ab.“

Sie setzte Baglionis Gegengift an die Lippen, doch im selben Augenblick trat Rappaccinis Gestalt aus dem Portal hervor und kam langsam auf den Marmorbrunnen zu. Als der bleiche Mann der Wissenschaft sich näherte, schien er den schönen Jüngling und das Mädchen mit triumphierender Miene zu betrachten, wie ein Künstler, der sein Leben damit verbracht hat, ein Bild oder eine Statue zu schaffen, und am Ende mit seinem Erfolg zufrieden ist. Er blieb stehen – sein gebeugter Körper straffte sich in einer bewußten Anstrengung, und er breitete seine Hände über den beiden aus mit der Gebärde eines Vaters, der Segen auf seine Kinder herabfleht. Aber es waren dieselben Hände, die Gift in den Strom ihres Lebens geträufelt hatten! Giovanni zitterte. Beatrice erschauerte nervös und preßte eine Hand an ihr Herz.

„Meine Tochter“, sagte Rappacini, „du bist nicht mehr einsam in der Welt! Pflücke einen dieser kostbaren Edelsteine von deiner Schwesterpflanze und fordere deinen Bräutigam auf, ihn an seiner Brust zu tragen. Das wird ihm jetzt nicht mehr schaden! Meine Wissenschaft und die Sympathie zwischen dir und ihm haben so tief auf seinen Organismus eingewirkt, daß er nun nichts mehr gemein hat mit gewöhnlichen Männern, so wie du, Tochter meines Stolzes und meines Triumphes, nichts mehr mit gewöhnlichen Frauen gemein hast. So wandert denn weiter durch die Welt, einander in höchster Liebe zugetan, doch allen anderen Menschen ein Grauen!“

„Mein Vater“, sagte Beatrice mit schwacher Stimme – und während sie sprach, hielt sie noch immer die Hand auf ihr Herz gepreßt –, „warum hast du dieses elende Schicksal über dein Kind verhängt?“

„Elend!“ rief Rappaccini aus. „Was meinst du damit, törichtes Mädchen? Hältst du es für ein Elend, daß du mit wunderbaren Gaben bedacht bist, gegen die keines Feindes Gewalt oder Stärke etwas ausrichten kann? Elend, daß du imstande bist, den Mächtigsten mit einem Atemzug zu vernichten? Elend, daß du ebenso schrecklich wie schön bist? Möchtest du denn lieber in der Lage einer schwachen Frau sein, die allem Übel ausgesetzt und zu keinem fähig ist?“

„Ich wäre gern geliebt und nicht gefürchtet worden“, murmelte Beatrice, zu Boden sinkend. „Doch darauf kommt es jetzt nicht mehr an; ich gehe dorthin, Vater, wo das Böse, das du meinem Wesen einzuflößen bestrebt warst, vergehen wird wie ein Traum – wie der Duft dieser giftigen Blumen, der inmitten der Blumen des Paradieses meinen Atem nicht mehr verpesten wird. Lebe wohl, Giovanni! Deine haßerfüllten Worte sind wie Blei in meinem Herzen – aber auch sie werden von mir abfallen, wenn ich emporsteige. Oh, war nicht von Anfang an mehr Gift in deiner Natur als in der meinen?"

Da für Beatrice – so gründlich hatte Rappaccinis Kunst auf ihre irdische Hülle eingewirkt – Gift Leben bedeutet hatte, bedeutete das mächtige Gegengift ihren Tod. Und so starb das arme Opfer des menschlichen Scharfsinns, der hintergangenen Natur und jenes Verhängnisses, das alle solche Versuche entarteten Wissens begleitet, zu ihres Vaters und Giovannis Füßen. In diesem Augenblick schaute Professor Pietro Baglioni aus dem Fenster und rief mit einer Stimme, in der sich Triumph und Entsetzen mischten, dem wie vom Donner gerührten Mann der Wissenschaft zu: „Rappaccini! Rappaccini! Ist *dies* das Ergebnis Ihres Experiments?"

# Ethan Brand

## Ein Kapitel aus einem aufgegebenen Roman

Der Kalkbrenner Bartram, ein derber, grobschlächtiger Mann, geschwärzt von Kohlenstaub, saß bei Einbruch der Nacht wartend vor seinem Ofen, während sich sein kleiner Sohn damit vergnügte, aus den umherliegenden Marmorstücken Häuser zu bauen, als von dem Hang, der sich unten erstreckte, ein schallendes Gelächter empordrang, das nicht fröhlich, sondern schwerfällig und sogar feierlich klang, wie ein Windstoß, der das Astwerk des Waldes schüttelt.

„Vater, was ist das?" fragte der Kleine, der sein Spiel unterbrach und sich zwischen die Knie seines Vaters drückte.

„Oh, ein Betrunkener, nehme ich an", erwiderte der Kalkbrenner, „ein ausgelassener Bursche, der aus der Schenke im Dorf kommt und sich drinnen nicht richtig zu lachen traute, weil er Angst hatte, das Dach könnte davonfliegen. Da steht er nun am Fuße des Graylock und hält sich die Seiten vor Lachen."

„Aber, Vater", sagte das Kind, das feinfühliger war als der stumpfsinnige, nicht mehr ganz junge Grobian, „er lacht aber nicht so wie ein Mann, der sich freut. Darum erschreckt der Lärm mich so!"

„Sei kein Narr, Kleiner!" rief der Vater verdrießlich. „Aus dir wird nie ein Mann, glaube ich; du hast zuviel von deiner Mutter. Ich habe erlebt, wie du dich schon über ein raschelndes Blatt aufgeregt hast. Horch! Da kommt ja der lustige Bursche. Du wirst sehen, daß er ganz harmlos ist."

Als Bartram und sein kleiner Sohn so miteinander sprachen, saßen sie vor demselben Kalkofen, der die Kulisse von Ethan Brands einsamem und grüblerischem Leben gewesen war, bevor dieser sich aufmachte, die Unvergebbare Sünde zu suchen. Viele Jahre waren, wie wir gesehen haben, seit jener unheilvollen Nacht vergangen, in der die Idee erstmals aufkeimte. Der Ofen auf dem Berg war jedoch unerschütterlich stehengeblieben und hatte sich nicht im geringsten verändert, seitdem Ethan Brand seine finsteren Gedanken in die heftige Glut des Feuerlochs geworfen und sie gleichsam zu dem einen Gedanken verschmolzen hatte, der fortan sein Leben beherrschte. Es war ein rohes, rundes, turmähnliches Gebilde, ungefähr zwanzig Fuß hoch, erbaut aus schweren, unbehauenen Steinen und zum größten Teil von einem hoch aufgeschütteten Erdwall umgeben, so daß man die Marmorblöcke und -stücke mit einer Karre heranschaffen und von oben hineinwerfen konnte. Am Fuße des Turms befand sich eine Öffnung wie ein Ofenloch, aber groß genug, um einen Mann in gebückter Haltung einzulassen, und versehen mit einer massiven Eisentür. Wenn der Rauch und die Flammenstrahlen durch die Spalten und Ritzen dieser Tür drangen, die in den Berg hineinzuführen schien, glich sie beinahe dem Privateingang der Hölle, den die Hirten auf den „Köstlichen Bergen“ den Pilgern zu zeigen pflegten.

Es gibt viele solche Kalköfen in dieser Gegend, die dazu dienen, den weißen Marmor zu verbrennen, aus dem die Berge zu einem großen Teil bestehen. Manche von ihnen, die schon vor vielen Jahren errichtet wurden und seit langem verlassen dastehen, in deren leerem, oben offenem Innenraum Unkraut wächst und wo sich in den Ritzen zwischen den Steinen Gras und wilde Blumen festgesetzt haben, sehen bereits wie Überreste aus dem Altertum aus und werden vielleicht dennoch von den Flechten kommender Jahrhunderte überzogen werden. Andere, in denen der Kalkbrenner noch tagaus, tagein sein Feuer unterhält, locken den Bergwanderer an, der sich auf einem Baumstamm oder Marmorblock niederläßt, um mit dem Einsamen ein bißchen zu plaudern. Es ist eine weltfremde und womöglich, wenn der Kalkbrenner zum Sinnieren neigt, eine überaus beschauliche Tätigkeit, wie sich im Fall von Ethan Brand zeigte, dessen Gedanken in längst verflossenen Tagen so seltsame Wege gingen, während das Feuer in ebendiesem Ofen brannte.

Der Mann, der jetzt das Feuer hütete, war von anderem Schlag und belastete sich mit keinen anderen Gedanken als den wenigen, die zu seinem Gewerbe notwendig waren. In kurzen Abständen riß er krachend die schwere Eisentür auf und warf, das Gesicht von der unerträglichen Glut abwendend, gewaltige Eichenklötze hinein oder schürte das mächtige Feuer mit einer langen Stange. Im Ofen erblickte man die züngelnden und zischenden Flammen und den brennenden Marmor, den die starke Hitze schon fast geschmolzen hatte, während draußen der Widerschein des Feuers zitternde Schatten auf das Gewirr der Waldbäume warf und im Vordergrund das leuchtende, rötliche Bild der Hütte, den Brunnen neben der Tür, die athletische, kohlebeschmierte Gestalt des Kalkbrenners und das halb erschreckte Kind erhellte, das im Schatten seines Vaters Schutz suchte. Und wenn sich dann die Tür wieder schloß, war alles in das milde Licht des Halbmonds getaucht, das sich vergebens bemühte, die verschwommenen Umrisse der umliegenden Berge nachzuzeichnen; und hoch am Himmel glitt eine Wolkenansammlung vorüber, die noch rosig überhaucht war von der untergehenden Sonne, obwohl hier unten, wo sich der Hang talwärts senkte, das Sonnenlicht schon längst verschwunden war.

Der kleine Junge kroch jetzt noch näher an seinen Vater heran, als sich von unten Schritte näherten und eine menschliche Gestalt das Buschwerk beiseite schob, das sich unter den Bäumen zusammendrängte.

„Hallo! wer ist da?" rief der Kalkbrenner, verärgert über die Ängstlichkeit seines Sohnes und doch zugleich halb von ihr angesteckt. „Kommt her und zeigt Euch wie ein Mann, oder ich schmeiße Euch diesen Marmorbrocken hier an den Kopf!"

„Ihr entbietet mir einen groben Willkommensgruß", entgegnete eine düstere Stimme, als der Unbekannte näher kam. „Doch ich verlange und erwarte keinen freundlicheren, nicht einmal an meinem eigenen Herd."

Um besser sehen zu können, riß Bartram die Eisentür des Ofens auf, aus dem sogleich ein greller Lichtschein hervorbrach, der das Gesicht und die Gestalt des Fremdlings voll traf. Für ein unaufmerksames Auge hatte dessen äußere Erscheinung nichts besonders Auffälliges an sich; es war ein Mann in einem derben, braunen ländlichen Anzug, hochgewachsen und hager, mit dem Stab und den schweren Schuhen eines Wandersmanns. Als er nähertrat, richtete er seine Augen, die ungewöhnlich leuchteten, angestrengt auf die helle Glut des Ofens, als ob er in ihm etwas Bedeutsames erblickte oder zu erblicken hoffte.

„Guten Abend, Fremdling", sagte der Kalkbrenner. „Woher kommt Ihr so spät am Tage?"

„Ich kehre heim von meiner Suche", antwortete der Wandersmann; „denn sie ist nun endlich zu Ende."

„Betrunken oder verrückt!" murmelte Bartram vor sich hin. „Mit dem Kerl werde ich noch Ärger bekommen. Je eher ich ihn davonjage, desto besser."

Der kleine Junge, der am ganzen Leibe zitterte, flüsterte seinem Vater etwas zu und bat ihn, die Ofentür zu schließen, damit es nicht mehr so hell sei; denn im Gesicht des Mannes war etwas, was anzuschauen er sich fürchtete und wovon er trotzdem den Blick nicht abwenden konnte. Ja, selbst der dumpfe und träge Geist des Kalkbrenners erkannte allmählich ein unbeschreibliches Etwas in diesem hageren, durchfurchten und gedankenverlorenen Antlitz, das von wirrem grauem Haar eingerahmt war, und in diesen tief eingesunkenen Augen, die wie Feuerbrände im Eingang einer geheimnisvollen Höhle flackerten. Doch als er die Tür zugemacht hatte, wandte sich der Fremde ihm zu und sprach mit so ruhiger, vertrauter Stimme, daß Bartram das Gefühl hatte, er habe es schließlich doch mit einem gesunden und vernünftigen Mann zu tun.

„Eure Arbeit geht dem Ende zu, wie ich sehe", sagte der Fremde. „Dieser Marmor ist schon seit drei Tagen im Feuer. In ein paar Stunden wird sich der Stein in Kalk verwandeln."

„Wer seid Ihr denn?" rief der Kalkbrenner aus. „Ihr kennt Euch anscheinend in meinem Gewerbe genauso gut aus wie ich."

„Das mag wohl sein", sagte der Fremde, „denn ich habe denselben Beruf viele lange Jahre ausgeübt, und zwar hier, an ebendieser Stelle. Aber Ihr seid neu in dieser Gegend. Habt Ihr noch nie etwas von Ethan Brand gehört?"

„Von dem Mann, der sich aufmachte, um die Unvergebbare Sünde zu suchen?" fragte Bartram lachend.

„Ja, den meine ich", entgegnete der Fremde. „Er hat gefunden, was er suchte, und deshalb ist er zurückgekommen."

„Was? dann seid Ihr Ethan Brand persönlich?" rief der Kalkbrenner verwundert. „Ich bin neu hier, wie Ihr sagt; und es soll achtzehn Jahre her sein, seitdem Ihr den Hang des Graylock-Berges verlassen habt. Aber ich kann Euch versichern, die Leute da unten im Dorf reden noch immer von Ethan Brand und von dem seltsamen Auftrag, der ihn bewog, seinen Kalkofen aufzugeben. Nun, habt Ihr also die Unvergebbare Sünde gefunden?"

„So ist es", sagte der Fremde ruhig.

„Wenn die Frage erlaubt ist", fuhr Bartram fort, „wo könnte sie sein?"

Ethan Brand legte einen Finger auf sein Herz. „Hier!" erwiderte er.

Und dann brach er in ein höhnisches Lachen aus, ohne daß Freude seine Züge erhellte, sondern als bewege ihn vielmehr die unfreiwillige Einsicht in sein unsäglich widersinniges Tun, weil er in der ganzen Welt etwas, was ihm von allen Dingen am nächsten war, gesucht und in allen Herzen, außer seinem eigenen, nach etwas ausgeschaut hatte, was sich in keiner anderen Brust verbarg. Es war das gleiche bedächtige, schwerfällige Lachen, das den Kalkbrenner fast erschreckt hatte, als es den Auftritt des Wandersmanns ankündigte.

Es tönte schaurig über den Hang dahin. Ein Lachen, das fehl am Platze ist, zur unrechten Zeit erklingt oder einem verworrenen Gefühlszustand entspringt, gehört wohl zu den schrecklichsten Ausdrucksformen der menschlichen Stimme. Das Lachen eines Schlafenden, und sei es auch nur ein kleines Kind – das Gelächter eines Wahnsinnigen – das wilde, kreischende Gelächter eines Idioten, all dies sind Laute, die wir zuweilen nur mit Entsetzen hören und stets am liebsten wieder vergessen würden. Die Dichter können sich bei Teufeln und bösen Geistern keine Lautäußerung vorstellen, die zu diesen furchtbaren Wesen besser paßte als ein Lachen. Und sogar der stumpfsinnige Kalkbrenner spürte, wie es an seinen Nerven zerrte, als der Fremdling in sein eigenes Herz schaute und ein Lachen ausstieß, das in die Nacht hinaus scholl und in den Bergen undeutlich widerhallte.

„Joe“, sagte er zu seinem kleinen Sohn, „spring hinunter in die Dorfschenke und erzähle dort den lustigen Gesellen, daß Ethan Brand zurückgekommen ist und daß er die Unvergebbare Sünde gefunden hat!“

Der Knabe lief davon, um seinen Auftrag auszuführen, gegen den Ethan Brand keinen Einwand erhob, ja, den er kaum zu beachten schien. Er setzte sich auf einen Baumstamm und starrte unverwandt auf die Eisentür des Ofens. Als das Kind außer Sichtweite war und das Geräusch seiner flinken, leichten Füße verstummte, die zuerst auf welkem Laub und dann auf dem steinigen Bergpfad dahinliefen, begann es dem Kalkbrenner leid zu tun, daß er es hatte gehen lassen. Er merkte, daß die Gegenwart des Kleinen eine Schranke zwischen dem Gast und ihm selber errichtet hatte und daß er sich nun von Mann zu Mann mit einem Menschen auseinandersetzen mußte, der, seinem eigenen Eingeständnis zufolge, die einzige Untat begangen hatte, mit welcher der Himmel kein Erbarmen kennt. Die unbestimmte Schwärze dieser Untat lag gleichsam wie ein Schatten auf ihm. Die eigenen Sünden regten sich in der Seele des Kalkbrenners und erfüllten sein Gedächtnis mit einer dichtgedrängten Schar böser Schemen, die ihre Verwandtschaft mit der Größten Sünde bekundeten – was immer das auch sein mochte –, welche die verderbte menschliche Natur sich auszudenken und zu lieben vermochte. Sie alle gehörten einer Familie an; sie wanderten zwischen Bartrams und Ethan Brands Brust hin und her und überbrachten dunkle Grüße von dem einen zum anderen.

Dann fielen Bartram die Geschichten ein, die sich um diesen seltsamen Mann rankten, welcher über ihn gekommen war wie ein Schatten der Nacht und sich an seiner alten Wirkungsstätte wieder häuslich einrichtete, nachdem er so lange fort gewesen war, daß die Toten, die schon vor Jahren dahingeschieden und begraben waren, ein größeres Recht als er gehabt hätten, in ihre vertraute Umgebung zurückzukehren. Ethan Brand, so hieß es, hatte sich im gespenstischen Feuerschein ebendieses Ofens mit dem Satan selbst eingelassen. Die Legende hatte bisher nur Heiterkeit ausgelöst, aber jetzt wirkte sie eher unheimlich. Dieser Erzählung zufolge hatte Ethan Brand, bevor er sich auf die Suche machte, Nacht für Nacht einen Teufel aus der heißen Glut des Kalkofens hervorgelockt, um sich mit ihm über die Unvergebbare Sünde zu besprechen; Mensch und Teufel hätten sich gemeinsam bemüht, eine Form der Schuld ausfindig zu machen, die weder gesühnt noch vergeben werden konnte. Und wenn der erste Lichtschimmer den Gipfel des Berges berührt habe, sei der Teufel durch die Eisentür in den Ofen gekrochen und habe im stärksten Element, dem Feuer, so lange ausgeharrt, bis er wieder hervorgerufen worden sei, um an dem schrecklichen Auftrag mitzuwirken, die Schuldfähigkeit des Menschen so zu erweitern, daß sie selbst die ansonsten unendliche Gnade des Himmels übersteigen würde.

Während der Kalkbrenner noch mit diesen entsetzlichen Gedanken rang, erhob sich Ethan Brand von dem Baumstamm und riß die Tür des Ofens auf. Die Handlung paßte so sehr zu dem, was in Bartrams Geist vorging, daß dieser fast damit rechnete, er werde den Bösen rotglühend aus den tobenden Flammen hervorgehen sehen.

„Halt, halt!" schrie er und versuchte sich zu einem Lächeln zu zwingen, denn er schämte sich seiner Ängste, obwohl sie ihn überwältigten. „Holt jetzt um Gottes willen nicht Euren Teufel heraus!"

„Mann!" entgegnete Ethan Brand ungerührt, „wozu brauche ich den Teufel? Ich habe ihn auf meinem Weg zurückgelassen. Er gibt sich nur mit solchen halbherzigen Sündern ab, wie Ihr einer seid. Fürchtet Euch nicht, weil ich die Tür geöffnet habe. Ich tue das nur aus alter Gewohnheit und will Euer Feuer ein wenig schüren, wie ein Kalkbrenner, der ich ja einmal war."

Er stocherte in den dicken Kohlen herum, legte Holz nach und beugte sich dann vor, um in das hohle Gefängnis des Feuers zu blicken, ohne die starke Glut zu beachten, die sein Gesicht rötete. Der Kalkbrenner saß da und beobachtete ihn, und ihm kam halb der Verdacht, sein seltsamer Gast habe die Absicht, zwar nicht einen Teufel zu beschwören, aber sich wenigstens in die Flammen zu stürzen und sich auf solche Weise den Augen der Menschen zu entziehen. Ethan Brand trat indes ruhig zurück und machte die Ofentür zu.

„Ich habe", sagte er, „schon in manches Menschenherz geblickt, das vor sündigen Leidenschaften siebenmal heißer brannte als der Feuerofen dort drüben. Doch ich habe dort nicht gefunden, was ich suchte. Nein, nicht die Unvergebbare Sünde!"

„Was ist das, die Unvergebbare Sünde?" fragte der Kalkbrenner und wich ein Stückchen weiter von seinem Gefährten zurück, zitternd vor Angst, daß seine Frage beantwortet würde.

„Das ist eine Sünde, die in meiner eigenen Brust gedieh", erwiderte Ethan Brand und richtete sich hoch auf, erfüllt von jenem Stolz, der alle Schwärmer seines Schlages auszeichnet. „Eine Sünde, die sonst nirgendwo gedieh! Die Sünde eines Verstandes, der über die menschliche Brüderlichkeit und die Anbetung Gottes triumphierte und alles ihren eigenen mächtigen Forderungen unterordnete! Die einzige Sünde, die als Belohnung ewige Qualen verdient! Ehrlich gesagt, wenn ich sie noch einmal begehen könnte, ich würde die Schuld auf mich laden. Ohne Zögern nehme ich die Strafe an!"

„Der Mann ist wirr im Kopf", murmelte der Kalkbrenner vor sich hin. „Er mag ja ein Sünder sein, wie wir alle – nichts wäre wahrscheinlicher –, aber ich möchte schwören, daß er außerdem verrückt ist."

Dennoch fühlte er sich unbehaglich in seiner Lage, allein mit Ethan Brand auf diesem abgeschiedenen Hang, und er war ganz froh, als er das rauhe Stimmengewirr und die Schritte einer offensichtlich recht großen Menschengruppe vernahm, die über die Steine stolperte und sich einen Weg durch das Unterholz bahnte. Bald erschien auch die ganze Bande der Müßiggänger, die zu den Stammkunden der Dorfschenke gehörten, darunter drei oder vier Individuen, die seit Ethan Brands Aufbruch Winter für Winter am Kamin des Schankraums ihren Flip getrunken und Sommer für Sommer auf der Veranda ihre Pfeife geraucht hatten. Laut lachend und mit allen Stimmen wild durcheinanderredend, tauchten sie jetzt im Mondlicht und in den schmalen Streifen des Feuerscheins auf, die den freien Platz vor dem Kalkofen erhellten. Bartram öffnete die Tür wieder einen Spaltbreit, damit die ganze Gesellschaft Ethan Brand und dieser sie genauer in Augenschein nehmen konnte.

Unter den alten Bekannten befand sich ein einstmals weitverbreiteter, inzwischen fast ausgestorbener Typ, den man früher mit Sicherheit im Hotel eines jeden aufstrebenden Dorfes im ganzen Land antraf. Das war der Posthalter. Der gegenwärtige Vertreter dieser Gattung war ein verwelkter und verdorrter runzliger und rotnasiger Mann in einer elegant geschnittenen kurzschößigen braunen Jacke mit Messingknöpfen, der seit unvordenklichen Zeiten sein Pult in einer Ecke der Schankstube stehen hatte und noch immer dieselbe Zigarre zu paffen schien, die er sich vor zwanzig Jahren angesteckt hatte. Er war berühmt für seinen trockenen Witz, den er allerdings wohl weniger einer echten humoristischen Begabung als einer gewissen würzigen Mischung aus Grog und Tabakrauch verdankte, welche nicht nur alle seine Gedanken und Äußerungen, sondern auch seine ganze Person durchdrang. Ein anderes wohlbekanntes, wenngleich merkwürdig verändertes Gesicht war das von Advokat Giles, wie ihn die Leute aus Höflichkeit noch immer anredeten – ein zerlumpter ältlicher Mann mit schmutzigen Manschetten und Werghosen. Dieser arme Teufel war in seinen besseren Tagen, wie er es nannte, einmal ein Rechtsanwalt gewesen, ein gewiegter Fachmann, der bei den Litiganten des Dorfes großes Ansehen genoß; doch Flip und Grog und Punsch und Cocktails hatten bewirkt, daß er seine geistige Tätigkeit mit den verschiedensten Arten und Graden körperlicher Arbeit vertauschen mußte, bis er zuletzt, wie er sich selber ausdrückte, in einem Seifenfaß landete. Mit anderen Worten: Giles war jetzt ein kleiner Seifensieder. Er stellte nur noch den Torso eines menschlichen Wesens dar, denn ein Teil des Fußes war durch eine Axt abgehauen worden, und der teuflische Zugriff einer Dampfmaschine hatte ihm eine ganze Hand weggerissen. Doch obgleich die körperliche Hand fehlte, blieb eine geistige Gliedmaße erhalten; wenn Giles nämlich den Armstumpf ausstreckte, fühlte er, wie er beharrlich beteuerte, die unsichtbaren Finger noch genauso intensiv wie vor der Amputation. Ein verkrüppelter und bedauernswerter Kerl war er, aber trotzdem keiner, auf dem die Welt herumtrampeln konnte und den zu verachten sie das Recht hatte, weder in diesem noch in irgendeinem früheren Stadium seines Unglücks, weil er sich den Mut und Geist eines Mannes bewahrt hatte, weil er nichts geschenkt haben wollte und weil er mit der einen Hand – und das war die linke – einen verbissenen Kampf gegen Not und widrige Umstände führte.

Mit der Gruppe war auch noch eine andere Person gekommen, die zwar in gewisser Hinsicht Advokat Giles glich, aber im übrigen sich stark von ihm unterschied. Es war der Dorfarzt, ein Mann von etwa fünfzig Jahren, den wir in einem früheren Abschnitt seines Lebens in seiner beruflichen Eigenschaft anläßlich eines Krankenbesuchs bei Ethan Brand hätten vorstellen können, zu der Zeit, als der letztere angeblich dem Wahnsinn verfallen war. Jetzt war er ein rotgesichtiger, roher und brutaler, doch gleichwohl noch halbwegs herrenhaft wirkender Mann, in dessen Redeweise, Gesten und Manieren etwas Wildes, Hinfälliges und Verzweifeltes lag. Der Branntwein beherrschte diesen Mann wie ein böser Geist und machte ihn so bösartig und ungestüm wie ein wildes Tier und so elend wie eine verlorene Seele; aber er besaß anscheinend eine solche wunderbare Geschicklichkeit, eine solche naturgegebene Heilbegabung, die alles, was die medizinische Wissenschaft zu vermitteln vermochte, weit übersteigt, daß die Gesellschaft an ihm festhielt und ihn nicht völlig untergehen ließ. Im Sattel hin und her schwankend und mit schwerer Zunge lallend, besuchte er im Umkreis von vielen Meilen alle Krankenzimmer in den Bergstädten; und manchmal brachte er einen Sterbenden wie durch ein Wunder wieder auf die Beine, doch zweifellos schickte er ebensooft einen Patienten in ein Grab, das um Jahre zu früh geschaufelt worden war. Der Doktor hatte ständig eine Pfeife im Mund, die er stets, wie jemand in Anspielung auf sein gewohnheitsmäßiges Fluchen meinte, am Höllenfeuer anzündete.

Diese drei Ehrenmänner drängten sich vor, begrüßten Ethan Brand, jeder auf seine Weise, und forderten ihn auf, am Inhalt einer gewissen schwarzen Flasche teilzuhaben, in welcher er, wie sie versicherten, etwas finden werde, was zu suchen sich mehr lohne als die Unvergebbare Sünde. Kein Geist, der sich durch angestrengte, einsame Meditation auf eine hohe Stufe der Schwärmerei emporgeschwungen hat, vermag die Berührung mit niedrigen und vulgären Gesinnungen und Gefühlen zu ertragen, der Ethan Brand jetzt ausgesetzt war. Er begann zu zweifeln – und seltsamerweise war es ein schmerzhafter Zweifel –, ob er tatsächlich die Unvergebbare Sünde gefunden und ob er sie in seinem eigenen Ich gefunden habe. Die große Frage, der er sein Leben, und mehr als sein Leben, gewidmet hatte, erschien ihm jetzt wie eine Täuschung.

„Verlaßt mich", sagte er bitter, „ihr wüsten Unmenschen, die ihr euch selber dazu gemacht habt, indem ihr eure Seele durch üble Trunksucht zerstört! Ich bin fertig mit euch. Vor vielen, vielen Jahren habe ich in euren Herzen herumgetastet und nichts gefunden, was mir weitergeholfen hätte. Geht jetzt!"

„Na, na, Ihr ungehobelter Kerl", rief der hitzige Doktor, „erwidert Ihr so die Freundlichkeit Eurer besten Freunde? Dann will ich Euch einmal die Wahrheit sagen. Ihr habt die Unvergebbare Sünde ebensowenig gefunden wie der kleine Joe da drüben. Ihr seid nichts weiter als ein Verrückter – das habe ich Euch schon vor zwanzig Jahren gesagt –, weder besser noch schlechter als ein Verrückter, und der rechte Kumpan für den alten Humphrey dort!"

Damit zeigte er auf einen schäbig gekleideten alten Mann mit langem weißen Haar, hagerem Gesicht und unsteten Augen. Schon seit einigen Jahren wanderte dieser Alte in den Bergen umher und erkundigte sich bei allen Reisenden, denen er begegnete, nach seiner Tochter. Das Mädchen hatte sich offenbar einer Gruppe von Zirkusartisten angeschlossen; gelegentlich gelangten Berichte über sie ins Dorf, und man erzählte sich herrliche Geschichten über ihre glänzenden Auftritte, bei denen sie hoch zu Roß in die Manege einritt oder wundervolle Drahtseilakte vorführte.

Der weißhaarige Vater trat nun auf Ethan Brand zu und starrte ihm unsicher ins Gesicht.

„Man hat mir erzählt, Ihr wärt auf der ganzen Erde herumgekommen", sagte er und rang flehentlich die Hände. „Ihr müßt meine Tochter gesehen haben, denn sie spielt eine große Rolle in der Welt, und alle wollen sie sehen. Hat sie Euch eine Nachricht für ihren alten Vater mitgegeben oder gesagt, wann sie zurückkommen will?"

Ethan Brands Augen wichen dem Blick des alten Mannes aus. Diese Tochter, von der er so sehnlichst einen Gruß erwartete, war nämlich die Esther unserer Erzählung – dasselbe Mädchen, das Ethan Brand mit solch kalter und erbarmungsloser Zielstrebigkeit zum Gegenstand eines psychologischen Experiments gemacht und dessen Seele er dabei mißbraucht, ausgenutzt und vielleicht sogar zugrundegerichtet hatte.

„Ja", murmelte er, indem er sich von dem greisen Wanderer abwandte; „es ist keine Täuschung. Es gibt eine Unvergebbare Sünde!"

Während all dies vor sich ging, spielte sich im Umkreis des heiteren Lichts, neben dem Brunnen und vor der Hüttentür, eine fröhliche Szene ab. In großer Zahl war die Dorfjugend, junge Männer und Mädchen, den Hang hinaufgeeilt, neugierig darauf, Ethan Brand kennenzulernen, den Helden so vieler Legenden, die ihr von Kindesbeinen an vertraut waren. Da die jungen Leute jedoch nichts Besonderes an ihm entdeckten – er war nichts weiter als ein sonnverbrannter Wandersmann in einem schlichten Gewand und mit staubigen Schuhen, der dasaß und ins Feuer starrte, als ob aus der Kohlenglut Phantasiegebilde aufstiegen –, wurden sie seines Anblicks rasch müde. Es traf sich, daß ein anderes Amusement ihre Aufmerksamkeit fesselte. Ein alter deutscher Jude, der mit einem Diorama auf dem Rücken umherzog, hatte sich gerade dem Dorf auf der Bergstraße genähert, als die Gesellschaft von ihr abbog, und in der Hoffnung, das Geschäft des Tages zu machen, hatte der Schausteller die Gruppe bis zum Kalkofen begleitet.

„Kommt schon, alter Deutscher", rief ein junger Mann, „zeigt uns Eure Bilder, wenn Ihr beschwören könnt, daß es sich lohnt, sie anzuschauen!"

„O ja, Captain", antwortete der Jude, der jedermann, ob aus Höflichkeit oder Berechnung, mit dem Titel Captain anredete. „Ich werde euch allerdings ein paar einmalige Bilder zeigen!"

Also baute er seinen Kasten auf, lud die jungen Männer und Mädchen ein, durch die Glasöffnungen des Apparats zu blicken, und schickte sich an, als Meisterwerke der bildenden Kunst eine Serie der jämmerlichsten Kritzeleien und Schmierereien vorzuführen, die jemals ein wandernder Schausteller seinem Publikum zuzumuten gewagt hatte. Die Bilder waren abgenutzt, ja sogar zerfleddert, voller Risse und Eselsohren, von Tabakrauch verfärbt und insgesamt in einem höchst beklagenswerten Zustand. Einige zeigten angeblich Städte, öffentliche Gebäude und Burgruinen in Europa; andere stellten Napoleons Schlachten und Nelsons Seegefechte dar; und zwischendrin erschien eine riesenhafte, braune, behaarte Hand – man hätte sie für die Hand des Schicksals halten können, obgleich es in Wahrheit nur die des Schaustellers war –, die mit dem Zeigefinger auf verschiedene Szenen der Schlachtenbilder deutete, während ihr Besitzer dazu einen historischen Kommentar abgab. Als die Vorstellung, deren schäbige Qualität große Heiterkeit hervorgerufen hatte, beendet war, forderte der Deutsche den kleinen Joe auf, seinen Kopf in den Kasten zu stecken. Durch die Vergrößerungsgläser betrachtet, nahm das runde, rosige Gesicht des Jungen das höchst befremdliche Aussehen eines unermeßlich großen Titanenkinds an; sein Mund grinste breit, und die Augen und die ganze Miene strahlten vor Freude über diesen Scherz. Doch plötzlich erbleichte das fröhliche Gesicht, und sein Ausdruck schlug in Entsetzen um; denn dieser leicht beeindruckbare und erregbare Knabe spürte, daß ihn Ethan Brands Auge durch das Glas anstarrte.

„Ihr macht dem kleinen Mann Angst, Captain", sagte der deutsche Jude und richtete sich aus seiner gebückten Haltung auf, so daß die dunklen, festen Umrisse seines Gesichts deutlicher hervortraten. „Doch blickt noch einmal hinein, und auf mein Wort, ich kann Euch zufällig etwas sehr Schönes zeigen!"

Ethan Brand schaute einen Augenblick lang in den Kasten, dann fuhr er zurück und blickte den Deutschen starr an. Was hatte er gesehen? Offenbar nichts; denn ein neugieriger Jüngling, der fast gleichzeitig hineinlugte, erkannte nur ein leeres Stück Leinwand.

„Jetzt weiß ich, wer Ihr seid", flüsterte Ethan Brand dem Schausteller zu.

„Ach, Captain", wisperte der Jude aus Nürnberg mit einem geheimnisvollen Lächeln, „ich finde, das war eine große Belastung für meinen Schaukasten – diese Unvergebbare Sünde! Meiner Treu, Captain, meine Schultern sind ganz müde, nachdem ich sie den lieben langen Tag über den Berg geschleppt habe."

„Still!" versetzte Ethan Brand streng, „oder verfügt Euch dort drüben in den Brennofen!"

Die Vorführung des Juden war kaum zu Ende, als ein großer, alterer Hund – der offensichtlich sein eigener Herr war, da keiner der Anwesenden Anspruch auf ihn erhob – den Augenblick für gekommen hielt, die allgemeine Aufmerksamkeit auf sich zu lenken. Bislang hatte er sich wie ein sehr ruhiger, braver alter Hund benommen, der von einem zum anderen gegangen war und sein Anschlußbedürfnis dadurch zeigte, daß er seinen rauhen Kopf jeder freundlichen Hand darbot, die sich die Mühe nahm, ihn zu tätscheln. Doch jetzt begann dieser gesetzte und ehrwürdige Vierbeiner urplötzlich aus eigenem Antrieb, und ohne daß ihn jemand auch nur im geringsten dazu aufgefordert hätte, hinter seinem eigenen Schwanz herzurennen, der, was die Widersinnigkeit seines Unterfangens noch erhöhte, ein gutes Stück kürzer war, als er hätte sein sollen. Noch nie hat man einen so überstürzten Eifer bei der Verfolgung eines unerreichbaren Ziels gesehen; noch nie hat man ein so aufgeregtes Knurren, Jaulen, Bellen und Fauchen vernommen – es war, als bestünde zwischen den beiden Körperenden des albernen Viehs eine unversöhnliche Todfeindschaft. Immer schneller drehte sich der Köter im Kreise; und immer schneller flog sein unerreichbarer kurzer Schwanz; und immer lauter und böser wurde sein wütendes, feindseliges Gebell, bis der verrückte alte Hund völlig erschöpft war und, ohne seinem Ziel auch nur im mindesten nähergekommen zu sein, seine Vorführung ebenso plötzlich beendete, wie er sie begonnen hatte. Im nächsten Augenblick war er wieder der sanfte, ruhige, vernünftige und ehrenwerte Hund, der sich am Anfang bemüht hatte, Anschluß an die Gesellschaft zu finden.

Wie nicht anders zu erwarten, wurde die Darbietung mit allgemeinem Gelächter, Händeklatschen und Dacapo-Rufen bedacht; darauf antwortete der vierbeinige Schauspieler mit Schwanzwedeln, sofern man die Bewegungen seines kurzen Schwanzes überhaupt als Wedeln bezeichnen darf, doch er schien völlig außerstande zu sein, seine sehr erfolgreiche Vorstellung zum Ergötzen der Zuschauer noch einmal zu wiederholen.

Unterdessen hatte Ethan Brand wieder auf seinem Baumstamm Platz genommen; und möglicherweise betroffen durch die Erkenntnis, daß zwischen seinem eigenen Fall und dem des sich selber verfolgenden Köters eine entfernte Ähnlichkeit bestand, stieß er sein entsetzliches Lachen aus, das mehr als jedes andere äußere Zeichen seinen inneren Zustand verriet. Von diesem Augenblick an war es mit der Fröhlichkeit der Leute aus; sie standen entgeistert da und befürchteten, daß der unheimliche Laut die Luft bis zum Horizont erfüllen und als donnerndes Echo von Berg zu Berg springen könne, um ihre Ohren endlos zu quälen. Indem sie einander zuflüsterten, daß es schon spät sei, daß der Mond schon untergehen wolle und daß diese Augustnacht kühl zu werden drohe, eilten sie nach Hause und überließen es dem Kalkbrenner und dem kleinen Joe, mit dem ungebetenen Gast fertigzuwerden, so gut sie es vermochten. Abgesehen von diesen drei menschlichen Wesen, lag der freie Platz auf dem Hang jetzt einsam da, eingebettet in die unermeßliche Düsternis des Waldes. Wo dessen dunkler Saum verlief, fiel der flackernde Feuerschein auf die mächtigen Stämme und das schwärzliche Blattwerk der Kiefern, unter die sich das hellere Grün junger Eichen, Ahornbäume und Pappeln mischte, während hier und da die Riesenrümpfe abgestorbener Bäume auf der laubbedeckten Erde vermoderten. Und der kleine Joe – ein furchtsames und phantasievolles Kind – hatte das Gefühl, als hielte der schweigende Wald den Atem an, bevor sich irgend etwas Furchtbares ereignete.

Ethan Brand warf noch mehr Holz ins Feuer und schloß die Tür des Ofens; dann blickte er über die Schulter den Kalkbrenner und dessen Sohn an und riet oder vielmehr befahl ihnen, sich schlafen zu legen.

„Ich kann nämlich nicht schlafen", sagte er. „Da sind ein paar Dinge, über die ich nachdenken muß. Ich werde auf das Feuer aufpassen, so wie ich es in den alten Zeiten gewohnt war."

„Und dann holt Ihr vermutlich den Teufel aus dem Ofen heraus, damit er Euch Gesellschaft leistet", murmelte Bartram, der mit der oben erwähnten schwarzen Flasche nähere Bekanntschaft gemacht hatte. „Aber paßt nur auf, wenn es Euch beliebt, und ruft so viele Teufel, wie Ihr wollt! Ich meinerseits kann jetzt ein Schläfchen ganz gut brauchen. Komm, Joe!"

Als der Junge seinem Vater in die Hütte folgte, blickte er sich noch einmal nach dem Wandersmann um, und Tränen stiegen ihm in die Augen; denn sein sanftes Gemüt spürte intuitiv die öde, schreckliche Einsamkeit, in die sich dieser Mann selber gehüllt hatte.

Sowie die beiden fort waren, setzte Ethan Brand sich hin, um dem Knacken des brennenden Holzes zu lauschen und die kleinen Feuergeister zu beobachten, die durch die Spalten der Tür drangen. Diese einst so vertrauten Kleinigkeiten fesselten indes seine Aufmerksamkeit kaum, während er tief in seiner Seele den allmählichen, aber wunderlichen Wandel bedachte, den die Suche, welcher er sein Leben geweiht hatte, bewirkt hatte. Er erinnerte sich, wie sich der Tau der Nacht auf ihn herniedergesenkt hatte – wie der dunkle Wald ihm zugeflüstert hatte – wie die Sterne ihm geleuchtet hatten –, damals vor vielen Jahren, als er, ein einfacher und von Liebe erfüllter Mann, sein Feuer hütete und dabei seinen Gedanken nachhing. Er erinnerte sich, mit wieviel Zärtlichkeit, Anteilnahme und Menschheitsliebe und wieviel Mitleid mit menschlicher Schuld und Not er erstmals über jene Ideen nachzudenken begonnen hatte, die später sein Leben bestimmten; mit wieviel Ehrfurcht er damals in das Herz der Menschen geblickt hatte, das für ihn ein ursprünglich göttlicher Tempel war, der aller Entweihung zum Trotz einem Bruder heilig sein mußte; mit wieviel entsetzlicher Angst er das Gelingen seines Vorhabens abzuwenden versucht und darum gebetet hatte, daß ihm die Unvergebbare Sünde niemals enthüllt werden möge. Dann folgte jene mächtige geistige Entwicklung, die nach und nach das Gleichgewicht zwischen seinem Verstand und seinem Herzen zerstörte. Die Idee, die sein Dasein beherrschte, hatte sich als ein Mittel der Erziehung erwiesen; sie hatte seine Fähigkeiten so fortentwickelt, bis sie den höchsten Gipfel erreicht hatten, der ihnen zugänglich war; sie hatte ihn von der Stufe eines ungebildeten Arbeiters zu jener sternenhellen Höhe emporgetragen, welche die Philosophen der Welt, beladen mit dem Wissen der Universitäten, vergebens zu erklimmen trachteten. Soviel über den Verstand! Aber wo war das Herz geblieben? Das war allerdings verdorrt – zusammengeschrumpft – verhärtet – vernichtet! Es hatte aufgehört, im Gleichtakt mit dem Universum zu schlagen. Er hatte die magnetische Kette der Menschheit losgelassen. Er war kein Menschenbruder mehr, der die Kammern oder Kerker der allgemeinen Menschennatur mit dem Schlüssel heiliger Sympathie öffnete, die ihm das Recht gab, an all ihren Geheimnissen teilzuhaben; vielmehr war er jetzt ein kalter Beobachter, der in der Menschheit das Objekt seines Experiments erblickte und am Ende Mann und Frau in seine Marionetten verwandelte, an deren Drähten er so lange zog, bis sie solche Verbrechen begingen, wie er sie für seine Untersuchung brauchte.

So wurde aus Ethan Brand ein vom Teufel Besessener. Das begann in dem Augenblick, als seine moralische Natur mit der Aufwärtsbewegung seines Verstandes nicht mehr Schritt zu halten vermochte. Und jetzt hatte er als seine höchste Leistung und letzte Entwicklungsstufe – als die leuchtende, üppige Blüte und die reiche, köstliche Frucht seines lebenslangen Strebens – die Unvergebbare Sünde hervorgebracht!

„Was soll ich noch suchen? Was noch vollbringen?" sprach Ethan Brand zu sich selbst. „Meine Aufgabe ist erledigt, und gut erledigt!"

Mit einer gewissen Behendigkeit sprang er von dem Baumstamm hoch, stieg auf den Erdwall, der vor der steinernen Umfassungsmauer des Kalkofens aufgeschüttet war, und erreichte so die Spitze des Bauwerks. Die Öffnung hatte von Rand zu Rand eine Weite von vielleicht zehn Fuß und gab den Blick frei auf die oberste Schicht des gewaltigen Marmorhaufens, mit welcher der Ofen beschickt worden war. All diese unzähligen Marmorblöcke und -stücke waren rotglühend und brannten lichterloh, und aus ihnen schossen blaue Flammen hoch empor, die aufflackerten und wild umhertanzten, wie in einem magischen Kreis, und dann in sich zusammensanken und von neuem emporstiegen, in einer rastlosen, vielgestaltigen Bewegung. Als sich der einsame Mann über diese feurige Masse beugte, traf ihn die sengende Hitze mit einem Anhauch, der ihn, so sollte man meinen, in einem Nu hätte verbrennen und vernichten müssen.

Ethan Brand richtete sich auf und reckte seine Arme hoch empor. Die blauen Flammen spielten auf seinem Gesicht und tauchten es in das irre, grausige Licht, das allein zu seinem Ausdruck paßte; es war das Gesicht eines Teufels, der sich in den Abgrund der schlimmsten Qualen hinabstürzen will.

„O Mutter Erde", rief er, „die du nicht mehr meine Mutter bist und in deren Schoß dieser Leib niemals zurückkehren wird! O Menschheit, deren brüderliche Gemeinschaft ich verlassen und deren großes Herz ich mit Füßen getreten habe! O Sterne des Himmels, die mir einst leuchteten, als wollten sie mir den Weg nach vorne und nach oben weisen! – lebt wohl auf immer! Komm, todbringendes Element des Feuers – sei fortan mein treuer Freund! Umarme mich, wie ich dich umarme!"

In dieser Nacht durchdrang ein gräßliches Gelächter den Schlaf des Kalkbrenners und seines kleinen Sohns; undeutliche Bilder des Schreckens und der Angst suchten sie in ihren Träumen heim und schienen in der elenden Hütte noch immer gegenwärtig zu sein, als die beiden beim ersten Licht des Tages die Augen aufschlugen.

„Auf, Junge, auf!" rief der Kalkbrenner und blickte sich um. „Dem Himmel sei Dank, daß die Nacht endlich vorbei ist; lieber würde ich ein ganzes Jahr lang hellwach an meinem Kalkofen sitzen, als so eine Nacht noch einmal zu erleben. Dieser Ethan mit seiner albernen Unvergebbaren Sünde hat mir keinen besonderen Gefallen getan, indem er meinen Platz einnahm!"

Er verließ die Hütte, gefolgt von dem kleinen Joe, der die Hand seines Vaters fest umklammert hielt. Die frühe Sonne ergoß bereits ihr Gold über die Berggipfel, und obgleich die Täler noch im Schatten lagen, lächelten sie heiter in der Erwartung eines strahlenden Tages, der es sehr eilig zu haben schien. Das Dorf, das ringsum von sanft anschwellenden Hügeln eingeschlossen war, sah aus, als hätte es in der großen hohlen Hand der Vorsehung friedlich geruht. Alle Häuser waren deutlich zu erkennen; die kleinen Türme der beiden Kirchen reckten sich empor und fingen mit ihren vergoldeten Wetterhähnen einen ersten Schimmer des von der Sonne vergoldeten Himmels ein. In der Schenke herrschte schon reges Leben, und die Gestalt des alten verdorrten Posthalters, die Zigarre im Mund, zeigte sich auf der Veranda. Das Haupt des alten Graylock war von einer goldenen Wolke gekrönt. Auch über die Brüste der umliegenden Berge waren graue Nebelschwaden in phantastischen Formen verstreut, von denen einige weit ins Tal hinabreichten, andere bis zu den Gipfeln emporstiegen und wieder andere, die derselben Dunst- oder Wolkenfamilie zugehörten, im goldenen Glanz der oberen Atmosphäre schwebten. Schweifte der Blick über die Wolken hin, die auf den Hügeln ruhten, und von dort aus hinauf zu den vornehmeren Geschwistern, die durch die Lüfte segelten, so hatte man fast das Gefühl, als könnte ein sterblicher Mensch auf diese Weise zu den himmlischen Gefilden emporsteigen. Erde und Himmel vermischten sich dergestalt, daß man ein Traumbild zu schauen meinte.

Um den Zauber des Vertrauten und Anheimelnden zu erhöhen, den die Natur so gern über einer derartigen Landschaft ausbreitet, rasselte die Postkutsche die Bergstraße hinab, und der Kutscher stieß in sein Horn; das Echo bemächtigte sich der Töne und verwob sie zu einer prächtigen und abwechslungsreichen und kunstvollen Melodie, an welcher der eigentliche Urheber nur geringen Anteil hatte. Die hohen Berge führten miteinander ein Konzert auf, zu dem jeder eine Tonfolge von ätherischer Lieblichkeit beitrug.

Das Gesicht des kleinen Joe hellte sich sogleich auf.

„Lieber Vater“, rief er und hupfte ausgelassen hin und her, „dieser fremde Mann ist verschwunden, und der Himmel und die Berge scheinen sich darüber zu freuen!“

„Ja“, brummte der Kalkbrenner und fluchte dazu, „aber er hat das Feuer ausgehen lassen, und wir haben es bestimmt nicht ihm zu verdanken, wenn die fünfhundert Scheffel Kalk nicht verdorben sind. Sollte ich den Kerl hier noch einmal zu fassen bekommen, dann würde ich ihn am liebsten in den Ofen stecken!“

Er nahm die lange Stange in die Hand und stieg auf den Ofen. Nach einer Weile rief er seinen Sohn.

„Komm herauf, Joe!“ befahl er.

Also kletterte der kleine Joe auf den Erdwall und stellte sich neben seinen Vater. Der gesamte Marmor war zu makellosem, schneeweißem Kalk verbrannt. Doch obenauf, in der Mitte des Kreises, lag – ebenfalls schneeweiß und ganz und gar zu Kalk geworden – ein menschliches Skelett in der Haltung eines Menschen, der sich nach langer schwerer Arbeit zum Schlafen ausstreckt. Zwischen den Rippen – höchst merkwürdig – befand sich etwas, was die Form eines Menschenherzens hatte.

„Bestand denn das Herz dieses Burschen aus Marmor?“ rief Bartram, einigermaßen verwirrt bei diesem Anblick. „Jedenfalls ist es anscheinend zu einem besonders guten Kalk verbrannt; und wenn ich die ganzen Knochen zusammenrechne, ist mein Ofen um einen halben Scheffel reicher.“

Mit diesen Worten hob der grobe Kalkbrenner seine Stange, und als er sie auf das Skelett warf, zerfielen die Überreste von Ethan Brand zu Staub.

# Der ehrsüchtige Gast

An einem Septemberabend hatte sich eine Familie um den Kamin versammelt, in dem sie Treibholz aus Bergbächen, trockene Kiefernzapfen und die zersplitterten Überreste großer Bäume, die in die jähen Abgründe gestürzt waren, hoch aufgeschichtet hatten. Das Feuer loderte den Kaminabzug hinauf und erhellte den Raum mit seinen kräftigen Flammen. Auf den Gesichtern des Vaters und der Mutter lag ein Ausdruck gesetzter Fröhlichkeit; die Kinder lachten; die älteste Tochter war die Verkörperung des Glücks mit siebzehn Jahren; und die betagte Großmutter, die in der wärmsten Ecke saß und strickte, war die Verkörperung des Glücks im Alter. Sie hatten ihr „Kraut ‚Seelenfrieden'" in der ödesten Gegend von Neu-England gefunden. Diese Familie lebte im Notch, dem schartigen Engpaß der White Hills, wo der Wind das ganze Jahr über scharf blies und im Winter gnadenlos kalt war – und ihrer Hütte all seine frischen Unbilden abgab, bevor er in das Tal des Saco hinabfuhr. Sie wohnten an einem kalten und einem gefährlichen Ort, denn über ihren Köpfen erhob sich ein Berg, der so steil war, daß das Felsgeröll oft mit Getöse von seinen Flanken brach und sie um Mitternacht erschreckte.

Die Tochter hatte gerade einen einfachen Scherz ausgesprochen, der sie alle mit Heiterkeit erfüllte, als der Wind durch den Notch fuhr und vor ihrer Hütte zu verharren schien – und mit einem Laut des Jammerns und der Wehklage an der Tür rüttelte, bevor er zu Tale fuhr. Für einen Augenblick erfüllte er sie mit Trauer, obwohl nichts Ungewöhnliches in dem Klang lag. Doch die Familie war wieder recht froh, als sie bemerkte, daß der Türriegel von einem Reisenden nach oben geschoben wurde, dessen Schritte unter dem düsteren Windstoß ungehört verklungen waren, der seine Ankunft angekündigt hatte und nun aufheulte, als er eintrat, und ächzend von der Tür zurückwich.

Obwohl sie in solcher Einsamkeit lebten, verkehrten diese Menschen täglich mit der Welt. Der romantische Paß des Notch ist eine wichtige Verkehrsader, durch die das Herzblut des Binnenhandels zwischen Maine auf der einen und den Green Mountains und den Ufern des St. Lawrence auf der anderen Seite stetig pulsiert. Die Postkutsche hielt immer vor der Tür der Hütte. Der Wanderer, dessen einzige Begleitung sein Stock war, rastete hier, um ein paar Worte zu wechseln, damit das Gefühl der Einsamkeit ihn nicht gänzlich übermannte, bevor er durch die Scharte des Berges gedrungen war oder das erste Haus im Tal erreicht hatte. Und hier schlug auch der Fuhrmann, auf dem Weg zum Markt in Portland, sein Nachtquartier auf, und mag wohl auch, wenn er ein Junggeselle war, eine Stunde über die übliche Schlafenszeit hinaus aufsitzen und sich zum Abschied einen Kuß von der Bergjungfrau stehlen. Es war eines dieser einfachen Gasthäuser, in denen der Reisende nur für sein Essen und sein Quartier bezahlt und einer schlichten Herzlichkeit begegnet, die kein Gold aufwiegen könnte. Als daher die Schritte zwischen der äußeren Tür und der inneren vernommen wurden, erhob sich die ganze Familie, die Großmutter, die Kinder und alle anderen, als wollten sie jemanden willkommenheißen, der zu ihnen gehörte und dessen Schicksal mit dem ihrigen verwoben war.

Die Tür wurde von einem jungen Mann geöffnet. Sein Gesicht zeigte zuerst den melancholischen Ausdruck, ja fast die Verzagtheit eines, der eine wilde, öde Straße entlangreist, bei einbrechender Nacht und allein, doch es hellte sich sehr bald auf, als er die freundliche Wärme seines Empfanges bemerkte. Er fühlte, wie sein Herz ihnen allen entgegenschlug, von der alten Frau, die einen Stuhl mit ihrer Schürze abwischte, bis zu dem kleinen Kind, das ihm seine Arme entgegenstreckte. Ein Blick und ein Lächeln versetzten den Fremden in ein Verhältnis unschuldiger Vertrautheit mit der ältesten Tochter.

„Ah, dies Feuer ist gerade recht“, rief er, „besonders, wenn ein solch liebenswürdiger Kreis sich darum befindet. Ich bin schier erstarrt, denn der Notch ist genau wie die Öffnung eines riesigen Blasebalges, er hat mir den ganzen Weg von Bartlett her einen furchtbaren Wind ins Gesicht geblasen.“

„Dann seid Ihr auf dem Weg nach Vermont?“ fragte der Herr des Hauses, während er dem jungen Mann half, einen leichten Rucksack von den Schultern zu nehmen.

„Ja, nach Burlington und noch ein Stück darüber hinaus“, antwortete dieser. „Ich hatte heute nacht bei Ethan Crawford sein wollen, doch für einen Fußgänger zieht sich solch eine Straße wie diese arg in die Länge. Es macht aber nichts, denn als ich dieses gute Feuer sah und all Eure fröhlichen Gesichter, empfand ich es, als hättet Ihr es mit Absicht für mich entzündet und erwartet meine Ankunft. Also werde ich mich zu Euch setzen und mich wie zu Hause fühlen.“

Der offenherzige Fremde hatte gerade seinen Stuhl an das Feuer gerückt, als etwas wie ein schwerer Schritt draußen erscholl, der die steile Bergwand hinabjagte wie mit langen, schnellen Sätzen und solch einen Sprung tat, als er an der Hütte vorbeikam, daß er auf den jähen Abhang der gegenüberliegenden Seite auftraf. Die Familie hielt den Atem an, denn sie kannte das Geräusch, und der Gast hielt den seinen unwillkürlich ebenfalls an.

„Der alte Berg hat einen Stein nach uns geworfen, aus Angst, wir könnten ihn vergessen“, sagte der Wirt, als er seine Fassung wiedergewonnen hatte. „Manchmal nickt er mit dem Kopf und droht herunterzukommen; doch wir sind alte Nachbarn und vertragen uns alles in allem recht gut. Überdies haben wir einen sicheren Zufluchtsort ganz in der Nähe, sollte er ernsthaft herabkommen.“

Laßt uns nun annehmen, daß der Fremde sein Nachtmahl

von Bärenfleisch beendet und sich durch seine ganz natürliche glückliche Art in einen Zustand wechselseitiger Zuneigung mit der ganzen Familie versetzt hat, so daß sie so frei miteinander sprachen, als sei er ein Teil ihrer Bergsippe. Er war von stolzem und doch liebenswürdigem Wesen – hochmütig und zurückhaltend unter den Reichen und Mächtigen, doch immer bereit, seinen Kopf vor einer niederen Hüttentür zu senken und wie ein Bruder oder ein Sohn am Herdfeuer des armen Mannes zu sein. In diesem Haushalt am Notch fand er Warmherzigkeit und Schlichtheit der Gefühle, den Neu-England eigenen durchdringenden Scharfsinn und eine natürlich gewachsene Poesie, die sie ohne viel daran zu denken von den Gipfeln und Abgründen der Berge und gleich vor der Schwelle ihres romantischen und gefährlichen Wohnsitzes zusammengetragen hatten. Er war allein und weit gereist, ja sein ganzes Leben war in der Tat ein einsamer Pfad gewesen, denn er hatte sich mit der edlen Vorsicht seiner Natur von jenen ferngehalten, die andernfalls seine Gefährten hätten sein können. Auch die Familie, so herzlich und gastfreundlich sie war, hatte dies Bewußtsein einer Zugehörigkeit untereinander und eines Abgetrenntseins von der Welt als solcher, welches in jedem häuslichen Zirkel immer noch ein heiliges Plätzchen bewahren sollte, in welches kein Fremder eindringen darf. Doch an diesem Abend drängte eine ahnungsvolle Seelenverwandtschaft den vornehmen und gebildeten Jüngling, diesen einfachen Bergbewohnern sein Herz auszuschütten, und nötigte sie, ihm mit dem gleichen freien Zutrauen zu antworten. Und so sollte es auch sein. Ist nicht die Verwandtschaft durch ein gleiches Schicksal ein engeres Band als die durch die Geburt?

Das Geheimnis, welches das Wesen des jungen Mannes bestimmte, war eine hohe und reine Ehrsucht. Er hätte es ertragen, ein unbedeutendes Leben zu führen, doch nicht, in seinem Grab vergessen zu sein. Sehnsüchtiges Verlangen hatte sich in Hoffnung gewandelt, und die Hoffnung, langgehegt, war wie zu der Gewißheit geworden, daß, so unbekannt er jetzt auch reiste, ein Ruhmeslicht auf all seine Pfade schiene – wenn vielleicht auch noch nicht, während der sie beschritt. Doch wenn die Nachwelt in die Düsternis zurückblicken sollte, die jetzt die Gegenwart war, so würde sie den Glanz seiner Fußtapfen verfolgen, die um so heller leuchteten, als geringere Ruhmeslichter verblaßten, und sich eingestehen, daß ein Begabter von seiner Wiege bis in sein Grab gegangen war, ohne daß ihn jemand erkannt hätte.

„Noch", rief der Fremde – und seine Wangen glühten und seine Augen leuchteten vor Begeisterung –, „noch habe ich nichts vollbracht. Sollte ich morgen vom Erdboden verschwinden, so wüßte niemand so viel von mir wie Ihr: daß ein namenloser junger Mann bei Einbruch der Nacht aus dem Saco-Tal heraufgestiegen war, Euch am Abend sein Herz eröffnete, bei Sonnenaufgang den Notch passierte und nie wieder gesehen ward. Keine Seele würde fragen: ‚Wer war er? Wohin ist der Wanderer gezogen?' Doch ich kann nicht eher sterben, als bis ich mein Schicksal erfüllt habe. Dann, Tod, magst du kommen! Ich werde mir ein Denkmal geschaffen haben!"

Es war ein stetes Dahinströmen natürlicher Gemütsbewegungen, das unter den reinen Traumgebilden hervorbrach und es der Familie ermöglichte, die Gesinnung dieses jungen Mannes zu verstehen, war sie der ihrigen auch noch so fremd. Mit rascher Empfindlichkeit für das Lächerliche errötete er über den Eifer, zu dem er sich hatte hinreißen lassen.

„Ihr lacht mich aus", sagte er, ergriff die Hand der ältesten Tochter und lachte selbst. „Ihr haltet meinen Ehrgeiz für so unsinnig, als würde ich mich auf dem Gipfel des Mount Washington zu Tode frieren, nur damit die Leute aus der umliegenden Gegend mich wahrnehmen. Und wahrhaftig, das wäre wohl ein nobles Postament für die Statue eines Mannes!"

„Es ist besser hier an diesem Feuer zu sitzen", antwortete

das Mädchen errötend, „und es behaglich zu haben und zufrieden zu sein, auch wenn niemand an uns denkt."

„Ich denke", sprach der Vater, nachdem er eine Weile nachgedacht hatte, „daß etwas Natürliches an dem ist, was der junge Mann sagt, und hätte mir der Sinn danach gestanden, hätte ich genauso empfinden mögen. Es ist merkwürdig, Frau, wie seine Rede mir Dinge in den Kopf gesetzt hat, die sich mit ziemlicher Sicherheit nie ereignen werden."

„Vielleicht doch", bemerkte die Frau. „Denkt der Mann an das, was er tun wird, wenn er Witwer ist?"

„Nein, nein", rief er und wies diesen Gedanken mit vorwurfsvoller Zuneigung zurück. „Wenn ich an deinen Tod denke, Esther, dann denke ich auch an den meinigen. Doch ich wünschte mir gerade, daß wir einen guten Hof in Bartlett oder Bethlehem oder Littleton hätten, oder in einem der anderen Kirchspiele um die White Mountains, aber nicht dort, wo sie uns auf den Kopf fallen könnten. Ich würde dann gern wohlgelitten sein unter meinen Nachbarn und Squire gerufen werden und für ein oder zwei Amtsperioden in die gesetzgebende Körperschaft entsandt werden, denn ein einfacher, ehrlicher Mann vermag dort so viel Gutes zu tun wie ein Jurist. Und wenn ich dann zu einem schon recht alten Mann geworden bin, und du zu einer alten Frau, damit wir nicht lang getrennt sein müßten, würde ich glücklich genug in meinem Bette sterben und euch alle um mich herum weinen lassen. Ein Grabstein aus Schiefer gefiele mir so gut wie einer aus Marmor – nur mit meinem Namen und Alter darauf und dem Vers einer Hymne und irgend etwas, das den Leuten sagt, daß ich als ehrlicher Mann gelebt habe und als Christ gestorben bin."

„Seht nur!" rief der Fremde aus, „es ist unsere Natur, ein Denkmal zu begehren, sei es aus Schiefer oder Marmor, eine Granitsäule oder eine glanzvolle Erinnerung im allgemeinen Herzen der Menschheit."

„Es geht wohl etwas recht Sonderbares bei uns heute

abend vor", sagte die Frau mit Tränen in den Augen. „Man sagt, daß es ein Vorzeichen von etwas ist, wenn die Gedanken so umherschweifen. Hört nur die Kinder!"

Sie lauschten folglich. Die jüngeren Kinder waren in einem angrenzenden Zimmer zu Bett gebracht worden, dessen Tür jedoch offenstand, so daß man sie hören konnte, wie sie geschäftig miteinander sprachen. Allesamt schienen sie sich an dem Kreis um den Kamin angesteckt zu haben, und sie überboten einander mit wirren Wünschen und kindischen Plänen dessen, was sie zu tun gedachten, wenn sie Männer und Frauen geworden waren. Endlich rief ein kleiner Junge, statt seine Schwestern und Brüder, seine Mutter an.

„Ich sag' Euch, was ich mir wünsche, Mutter", rief er. „Ich möchte, daß Ihr und Vater und Großmama und wir alle und auch der Fremde sofort aufbrechen und losziehen und Wasser aus dem Becken des Flume trinken!"

Keiner konnte sich des Gelächters erwehren bei dieser Vorstellung, ein warmes Bett zu verlassen und sie alle von einem freundlichen Feuer fortzuschleifen, um das Becken des Flume aufzusuchen – eines Baches, der über eine Klippe tief im Notch sprudelte. Der Knabe hatte kaum ausgesprochen, als ein Fuhrwerk die Straße entlangratterte und für einen Augenblick vor der Tür anhielt. Es schien mit zwei oder drei Männern besetzt zu sein, die ihr Herz mit dem rauhen Refrain eines Liedes erfreuten, das in gebrochenen Tönen zwischen den Klippen widerhallte, während die Sänger zögerten, ob sie ihre Reise fortsetzen oder die Nacht über hierbleiben sollten.

„Vater", sagte das Mädchen, „sie rufen Euren Namen."

Doch der gute Mann zweifelte, ob sie ihn wirklich gerufen hatten, und war nicht willens, sich zu eifrig auf einen Verdienst bedacht zu zeigen, indem er sie einlud, in seinem Hause zu verkehren. Daher eilte er nicht zur Tür, und da bald schon die Peitsche geschwungen wurde, tauchten die Reisenden in den Notch hinab, immer noch singend und lachend, auch wenn die Musik und ihre Heiterkeit recht trostlos aus dem Herzen des Berges zurückkam.

„Seht Ihr, Mutter", rief der Knabe wieder. „Sie hätten uns bis zum Flume mitgenommen."

Wieder lachten sie über des Kindes beharrlichen Wunsch nach einer nächtlichen Wanderung. Da geschah es, daß eine leichte Wolke über das Herz der Tochter hinwegzog, sie blickte ernst ins Feuer und sog den Atem ein, daß es fast wie ein Seufzer war. Er brach aus ihr heraus, obwohl sie sich bemühte, ihn zu unterdrücken. Dann schreckte sie auf, errötete und blickte schnell im Kreis umher, als hätten sie einen Blick in ihre tiefste Brust erhascht. Der Fremde fragte, an was sie wohl gedacht habe.

„An nichts", erwiderte sie mit einem niedergeschlagenen Lächeln. „Ich habe mich nur für einen Moment recht verlassen gefühlt."

„Oh, ich hatte immer schon die Gabe zu erahnen, was in den Herzen anderer Menschen vorgeht", sagte er halb ernst. „Soll ich die Geheimnisse des Eurigen verraten? Denn ich weiß, was ich davon halten soll, wenn ein junges Mädchen am warmen Kamin fröstelt und an der Seite ihrer Mutter über Einsamkeit klagt. Soll ich diesen Gefühlen Worte geben?"

„Es wären nicht mehr die Gefühle eines Mädchens, wenn man sie in Worte fassen könnte", erwiderte die Bergnymphe lachend, doch sie mied seinen Blick.

All dies wurde beiseite gesprochen. Vielleicht brach ein Keim der Liebe in ihren Herzen auf, so rein, daß er im Paradies erblühen mochte, da er auf Erden nicht ausreifen konnte; denn Frauen verehren solch sanfte Würde wie die seine, und die stolze, grüblerische und doch wohlwollende Seele ist am häufigsten durch Schlichtheit wie die ihre gefangen. Während sie aber noch leise miteinander sprachen und er die glückliche Traurigkeit, die anmutigen Schatten, die scheuen Sehnsüchte im Wesen einer Jungfrau beobachtete, nahm der

Wind einen tieferen und trostloseren Ton an. Es klang, wie der phantasievolle Fremde bemerkte, wie die Weise eines Chors der Sturmgeister, die zu alten indianischen Zeiten in diesen Bergen hausten und deren Gipfel und Schluchten zu heiligen Gebieten machten. Ein Wehklagen erhob sich entlang der Straße, als zöge ein Begräbnis vorüber. Um die Düsternis zu vertreiben, warf die Familie Kiefernzweige auf ihr Feuer, bis die trockenen Nadeln knisterten und die Flammen emporloderten, um wieder ein Bild des Friedens und des einfachen Glücks erkennbar werden zu lassen. Das Licht umspielte sie zärtlich und streichelte sie alle. Dort waren die kleinen Gesichter der Kinder, die aus ihrem Bett im Abseits hervorlugten, und hier die Gestalt der Stärke des Vaters, die gedämpfte und vorsichtige Haltung der Mutter, der schöngeistige junge Mann, das knospende Mädchen und die gute alte Großmutter, die immer noch in der wärmsten Ecke strickte. Die betagte Frau blickte von ihrer Arbeit auf und war, ohne daß ihre Finger zur Ruhe kamen, die nächste, die sprach.

„Alte Menschen haben auch ihre Vorstellungen", sagte sie, „genau wie die jungen. Ihr habt eure Wünsche und Pläne geschmiedet und eure Gedanken von einer Angelegenheit zur anderen wandern lassen, bis ihr auch meinen Sinn habt schweifen lassen. Was nun sollte sich eine alte Frau noch wünschen, der nur ein oder zwei Schritte bleiben, bis sie ihr Grab erreicht hat? Kinder, es wird mich Tag und Nacht verfolgen, bis ich es euch gesagt habe."

„Was ist es, Mutter", riefen Mann und Frau zur gleichen Zeit.

Daraufhin teilte die alte Frau ihnen mit geheimnisvollem Gebaren, das den Kreis noch enger ums Feuer zusammenrücken ließ, mit, daß sie ihr Leichengewand schon vor einigen Jahren besorgt habe – ein schönes linnenes Sterbehemd, eine Haube mit einer Krause aus Musselin, und alles von einer feineren Art, als sie es seit ihrem Hochzeitstag getragen habe. Doch an diesem Abend sei ihr seltsamerweise ein alter Aberglaube wieder eingefallen. Man habe früher gesagt, in ihren jüngeren Tagen, daß wenn irgend etwas an der Leiche nicht in Ordnung sei, und sei es nur, daß die Krause nicht glattgestrichen war oder die Haube nicht richtig saß, die Leiche im Sarg und unter der Scholle sich heftig anstrengen würde, die kalten Hände zu erheben und es zu ordnen. Allein der Gedanke daran flöße ihr Furcht ein.

„Sprecht nicht so, Großmutter", sagte das Mädchen schaudernd.

„Nun", fuhr die alte Frau mit ungewöhnlicher Ernsthaftigkeit fort und lächelte doch eigenartig über ihre eigene Narrheit, „ich möchte, daß eines von euch, meine Kinder – wenn eure Mutter hergerichtet und in ihrem Sarge ist –, ich möchte, daß eines von euch einen Spiegel über mein Gesicht hält. Wer weiß, ob ich nicht noch einen Blick auf mich werfen könnte, um zu sehen, ob alles in Ordnung ist?"

„Ob alt oder jung, wir träumen von Gräbern und Denkmälern", murmelte der junge Fremde. „Ich frage mich, wie Seeleute sich fühlen, wenn ihr Schiff untergeht und sie, unbekannt und unbedeutend, gemeinsam im Ozean begraben werden sollen – dieser großen, namenlosen Grabstätte?"

Für einen Augenblick nahm die gespenstische Idee der alten Frau die Gedanken ihrer Zuhörer so gefangen, daß ein Geräusch draußen in der Nacht, das anschwoll wie das Brüllen eines Sturms, breit, tief und furchtbar geworden war, bevor noch die dem Untergang geweihte Gruppe sich dessen bewußt wurde. Das Haus und all seine Bewohner erzitterten; die Grundfesten der Erde schienen zu erbeben, als ob dieser furchtbare Klang das Geschmetter der Posaune des Jüngsten Gerichts sei. Alte und Junge wechselten einen verstörten Blick und erstarrten für einen Moment, blaß, erschrocken, sprachlos und unfähig, sich zu bewegen. Dann brach derselbe schrille Schrei von all ihren Lippen.

„Der Felsrutsch! Der Felsrutsch!"

Die einfachsten Worte müssen genügen, das unaussprechliche Grauen der Katastrophe anzudeuten, das sich doch nicht schildern ließe. Die Opfer stürzten aus der Hütte und suchten dort Schutz, wo sie sich sicherer wähnten – wo in Erwägung solch eines Notfalles eine Art Schutzwall errichtet worden war. Ach! sie hatten ihre Sicherheit verlassen und waren geradenwegs dem Verderben in den Weg geflüchtet. Die ganze Flanke des Berges brach herab in einem Katarakt der Zerstörung. Kurz bevor er das Haus erreichte, teilte der Strom sich: ließ dort kein Fenster erzittern – doch begrub er die ganze Umgebung unter sich, versperrte die Straße und vernichtete alles, was sich in seiner furchtbaren Bahn befand. Lange bevor das Donnern des großen Felsrutsches sein Gebrüll in den Bergen verhallen ließ, war der Todeskampf ausgestanden, und die Opfer ruhten in Frieden. Ihre Leichen wurden nie gefunden.

Am nächsten Morgen war der leichte Rauch zu sehen, der verstohlen aus dem Kamin der Hütte die Bergwand hinaufzog. Drinnen glühte das Feuer immer noch im Kamin, und die Stühle standen im Kreis um ihn herum, als seien die Bewohner nur vor die Tür getreten, um die Verwüstungen des Felsrutsches zu betrachten, und kehrten in Kürze zurück, dem Himmel für ihre wundersame Rettung zu danken. Sie alle hatten ein ihnen eigenes Zeichen hinterlassen, das diejenigen, die die Familie gekannt hatten, veranlaßte, eine Träne für jeden von ihnen zu vergießen. Wer kennt ihre Namen nicht? Die Geschichte ist nah und fern erzählt worden und wird immer eine Sage dieser Berge bleiben. Dichter haben ihr Schicksal besungen.

Gewisse Umstände verleiteten manche zu der Annahme, daß ein Fremder in dieser schrecklichen Nacht Aufnahme in der Hütte gefunden und das Verhängnis all ihrer Bewohner geteilt hatte. Andere verneinten, daß es genügend Beweise für solch eine Mutmaßung gäbe. Weh dem hochherzigen Jüngling mit seinen Träumen irdischer Unsterblichkeit! Sein

Name und seine Person vollkommen unbekannt; seine Geschichte, seine Lebensart, seine Pläne ein Geheimnis, das nie gelüftet werden wird; sein Tod und sein Dasein gleichermaßen zweifelhaft! Wer empfand die Seelenangst in diesem Augenblick des Todes?

# Das dreifache Geschick

## Eine Feen-Sage

Ich habe manchmal eine einzigartige und, soweit es mich selbst betraf, nicht unangenehme Wirkung damit erzielt, daß ich mir eine Reihe von Ereignissen vorstellte, in welchen der Geist und die Eigenart der Feensage sich mit den Personen und Verhältnissen des gewöhnlichen Lebens verbanden. In der kleinen Erzählung, die nun folgt, ist eine Skizze von Personen und Landschaften Neu-Englands mit einer sanften Tönung des Schwärmerischen und Wunderbaren überzogen, ohne, wie zu hoffen ist, gänzlich die nüchternen Farben der Natur unkenntlich zu machen. Statt als Geschichte über Ereignisse, die den Anspruch erheben, wahr zu sein, mag diese Erzählung als Allegorie gelten, wie sie die Schriftsteller des letzten Jahrhunderts in Form eines orientalischen Märchens ausgedrückt hätten, wobei ich mich bemüht habe, ihr doch ein wenig mehr der lebenswahren Wärme mitzugeben, als jenen phantasievollen Machwerken eingegeben werden könnte.

In der Dämmerung eines Sommerabends betrat eine hochgewachsene, dunkle Gestalt, der lange und ferne Reisen ein fremdartiges Aussehen verliehen hatten, ein Dorf, das nicht im „Feenlande" lag, sondern innerhalb unseres eigenen vertrauten Gebietes. Der Stab, auf welchen sich dieser Reisende stützte, war von dem Ort an, an welchem er in den Urwäldern Hindustans gewachsen war, sein Gefährte gewesen; der Hut, der seine düsteren Brauen überschattete, hatte ihm vor der Sonne Spaniens Schutz geboten: doch seine Wangen waren von den glühendheißen Winden einer arabischen Wüste geschwärzt und hatten den gefrorenen Atem der arktischen Regionen verspürt. Da er lang unter wilden und gefährlichen Menschen verweilt hatte, trug er immer noch den Yataghan unter seiner Weste, den er einst in die Kehle eines türkischen Räubers gestoßen hatte. In jedem fremden Landstrich hatte er etwas von seinen neu-englischen Merkmalen verloren, und vielleicht hatte er von allen Völkern unbewußt jeweils eine neue Eigenart entliehen; so daß es nicht verwunderlich ist, daß, als nun der Weltreisende wieder die Straßen seines Geburtsortes beschritt, ihn niemand erkannte, auch wenn er die Blicke und die Neugier aller auf sich zog. Und doch, als sein Arm zufällig den einer jungen Frau berührte, die sich zu einem abendlichen Vortrag begab, erschrak sie und hätte fast aufgeschrien.

„Ralph Cranfield!" war der Name, den sie nur halb aussprach.

„Kann dies meine alte Spielgefährtin sein, Faith Egerton?" dachte der Reisende und wandte sich nach ihrer Gestalt um, ohne jedoch einzuhalten.

Ralph Cranfield hatte von Jugend an verspürt, zu Großem ausersehen zu sein. Er hatte sich die Vorstellung zu eigen gemacht – wir sagen nicht, ob sie sich ihm durch Hexenkunst offenbart oder in einem Traum der Weissagung oder ob seine grüblerische Einbildungskraft ihm ihr eigenes Geheiß aufgezwungen hatte wie das Orakel einer Sybille –, jedenfalls hatte er sich die Vorstellung zu eigen gemacht, die zu den festesten all seiner Glaubensgrundsätze zählte, nämlich daß drei wunderbare Ereignisse in seinem Leben durch drei Zeichen bestätigt werden würden.

Das erste dieser drei Geschicke, das vielleicht dasjenige war, bei welchem seine jugendliche Vorstellungskraft am innigsten verweilt hatte, war die Entdeckung der Jungfrau, die allein unter allen Jungfrauen der Erde ihn durch ihre Liebe glücklich machen konnte. Er war dazu bestimmt, die Welt zu durchstreifen, bis er einer wunderschönen Frau begegnen würde, die auf ihrem Busen ein Juwel in Form eines Herzens trug; ob dieses eine Perle oder ein Rubin oder Smaragd oder Granat oder ein wechselvoller Opal oder vielleicht ein unschätzbarer Diamant war, kümmerte Ralph

Cranfield wenig, solange es ein Herz in einer bestimmten Form war. Sollte er auf diese wunderschöne Fremde treffen, so war es vorherbestimmt, daß er sie folgendermaßen ansprechen würde: „Maid, ich habe Euch ein schweres Herz gebracht. Darf ich diese Last Euch übergeben?“ Und wenn sie seine ausersehene Braut war – wenn es ihren verwandten Seelen vorgegeben war, hier auf Erden eine Verbindung einzugehen, die alle Ewigkeit nur noch enger knüpfen sollte –, würde sie, die Hand auf dem herzförmigen Juwel, erwidern: „Dies Zeichen, das ich so lange schon getragen habe, ist der Garant, daß Ihr es dürft!“

Und als zweites glaubte Ralph Cranfield fest daran, daß ein mächtiger Schatz irgendwo in der Erde verborgen lag, dessen Ausgrabungsort sich niemandem außer ihm enthüllen würde. Wenn seine Füße auf diesem geheimnisvollen Ort ruhten, würde vor ihm eine Hand erscheinen, die nach unten deutet – ob sie aus Marmor geschnitten oder in gigantischen Ausmaßen in die Seite einer Felsklippe geschlagen oder vielleicht eine Flammenhand in leerer Luft sein würde, konnte er nicht sagen; doch wenigstens würde er eine Hand erkennen, deren Zeigefinger nach unten weist, und darunter das lateinische Wort EFFODE – Grabe! –, und wenn er dort grub, so würde ihm das Gold in Münzen oder Barren, die Edelsteine oder aus was sonst auch immer der Schatz bestehen mochte, mit Sicherheit die Mühe vergelten.

Das dritte und letzte der wundersamen Geschicke im Leben dieses zu Großem ausersehenen Mannes würde die Aneignung weitreichender Macht und Herrschaft über seine Mitgeschöpfe sein. Ob er ein König oder der Gründer eines vererbbaren Thrones oder der siegreiche Führer eines Volkes in dessen Freiheitskampf oder der Apostel eines geläuterten und wiedergeborenen Glaubens sein würde, war der Zukunft überlassen aufzuzeigen. Als Boten des Zeichens, durch das Ralph Cranfield seine Berufung erkennen konnte, würden drei ehrwürdige Männer um eine Unterredung mit ihm ersuchen. Der Anführer unter ihnen, eine würdevolle und erhabene Persönlichkeit, die, wie man annehmen darf, in den fließenden Gewändern eines Weisen des Altertums gekleidet ist, würde der Träger eines Zauber- oder Prophetenstabes sein. Mit diesem Stab oder dieser Rute oder diesem Stock würde der ehrwürdige Weise eine bestimmte Figur in die Luft zeichnen und sich dann anschicken, seine ihm von der Vorsehung beauftragte Botschaft bekanntzugeben: welche, befolgt man sie, unweigerlich zu ruhmreichen Ergebnissen führen würde.

Mit diesem stolzen Schicksal vor Augen, war Ralph Cranfield in der Blüte seiner phantasiereichen Jugend aufgebrochen, die Maid, den Schatz und den ehrwürdigen Weisen mit seiner Gabe eines ausgedehnten Reiches zu suchen. Und hatte er sie gefunden? Weh ihm! Es war nicht mit dem Anschein eines siegreichen Mannes, der ein nobleres Geschick erfüllt hatte als alle seine Mitmenschen, sondern eher mit dem Trübsinn eines, der gegen ein absonderliches und kontinuierliches Mißgeschick ankämpft, daß er jetzt heimwärts nach dem Häuschen seiner Mutter schritt. Er war zurückgekommen, doch nur für eine kurze Weile, um den Pilgerstab beiseite zu legen in der Hoffnung, daß seine ermattete Mannhaftigkeit an dem Ort etwas von der Spannkraft der Jugend zurückgewinnen würde, an welchem sein dreifaches Geschick ihm vorbedeutet worden war. Es hatte sich wenig in dem Dorf verändert, denn es war keiner dieser wetteifernden Orte, in denen der Wohlstand eines Jahres mehr bewirkt, als ein Jahrhundert des Verfalls verwüsten kann; es war eher wie ein graues Haar auf dem Haupte eines jungen Mannes, eine altmodische kleine Stadt voller alter Jungfern und betagter Ulmen und moosbewachsener Behausungen. Geringfügig nur schienen die Veränderungen hier. Die ausladenden Ulmen hatten in der Tat einen noch würdevolleren Umfang; die wettergeschwärzten Häuser waren mit einem noch dichteren Dach von grünem Moos geschmückt, und zweifellos gab es ein paar Grabsteine mehr auf dem Friedhof, auf denen Namen standen, die einst in den Straßen des Dorfes recht geläufig waren. Doch faßte man das Unheil zusammen, das zehn Jahre gestiftet hatten, so schien es kaum größer zu sein, als wäre Ralph Cranfield an eben diesem Morgen erst aufgebrochen und hätte bis zur Dämmerung einem Tagtraum nachgehangen und wäre dann zurückgekehrt. Doch es wurde ihm ganz kalt ums Herz, da das Dorf sich seiner nicht so erinnerte, wie er sich des Dorfes entsann.

„Hier liegt die Veränderung", seufzte er und schlug sich gegen die Brust. „Wer ist dieser gedankenvolle, sorgenschwere Mann, müde von seinen Wanderungen durch die Welt und beladen mit enttäuschten Hoffnungen? Der Jüngling kehrt nicht zurück, der so freudig aufbrach!"

Und nun war Ralph Cranfield bei dem Gartentore seiner Mutter angekommen, vor dem kleinen Haus, in welchem die alte Dame mit bescheidenen, doch ausreichenden Mitteln ihr Auskommen gefunden hatte während der langen Abwesenheit ihres Sohnes. Nachdem er den Garten betreten hatte, lehnte er sich an einen großen, alten Baum, ganz achtlos der eigenen Ungeduld gegenüber, wie es Menschen oft sind in diesen kurzen Zeitspannen, wenn Jahre sich zu Momenten verdichten. Er betrachtete das Haus mit großer Aufmerksamkeit – seine Fenster, in denen der strahlende Himmel sich spiegelte, seine Eingangstür mit dem halben Mühlstein als Stufe und den halbüberwachsenen Pfad, der sich von dort zum Gartentor wand. Er befreundete sich wieder mit dem Freunde seiner Kindheit, dem alten Baum, gegen den er lehnte, und entdeckte, als er seinen Blick den Stamm hinuntergleiten ließ, etwas, das ihm ein melancholisches Lächeln entlockte. Es war eine fast unkenntliche Inschrift – das lateinische Wort EFFODE – und er entsann sich, es mit den Mühen eines ganzen Tages in die Rinde des Baumes geschnitzt zu haben, als er zuerst begonnen hatte, über sein erhabenes Schicksal nachzusinnen. Es mag als ein recht seltsamer Zufall betrachtet werden, daß die Rinde unmittelbar über der Inschrift einen Auswuchs hervorgebracht hatte, einer Hand nicht unähnlich, deren Zeigefinger indirekt auf das Schicksalswort deutete. So wenigstens erschien es im Dämmerlicht.

„Nun könnte ein leichtgläubiger Mann", sprach Ralph Cranfield achtlos zu sich selbst, „annehmen, daß der Schatz, den ich die Welt über gesucht habe, letztlich hier begraben liegt, gerade vor der Tür des Hauses meiner Mutter. Das wäre wahrlich ein Scherz!"

Er schenkte diesem Gedanken keine weitere Aufmerksamkeit, denn nun öffnete sich die Tür, und eine ältere Frau trat auf die Schwelle, die angestrengt in die Dämmerung spähte, um zu entdecken, wer es wohl sein möge, der auf ihren Grund eingedrungen war und nun im Schatten ihres Baumes stand. Es war Ralph Cranfields Mutter. Übergehen wir ihre Begrüßungen, und überlassen wir die eine ihrer Freude und den anderen seiner Nachtruhe – wenn sanfte Nachtruhe gefunden wurde.

Doch als der Morgen anbrach, erhob er sich mit sorgenvoller Miene, denn sein Schlaf wie sein Wachen waren gleichermaßen mit Träumen erfüllt gewesen. All der Eifer war wieder aufgeflammt, mit welchem er vorzeiten darauf brannte, das dreifache Geheimnis seines Geschickes zu enträtseln. Die ganze Schar seiner früheren Visionen schien ihn unter dem Dache seiner Mutter erwartet und sich ausgelassen um ihn gedrängt zu haben, um seine Rückkehr zu begrüßen. In der wohlbekannten Kammer, auf dem Kissen, auf welchem seine Kindheit geschlummert, hatte er eine wildere Nacht verbracht als je in einem arabischen Zelt oder wenn er seinen Kopf in den grausigen Schatten eines verwunschenen Waldes gebettet hatte. Eine schattenhafte Maid hatte sich an sein Bett gestohlen und ihre Hand auf das funkelnde Herz gelegt; eine flammende Hand war in der Dunkelheit erglüht und hatte nach unten auf ein Geheimnis in der Erde gedeutet; ein altersgrauer Weiser hatte seinen prophetischen Stab geschwungen und den Träumer auf einen Thron gewinkt. Die gleichen Trugbilder, wenn auch undeutlicher im Tageslicht, huschten immer noch durch die Hütte und mischten sich unter die Ansammlung bekannter Gesichter, die die Nachricht von Ralph Cranfields Rückkehr hierhergezogen hatte, ihn willkommen zu heißen um seiner Mutter willen. Hier fanden sie ihn vor, einen hochgewachsenen, dunklen, stattlichen Mann von fremdländischem Aussehen, höflich in seinem Gebaren und mäßig in seiner Rede und doch mit abwesenden Augen, die oft einen flüchtigen Blick auf etwas Unsichtbares zu werfen schienen.

Unterdessen lief die Witwe Cranfield geschäftig durch das Haus, voll der Freude, daß sie wieder jemanden hatte, den sie lieben und den sie pflegen und für den sie sich den kleinen Unannehmlichkeiten des täglichen Lebens aussetzen konnte. Es war fast schon Mittag, als sie aus ihrer Tür blickte und drei bedeutende Amtspersonen ausmachte, die die Straße entlangkamen, unter der heißen Sonne und den massigen Schatten der Ulmen. Schließlich erreichten sie das Tor und hoben den Riegel.

„Sieh nur, Ralph“, rief sie voll mütterlichen Stolzes, „hier sind Squire Hawkwood und die beiden anderen Magistratspersonen, die absichtlich kommen, dich zu sehen! Erzähle ihnen doch bitte eine schöne, lange Geschichte über das, was du in fremden Ländern gesehen hast.“

Der erste der drei Besucher, Squire Hawkwood, war ein recht wichtigtuerischer und doch ausgezeichneter alter Herr, das Haupt und die treibende Kraft in allen Angelegenheiten des Dorfes und allgemein anerkannt als einer der weisesten Männer auf Erden. Er trug einer Mode gemäß, die selbst damals schon als altertümlich galt, einen Dreispitz und einen Stock mit silbernem Knauf, dessen Nutzen eher darin zu liegen schien, in der Luft herumgeschwungen zu werden als dem Fortschritt seiner Beine beizustehen. Seine beiden Begleiter waren ältere und angesehene Bauern, die mit einer vorrevolutionären Ehrfurcht vor Rang und ererbtem Vermögen sich etwas hinter dem Squire zurückhielten. Als sie nun den Gartenpfad entlangkamen, saß Ralph Cranfield in einem eichenen Lehnstuhl und blickte halb unbewußt auf seine drei Besucher, deren drei schlichte Gestalten er mit den verschwommenen Phantastereien umgab, die seine Gedankenwelt durchdrangen.

„Hier", dachte er und lächelte über diese Einbildung, „hier kommen drei ältere Personen von Stand, und die erste der drei ist ein ehrwürdiger Weiser mit einem Stab. Was wäre, wenn diese Gesandtschaft mir die Botschaft meines Schicksals überbrächte!"

Während Squire Hawkwood und seine Amtsbrüder eintraten, erhob sich Ralph aus seinem Stuhl und trat einige Schritte vor, sie zu empfangen, und seine stattliche Figur und sein dunkles Gesicht hatten, als er sich höflich vor seinen Gästen verbeugte, eine natürliche Würde, die sich vorteilhaft von der geschäftigen Bedeutsamkeit des Squire abhob. Der alte Herr hieb, einer unfehlbaren Gewohnheit folgend, mit seinem Stock einige kunstvolle einleitende Schnörkel in die Luft, nahm dann seinen Dreispitz ab, um sich die Stirn zu trocknen und hob schließlich an, seine Botschaft kundzutun.

„Meine Amtsbrüder und ich selbst", begann der Squire, „tragen die Bürde bedeutender Verpflichtungen, da wir gemeinsam den Magistrat dieses Dorfes bilden. All unser Trachten in den vergangenen drei Tagen galt mit allen Mühen der Wahl einer angemessenen Person, die ein überaus wichtiges Amt erfüllen sowie eine Herrschaft und eine Macht übernehmen soll, welcher, weise betrachtet, kein geringerer Rang zukommt als jener von Königen und Potentaten. Und weil Ihr, ein Sohn dieser Stadt, mit einem guten, natürlichen Verstand begabt seid und wohlgebildet durch Reisen in ferne Länder, und da gewisse Grillen und Einbildungen aus Eurer

Jugend zweifellos schon vor langer Zeit berichtigt wurden – wenn man all diese Dinge, wie ich meine, in angemessener Weise berücksichtigt, so sind wir der Auffassung, daß die Vorsehung Euch hierhergesandt hat, in diesem kritischen Augenblick, zu diesem bestimmten Zwecke."

Während dieser Ansprache heftete Cranfield seinen Blick unverwandt auf den Redner, als erblickte er etwas Wundersames und Unirdisches in dieser wichtigtuerischen kleinen Gestalt und als trüge der Squire die fließenden Gewänder eines Weisen aus alter Zeit, statt eines Rockes mit geraden Schößen, eines losen Wamses, samtener Kniehosen und seidener Strümpfe. Auch war seine Verwunderung nicht gänzlich grundlos, denn der Schnörkel, den der Squire mit seinem Stock beschrieben hatte, stellte genau das Zeichen in der Luft dar, welches die Botschaft des prophetischen Weisen bestätigen sollte, den Cranfield in der ganzen Welt gesucht hatte.

„Und was", fragte Ralph Cranfield mit zitternder Stimme, „was mag das für ein Amt sein, welches mich mit Königen und Potentaten gleichstellen wird?"

„Nichts Geringeres als der Lehrer unserer Dorfschule", erwiderte Squire Hawkwood, „da die Stellung nun durch den Tod des ehrwürdigen Lehrers Whitaker frei geworden ist, nach fünfzigjähriger Amtszeit."

„Ich werde Euer Angebot überdenken", erwiderte Ralph Cranfield hastig, „und werde Euch meinen Entschluß binnen dreier Tage kundtun."

Nachdem sie noch einige Worte gewechselt hatten, nahmen der dörfliche Würdenträger und seine Begleiter ihren Abschied. Doch in Cranfields Einbildung blieben ihre Erscheinungen noch immer gegenwärtig und wurden mehr und mehr mit der undeutlichen Ehrwürdigkeit jener Gestalten bekleidet, die ihm zuerst im Traum erschienen waren und sich ihm später, unter vertrauteren Gegenständen in schlichterer Form, in seinen wachen Momenten gezeigt hatten. Seine Gedanken verweilten bei den Gesichtszügen des Squire, bis sich diese mit jenen des geisterhaften Weisen vermengten und der eine nur der Schatten des anderen zu sein schien. Das gleiche Antlitz, so dachte er nun, hatte von der Cheops-Pyramide auf ihn geblickt; die gleiche Erscheinung hatte ihm in den Kolonnaden der Alhambra zugewinkt; die gleiche Gestalt sich ihm undeutlich durch den aufsteigenden Dampf des Großen Geysir entdeckt. Wie sehr er auch seine Erinnerung bemühte, immer erkannte er ein Merkmal des traumhaften Schicksalsboten in diesem wichtigtuerischen, geschäftigen, dünkelhaften, kleinen großen Mann des Dorfes. Mit solcherlei Gedanken beschäftigt, saß Ralph Cranfield den ganzen Tag über in der Hütte und hörte kaum und beantwortete nur unbestimmt die tausend Fragen seiner Mutter über seine Reisen und Abenteuer. Bei Sonnenuntergang raffte er sich auf, einen kleinen Spaziergang zu unternehmen, und als er an der alten Ulme vorbeikam, fiel sein Blick wieder auf das Abbild einer Hand, die nach unten auf die halbentschwundene Inschrift zeigte.

Als Cranfield die Dorfstraße entlangging, warfen ihm die waagerechten Sonnenstrahlen seinen Schatten weit voraus, und ihm war, als ob, so wie sein Schatten sich zwischen fernen Gegenständen bewegte, auch eine Vorahnung ihm sein ganzes Leben lang vorausgeeilt war. Und wenn er jeden dieser Gegenstände erreichte, über die ihm sein Schatten vorangegangen war, so erwies er sich jeweils als Teil der vertrauten Erinnerungen seiner Kindheit und Jugend. An jede Biegung des Weges erinnerte er sich. Selbst die vergänglicheren Merkmale der Landschaft waren die gleichen wie in vergangenen Tagen. Eine Ansammlung von Kühen weidete am grasigen Wegrand und erfrischte ihn mit ihrem wohlriechenden Atem. „Er ist süßer", dachte er, „als der Duft, der unserem Schiff von den Gewürz-Inseln entgegenwehte." Die runde kleine Gestalt eines Kindes rollte aus einer Tür und blieb lachend fast unter Cranfields Füßen liegen. Der dunkle und stattliche Mann beugte sich nieder, hob das Kind auf und legte es der Mutter in die Arme zurück. „Die Kinder", sagte er bei sich selbst und seufzte und lächelte, „die Kinder werden meiner Macht unterstehen!" Und während ein Strom natürlicher Gefühle wie ein Quell in seinem Herzen hervorbrach, erreichte er ein Haus, das zu betreten er sich nicht erwehren konnte. Eine liebliche Stimme, die einer tiefen, zarten Seele zu entspringen schien, trällerte darin eine kleine traurige Melodie.

Er beugte seinen Kopf und trat durch die niedere Tür. Als sein Fuß auf der Schwelle erscholl, eilte ihm eine junge Frau aus dem dämmrigen Innern des Hauses entgegen, hastig zuerst, dann mit unsicherem Schritt, bis sie sich Angesicht zu Angesicht gegenüberstanden. Es herrschte ein außerordentlicher Gegensatz zwischen ihren Gestalten: er dunkel und malerisch – einer, der mit der Welt gekämpft, auf den alle Sonnen geschienen und den alle Winde auf einen abwechslungsreichen Kurs geblasen hatten; sie gefällig, anmutig und still – still selbst in ihrer Erregung, als wenn all ihre Gefühle von dem friedvollen Wesen ihres Lebens gezähmt worden wären. Und doch hatten ihre Gesichter, so ungleich sie sich waren, einen Ausdruck, der sich gar nicht so fremd war, da die Glut eines verwandten Gefühls aus dem halberloschenen Feuer wieder emporloderte.

„Sei willkommen daheim!" sagte Faith Egerton.

Doch Cranfield antwortete nicht gleich, denn sein Blick war auf ein Schmuckstück in Form eines Herzens gefallen, das Faith als Brosche auf ihrem Busen trug. Das Material war gewöhnlicher weißer Quarz, und er entsann sich, daß er selbst es aus einer der indianischen Pfeilspitzen geformt hatte, die sich so häufig in den früheren Jagdgründen des roten Mannes finden lassen. Es entsprach in allen Einzelheiten demjenigen, das die schattenhafte Maid getragen hatte. Als Cranfield zu seiner unbestimmten Reise aufgebrochen war, hatte er die Brosche, in einer goldenen Fassung, Faith Egerton als Abschiedsgabe geschenkt.

„Nun, Faith, Ihr habt das Herz behalten", sprach er nach einer Weile.

„Ja", sagte sie und errötete tief; dann aber fröhlicher: „Und was habt Ihr mir sonst noch von jenseits des Meeres mitgebracht?"

„Faith", erwiderte Ralph Cranfield und sprach einem unbezähmbaren Drang folgend die schicksalhaften Worte, „ich brachte Euch nichts außer einem schweren Herzen! Darf ich diese Last Euch übergeben?"

„Dies Zeichen, das ich so lange schon getragen habe, ist der Garant, daß Ihr es dürft!"

„Faith! Faith!" rief Cranfield und schloß sie in seine Arme, „Ihr habt meinen wirren und müden Traum gedeutet!"

Ja, der wirre Traum war endlich erwacht. Um den geheimnisvollen Schatz zu finden, sollte er den Boden um das Haus seiner Mutter bestellen und dessen Früchte ernten! Statt kriegerischer Befehlsgewalt oder königlicher oder religiöser Macht, sollte er über die Dorfkinder herrschen! Und nun war die schattenhafte Maid aus seiner Vorstellung gewichen, und an ihrer Stelle erblickte er die Spielgefährtin seiner Kindheit! Würden doch alle, denen solch schwärmerische Wünsche lieb sind, nur um sich blicken, sie würden nur zu häufig ihre Pflicht, ihren Wohlstand und ihr Glück innerhalb des Bereiches und in dem Stand und Rang finden, wohin die Vorsehung selbst ihr Los geworfen hat. Glücklich die, welche das Rätsel ohne beschwerliche Suche durch die ganze Welt hindurch zu lösen wissen und ohne ein ganzes Leben nutzlos hinzubringen.

# Der Geist des Doktor Harris

Ich fürchte, daß diese Geistergeschichte einen recht blassen Eindruck erwecken wird, wenn sie zu Papier gebracht ist. Welche Wirkung sie auf Sie gehabt oder welchen Zauber sie auch immer in Ihrer Erinnerung behalten hat, mag vielleicht den günstigen Umständen zuzuschreiben sein, unter denen sie ursprünglich erzählt wurde.

Wir saßen, erinnere ich mich, eines Abends spät in Ihrem Wohnzimmer, wo die Kerzen im Kronleuchter so abgeschirmt waren, daß sie ein köstliches Halbdunkel verbreiteten, durch welches das Feuer im Kamin einen schwachen rötlichen Schimmer warf. In diesem warmen Zwielicht waren die Gemüter der Anwesenden durch einige Erzählungen über englischen Aberglauben in die angemessene Stimmung versetzt worden, und die Herrin von Smithills Hall hatte gerade den blutigen Fußabdruck beschrieben, der die Schwelle ihres alten Landhauses kennzeichnet, als Ihr Yankee-Gast (eifrig auf die Ehre seines Landes bedacht und begierig zu beweisen, daß seine toten Landsleute über die gleichen geisterhaften Privilegien verfügten wie andere tote Menschen, sollte ihnen daran gelegen sein, sie zu nutzen) begann, die Geschichte eines wundersamen Ereignisses zu erzählen, das ihm vor langer Zeit selber zugestoßen war. Es mag sein, daß er sich in der mündlichen Erzählung etwas mehr Freiheit herausnahm, als es in einer schriftlichen Aufzeichnung erlaubt wäre. Um der künstlerischen Wirkung willen mag er hier und dort einige geringfügige Umstände beigefügt haben, die beizubehalten er in dem, was er nun als nüchterne Aufzeichnung einer wahrhaftigen Begebenheit vor den Leser bringen wird, nicht für rechtens erachten würde.

Vor einer ganzen Anzahl von Jahren (es müssen mindestens fünfzehn, vielleicht auch mehr sein und ich war noch Junggeselle) lebte ich in Boston, in den Vereinigten Staaten. In dieser Stadt befindet sich eine große und alteingesessene Bibliothek, das Athenäum genannt, der ein Lesesaal, wohlversorgt mit ausländischen und amerikanischen Zeitschriften und Zeitungen, angeschlossen ist. Ein prächtiges Gebäude ist von den Besitzern dieser Institution seither errichtet worden, doch zu der Zeit, von der ich spreche, war sie in einer weitläufigen alten Villa, der früheren Stadtwohnung eines prominenten Bostoner Bürgers, untergebracht. Der Lesesaal (eine geräumige Halle mit der Laokoon-Gruppe an dem einen und dem Apoll von Belvedere am anderen Ende) wurde von nicht wenigen älteren Kaufleuten, die sich vom Geschäftsleben zurückgezogen hatten, von Geistlichen und Advokaten sowie von solchen Literaten, wie sie unter uns lebten, aufgesucht. Diese guten Leute waren vorwiegend alt, gemächlich und schläfrig und pflegten über Stunden hinter ihrer Zeitung einzunicken und zu dösen – um sich von Zeit zu Zeit soweit zu erholen, das eine oder andere Wort über die Politik des Tages zu lesen –, sie saßen, wenn man so will, entlang den Grenzen zum Land der Träume und hatten wenig mit unserer Welt zu tun, außer durch die Zeitungen, die sie so beharrlich festhielten.

Einer dieser würdigen alten Herren, den ich gelegentlich dort sah, war Hochwürden Doktor Harris, ein unitarischer Seelsorger von beträchtlichem Ansehen und Rang. Er war schon recht betagt, zählte nicht weniger als achtzig Jahre, wahrscheinlich sogar darüber, und lebte, wie ich meine, in Dorchester, einem kleinen Dorfe in unmittelbarer Nachbarschaft von Boston. Ich war diesem guten alten Geistlichen zuvor nie persönlich begegnet, doch hatte ich mein ganzes Leben lang von ihm als einem bemerkenswerten Manne gehört, so daß ich ihn, als man ihn mir das erste Mal zeigte, mit besonderer Aufmerksamkeit betrachtete und mein Blick in der Folge stets mit einem gewissen Interesse auf ihn fiel, wann immer ich ihn im Athenäum oder anderswo sah. Er war ein kleiner, verschrumpelter, gebrechlicher und doch lebhafter alter Herr mit schneeweißem Haar, von ziemlich gebeugter Gestalt und doch großer Munterkeit der Bewegung. Ich entsinne mich, daß ich ihn das erste Mal auf der Straße erblickte. Der Doktor schleppte sich mühsam mit Hilfe eines Stockes dahin, doch wandte er sich recht heftig um, als er von dem Herrn, in dessen Begleitung ich mich befand, angesprochen wurde, und er antwortete mit ausgesprochener Lebhaftigkeit.

„Wer ist er?" fragte ich, sobald wir ihn verlassen hatten. „Hochwürden Doktor Harris aus Dorchester", erwiderte mein Begleiter; und seit dieser Zeit sah ich ihn oft, und seine Erscheinung blieb meinem Gedächtnis stets verhaftet. Sein bevorzugter Aufenthaltsort war das Athenäum. Dort sah ich ihn gewöhnlich täglich, und fast immer mit einer Zeitung in der Hand – der Boston Post, die das führende Journal der Demokratischen Partei in den Nordstaaten war. Da der alte Doktor Harris in seinen aktiven Jahren ein bekannter Demokrat gewesen war, war es eine recht natürliche Sache, daß er immer noch gerne die Boston Post las. Dort pflegte nun seine ehrwürdige Gestalt Tag für Tag in demselben Sessel neben dem Kamin zu sitzen, und allmählich begann ich, da ich ihn dort mit solcher Regelmäßigkeit sitzen sah, schon beim Betreten des Lesesaals zu ihm hinüberzublicken und das Gefühl zu haben, daß eine Art der Bekanntschaft, zumindest meinerseits, zwischen uns herrschte. Nicht, daß ich einen Grund gehabt hätte (solange diese verehrungswürdige Person ihrem Körper verhaftet war) anzunehmen, daß er mich je bemerkt hätte; aber durch irgendeine schwer deutbare Verknüpfung begann diese kleine, weißhaarige, gebrechliche und doch lebhafte Gestalt eines alten Seelsorgers sich mit meiner Vorstellung von und Erinnerung an diesen Ort zu verbinden. Ganz besonders an einem Tag (um die Mittagszeit, die für gewöhnlich seine Stunde war), dessen bin ich mir sicher, habe ich diese Figur des alten Doktor Harris dort erblickt und wie üblich seine Anwesenheit vermerkt, auch wenn ich mich nicht der geringsten Kleinigkeit entsinnen kann, die sich in irgendeiner Form von dem unterschieden hätte, was ich bei so vielen früheren Gelegenheiten erblickt hatte.

Doch noch am selben Abend sagte ein Freund zu mir: „Habt Ihr gehört, daß der alte Doktor Harris gestorben ist?" „Nein", sagte ich ruhig, „und es kann nicht wahr sein, denn ich sah ihn heute im Athenäum." „Ihr müßt Euch irren", erwiderte mein Freund. „Er ist wirklich tot!" Und er bestätigte diese Aussage durch solcherlei besondere Umstände, daß ich nicht länger daran zweifeln konnte. Mein Freund hat mir seither wiederholt bestätigt, daß ich sehr bestürzt über diese Nachricht schien, doch soweit ich mich erinnern kann, glaube ich, daß ich recht wenig beunruhigt war, wenn überhaupt, und die Erscheinung als einen Fehler meinerseits abtat, oder vielleicht als das Auftauchen eines vertrauten Erinnerungsbildes an dem Ort und in den Umständen, mit denen ich es für gewöhnlich zu verbinden pflegte.

Ich erinnere mich, daß ich am nächsten Tag, als ich die Stufen zum Athenäum hinaufschritt, bei mir selber dachte: „Nun, ich werde den alten Doktor Harris nie wieder sehen!" In diesem Gedanken vertieft, blickte ich, als ich die Tür zum Lesesaal öffnete, auf den Platz und Sessel, in dem Doktor Harris gewöhnlich saß – und dort, zu meinem Erstaunen, saß die graue, gebrechliche Gestalt des verstorbenen Doktors und las wie immer die Zeitung! Sein eigener Tod muß an diesem Morgen in genau dieser Zeitung verzeichnet gewesen sein! Ich kann mich nicht entsinnen, in diesem Augenblick außer Fassung geraten oder überhaupt von irgendeinem außergewöhnlichen Gefühl erfaßt gewesen zu sein. Wenn Geister üblicherweise unter uns treten würden, so würde das aller Wahrscheinlichkeit nach mit dem gewöhnlichen Ablauf der Dinge zusammenfallen, und sie würden auf gerade solch alltägliche Weise mit ihnen verschmelzen, damit wir nicht über ihre Anwesenheit erschreckten. Wie dem auch sein mag, so war es jedenfalls in diesem Fall. Ich sah wie üblich die Zeitungen durch und blätterte in den Zeitschriften, wobei ich mich für deren Inhalt in ungefähr gleichem Maße wie sonst interessierte. Ein- oder zweimal mag ich zweifellos den Blick von der Seite gehoben haben, um nochmals auf den ehrwürdigen Doktor zu sehen, der zu diesem Zeitpunkt in seinem Sarg hätte liegen müssen, eingekleidet für das Grab, und der doch solch ein Interesse für die Boston Post empfand, daß er aus der anderen Welt zurückgekehrt war, um sie am Morgen nach seinem Tode zu lesen. Man hätte wohl annehmen können, daß er sich mehr mit den Neuigkeiten des himmlischen Bereichs beschäftigt hätte, die er gerade kennengelernt, als mit der Politik, die er hinter sich gelassen hatte!

Die Erscheinung nahm keinerlei Notiz von mir, noch verhielt sie sich in irgendeiner Hinsicht anders als an jedem der vorhergegangenen Tage. Niemand außer mir schien ihn zu bemerken, und doch waren die alten Herren um den Kamin, neben seinem Sessel, seine lebenslangen Bekannten, die vielleicht an seinen Tod dachten und die es in ein, zwei Tagen für eine angemessene Höflichkeit erachten würden, seiner Beerdigung beizuwohnen.

Ich habe vergessen, wie der Geist von Doktor Harris bei dieser Gelegenheit das Athenäum verließ, oder, genau genommen, ob der Geist oder ich zuerst gingen. Diese Gleichmütigkeit und fast schon Gleichgültigkeit meinerseits – die unbekümmerte Art, in welcher ich flüchtig auf solch ein einzigartiges Geheimnis blickte und es beiseite schob – das ist es, was mich heute ebenso stark erstaunt wie alles andere in dieser Angelegenheit.

Von diesem Tag an, für lange Zeit danach – wenigstens für einige Wochen, es können auch Monate gewesen sein – sah ich die Gestalt des Doktor Harris genauso häufig wie vor seinem Tod. Sie wurde mir allmählich so vertraut, daß ich schließlich dem verehrungswürdigen Verstorbenen nicht mehr Beachtung schenkte als all den anderen alten Käuzen, die sich am Feuer wärmten und über ihren Zeitungen dösten.

Die Gestalt war nur ein Geist – nichts als dünne Luft – weder greifbar noch nennenswert noch erheischte sie Aufmerksamkeit von einem Manne aus Fleisch und Blut! Ich entsinne mich keinerlei kalter Schauder oder Ehrfurcht oder Widerwillen oder irgendeines Gefühles überhaupt, wie es wohl angemessen und schicklich beim Anblick eines Besuchers aus der spirituellen Welt gewesen wäre. Es ist sehr sonderbar, doch es ist die Wahrheit. Es erscheint mir jetzt als außerordentlich merkwürdig, daß ich keine der leicht verfügbaren Mittel ergriffen habe, mich zu vergewissern, ob die Erscheinung von fester Substanz oder nur gasförmig und nebelhaft war. Ich hätte ihn im Vorbeigehen streifen, gegen seinen Sessel stoßen oder versehentlich auf seine armen alten Zehen treten können. Ich hätte ihm die Boston Post – es sei denn, auch sie wäre eine Erscheinung – aus den schattenhaften Händen reißen können. Ich hätte ihn auf hundert Arten auf die Probe stellen können; doch ich tat nichts derlei.

Vielleicht empfand ich einen Widerwillen, die Illusion zu zerstören und mich einer so guten Geistergeschichte zu berauben, die sich wahrscheinlich auf eine ganz alltägliche Weise hätte erklären lassen. Vielleicht, letztlich, empfand ich auch eine geheime Furcht vor diesem alten Phänomen und hielt mich daher in meinen Grenzen mit einer unwillkürlichen Vorsicht, die ich fälschlich für Gleichgültigkeit hielt. Mag dem sein wie ihm wolle, es bleibt doch die Tatsache: Ich sah die Figur, Tag für Tag, während einer beträchtlichen Zeitspanne, und unternahm keinerlei Anstrengung herauszufinden, ob es ein Geist war oder nicht. Niemals, soweit ich weiß, sah ich ihn den Lesesaal betreten oder verlassen. Doktor Harris saß dort in seinem angestammten Sessel, und ich kann nicht viel mehr über ihn sagen.

Nach einer gewissen Zeit – ich weiß wirklich nicht wie lange – begann ich, eine eigenartige Beachtung meiner Person in der Erscheinung des alten Herren zu bemerken oder mir einzubilden. Manchmal schien er mich zu betrachten, und es lag, wenn ich mich nicht täuschte, etwas wie eine Erwartung in seinem Gesicht. Seine Brille war, glaube ich, auf die Stirn geschoben, so daß seine trüben Augen in die meinen blicken konnten. Wäre er lebendig gewesen, so hätte ich mir geschmeichelt, daß der gute Doktor Harris sich aus irgendeinem Grunde für mich interessierte und eine persönliche Bekanntschaft erwünschte. Da er ein Geist war und den Gesetzen der Geister unterworfen, war es nur natürlich, zu dem Schluß zu kommen, daß er darauf wartete, angesprochen zu werden, bevor er die Nachricht übermittelte, die er mitzuteilen gedachte. Doch wenn dem so war, so zeigte der Geist jenes schlechte Urteilsvermögen, das in der Brüderschaft der Geister so weitverbreitet ist, sowohl was den Ort der Unterredung als auch was die Person betraf, die er zum Empfänger seiner Botschaft auserwählt hatte. Im Lesesaal des Athenäum ist jegliche Unterhaltung streng verboten, und ich hätte die Erscheinung nicht ansprechen können, ohne sofort die Aufmerksamkeit und das empörte Stirnrunzeln der schläfrigen alten Herren um mich herum auf mich zu ziehen. Auch war ich selbst zu dieser Zeit so scheu wie nur irgendein Geist und befolgte die Regel der Geister, niemals zuerst zu sprechen. Und welch absurde Gestalt hätte ich abgegeben, wenn ich feierlich und ehrerbietig etwas angesprochen hätte, was in den Augen aller anderen Anwesenden als leerer Sessel erscheinen mußte! Darüber hinaus war ich Doktor Harris, tot oder lebendig, nie vorgestellt worden, und mir ist nicht bewußt, daß gesellschaftliche Regeln durch den zufälligen Umstand, daß einer der Beteiligten die kaum merkliche Linie überschritten hat, die den anderen Beteiligten von der geistlichen Welt trennt, aufgehoben werden müssen. Wenn Geister unter sich alle Konventionen über Bord werfen, folgt daraus nicht, daß jene ruhig auf sie verzichten können, die noch mit Fleisch und Blut beschwert sind.

Aus solcherlei Gründen – und darüber hinaus noch aus der Überlegung, daß der verstorbene Doktor mich mit einem unangenehmen Auftrag belasten könnte, mit dem mich zu befassen weder meine Aufgabe noch mein Wunsch war – beschloß ich eigensinnig, daß ich ihm nichts zu sagen hätte. Diesem Beschluß blieb ich treu, und nicht eine Silbe wurde zwischen dem Geist von Doktor Harris und mir gewechselt.

Soweit meine Erinnerung reicht, habe ich den alten Herrn nie dabei beobachtet, den Lesesaal zu betreten oder zu verlassen, oder sich aus seinem Sessel zu erheben oder seine Zeitung niederzulegen oder einen Blick mit einem der anderen Anwesenden zu wechseln, außer mit mir. Es war jedoch keinesfalls so, daß er sich stets an seinem Platz befand. Am Abend, beispielsweise, sah ich ihn nie, obwohl ich mich selbst oft im Lesesaal befand. Es war zur hellsten Mittagsstunde, daß ich ihn wahrzunehmen pflegte, wie er in der angenehmsten Entfernung vom lodernden Feuer saß, so wirklich und so lebenswahr (außer daß er sehr alt war und von aschfahler Gesichtsfarbe) wie jeder andere in diesem Raum. Nachdem dieser merkwürdige Verkehr zwischen uns, wenn man es so nennen kann, schon eine ganze Weile gedauert hatte, erinnere ich mich – es geschah zumindest einmal, es könnte meines Wissens auch öfter gewesen sein – an einen traurigen, wehmütigen, enttäuschten Blick, den der Geist unter seinen Brillengläsern hinweg auf mich heftete; einen melancholischen Ausdruck der Hilflosigkeit, dem ich, wäre mein Herz nicht so hart wie ein Pflasterstein gewesen, kaum hätte widerstehen können. Doch ich widerstand ihm; und ich glaube, daß ich ihn nach diesem letzten flehenden Blick nie wiedersah, der meinem Gedächtnis noch so vollkommen gegenwärtig ist wie zu dem Zeitpunkt, als meine eigenen Augen in die trüben, schwachsichtigen Augen des Geistes blickten. Und immer wenn ich mich dieses seltsamen Vorfalls in meinem Leben entsinne, sehe ich die kleine, alte, verschrumpelte Figur des Doktor Harris in seinem angestammten Sessel sitzen, die Boston Post in seinen Händen, die Brille auf die Stirn geschoben – und er blickt mich an, wie ich die Tür des Lesesaals hinter mir schließe, mit diesem wehmütigen, flehenden, hoffnungslosen, hilflosen Blick. Nun ist es zu spät; auf seinem Grab wächst seit vielen, vielen Jahren das Gras; und ich hoffe, daß er in ihm seine Ruhe gefunden hat, ohne meine Hilfe.

Es bleibt mir nur noch hinzuzufügen, daß mir erst lange Zeit, nachdem ich dem Geist nicht mehr begegnet war, bewußt wurde, wie höchst merkwürdig und seltsam die ganze Angelegenheit gewesen war; und selbst heute noch vermittelt sich mir ihre Merkwürdigkeit hauptsächlich durch die Verwunderung und Ungläubigkeit derer, denen ich die Geschichte erzähle.

# Inhalt